JOÃO de DEUS

Maria Helena P. T. Machado

JOÃO de DEUS

UM MÉDIUM NO CORAÇÃO DO BRASIL

FONTANAR

O selo Fontanar foi licenciado pela Editora Schwarcz S.A.

Grafia atualizada segundo o Acordo Ortográfico da Língua Portuguesa de 1990, que entrou em vigor no Brasil em 2009.

CAPA Alceu Chiesorin Nunes

PREPARAÇÃO Ivan Marsiglia, Lígia Azevedo

REVISÃO Adriana Bairrada, Carmen T. S. Costa e Renata Lopes Del Nero

As fotos de capa e miolo são de autoria de CANDÉ SALLES.

Dados Internacionais de Catalogação na Publicação (CIP)
(Câmara Brasileira do Livro, SP, Brasil)

Machado, Maria Helena P. T.
João de Deus : um médium no coração do Brasil / Maria Helena P. T. Machado. — 1ª ed. — São Paulo : Fontanar, 2016.

ISBN 978-85-8439-044-1

1. Casa Dom Inácio de Loyola – Abadiânia (Goiás) – História 2. Cirurgia psíquica – Brasil 3. Cura pela fé 4. Cura pelo espírito e espiritismo – Brasil 5. Faria, João Teixeira de, 1942- 6. Médiuns – Brasil – Biografia. II. Título.

16-06907 CDD-920.9133910981

Índice para catálogo sistemático:
1. Brasil : Médiuns : Biografia 920.9133910981

[2016]

EDITORA SCHWARCZ S.A.
Rua Bandeira Paulista, 702, cj. 32
04532-002 — São Paulo — SP
Telefone: (11) 3707-3500
Fax: (11) 3707-3501

Sumário

Ao Tony Stecca, que me ensinou o caminho.

A realidade está além da fala e do pensamento.
Apenas aquilo que pode ser colocado em palavras está sendo dito.
Mas o que não pode ser verbalizado é, na realidade, aquilo que é.
Anandamayi Ma

Nasce um médium midiático

Em 29 de março de 2012, a rede de televisão Own, inaugurada um ano antes por Oprah Winfrey, colocava no ar o segundo episódio da segunda temporada do programa de entrevistas *Next Chapter*. O *talk show*, formato que consagrou a mais famosa apresentadora da televisão norte-americana, era a principal atração da rede. Na temporada inicial, o episódio dedicado a Whitney Houston, que falecera um ano antes, atingiu 3,5 milhões de espectadores. A abertura da segunda temporada, com Oprah entrevistando a cantora Rihanna em sua Barbados natal, alcançou em torno de 2,5 milhões de pessoas. No entanto, estes foram os picos de audiência. Segundo os dados oficiais do próprio canal, em fevereiro de 2012 a média de telespectadores que assistiam às transmissões ao vivo alcançava por volta de 350 mil pessoas. Os episódios, porém, podiam ser acessados em 190 países, em trinta línguas diferentes, através de cinquenta redes de televisão, além de serem disponibilizados em plataformas digitais. Ser o tema de um programa de Oprah, portanto, era — e ainda é — um trampolim para a fama mundial.

A estrela do programa naquela noite não seria Tina Turner, Lindsay Lohan ou Beyoncé — todas entrevistadas em transmissões anteriores. No lugar de uma atriz de cinema, um cantor de rock ou uma celebridade do show business, Oprah dedicaria seu programa a um brasileiro até então pouco conhecido no exterior: o médium João de

Deus, morador de Abadiânia, município com pouco mais de 17 mil habitantes do interior de Goiás.

Com o título "Do You Believe in Miracles?" [Você acredita em milagres?], o programa exibiu a visita que Oprah fez à Casa Dom Inácio de Loyola, centro de atendimento do curador numa pequena cidade de Goiás, e a entrevista que fez com ele. As imagens mostram Oprah vestida de branco, como é aconselhado a todos que visitam o centro, participando dos trabalhos da Casa e acompanhando a realização de uma das espantosas cirurgias físicas que João executa quase todos os dias. Embora tais procedimentos — cirurgias realizadas em voluntários com instrumentos cortantes, sem assepsia ou anestesia — sejam o tema mais controverso entre as práticas desse curador, a apresentadora não se intimidou e fez questão de presenciar a intervenção, que ocorreu na parte interna das dependências do centro de atendimento, em uma área conhecida como "sala do médium" ou "da corrente".

Enquanto assistia a João de Deus seccionar com um bisturi uma área do seio de uma mulher que sofria de paralisia no braço, Oprah sentiu-se mal. Com as câmeras acompanhando de perto o desenrolar da cena, vemos o rosto da apresentadora adquirir uma expressão de assombro diante de uma pessoa sendo operada de pé, em público, por alguém que não apenas não possui nenhum diploma médico, como não segue qualquer protocolo de profilaxia recomendado. A apresentadora observa de perto a paciente, que mantém uma atitude relaxada e não expressa nenhuma dor. No momento seguinte, vemos Oprah afastar-se da cena e sentar-se numa cadeira para se recompor.

Mais tarde, durante a entrevista que realizou com João de Deus, Oprah comentou ter experimentado naquele momento uma forte sensação de calor, sentiu que ia explodir e temeu desmaiar. Declarou ainda nas páginas de sua revista, *O Magazine*, que naquele momento achou que estivesse morrendo. Acrescentou que, após alguns minutos, o incômodo fora substituído por uma notável sensação de paz e bem-estar. "Subitamente", escreveu ela, "surgiram lágrimas de gratidão. Gratidão pela jornada de toda minha vida e não apenas pelo que havia dado certo, mas também pelo que não tinha", como se, apenas naquele momento, ela tivesse percebido que toda a sua vida era carregada de sentido.

Para João de Deus, Oprah explicou que vinha se sentindo desanimada. Ela passava por uma fase de ajustes em seu novo empreendimento, o que a havia obrigado a demitir trinta funcionários, alguns muito antigos e queridos. Além disso, a situação gerou comentários no mercado norte-americano, o que poderia atingir a credibilidade de seu negócio. Ao ser envolvida por essa sensação de completude e unidade, a apresentadora percebeu que tudo em sua vida, inclusive o momento difícil que atravessava, era parte de algo maior, cujo todo possuía um sentido.

Essa conversa aconteceu no final da manhã, após o encerramento da sessão. O médium João — que normalmente se nega a dar entrevistas ou o faz de maneira muito lacônica — apareceu frente às câmeras sorridente, sentado em um banco de madeira debaixo da mangueira frondosa que fica nos jardins da Casa. A intérprete foi Heather Cumming, uma brasileira de origem escocesa, uma das mais constantes auxiliares de João de Deus. Perto dali, um grupo de visitantes usuais da Casa fotografava tudo. A cena toda foi surpreendentemente tranquila, ao contrário do que se podia esperar de uma visita da mais famosa apresentadora de TV norte-americana ao sertão de Goiás.

É que a vinda de Oprah fora mantida em segredo por todos os envolvidos. Conforme o acordado entre ela, sua equipe e os encarregados da Casa Dom Inácio, seguindo orientações que teriam sido passadas pelas entidades incorporadas por João de Deus — responsáveis pelas decisões de tudo o que ali ocorre —, as filmagens deveriam acontecer no clima mais discreto possível. Oprah veio ao Brasil com uma pequena equipe e, depois de aterrissar em Brasília, imediatamente se dirigiu de carro para o interior de Goiás, sem nenhuma publicidade. A apresentadora chegou a Abadiânia pouco depois do horário de início dos trabalhos, entrou por uma porta lateral, sendo conduzida até a sala da corrente quando os participantes já estavam de olhos fechados. Trata-se de uma regra da Casa: quem está na corrente mantém os olhos fechados durante toda a sessão do dia, oferecendo a sua energia para que o médium João de Deus consiga atender todos que o procuram. Além disso, em grande parte dos trabalhos matutinos, Oprah permaneceu sentada na fila lateral da sala interna da Casa, nas cadeiras reservadas aos convidados do médium, observando tudo sem chamar a atenção.

Somente perto da hora do almoço, quando sob um céu azul sem nuvens e o sol escaldante de Abadiânia ela deu início à entrevista com o médium João na parte externa da Casa, é que os visitantes ocasionais descobriram a presença da apresentadora e começaram a disparar mensagens e fotografias nas redes sociais. Só então a notícia de sua presença vazou, causando grande furor nas redes de televisão e jornais brasileiros, sobretudo de Brasília — a 120 quilômetros do local —, que para lá se deslocaram às pressas.

Após a entrevista, João de Deus explicou a Oprah que, naquele momento, as entidades estavam lhe enviando todas as energias de que ela necessitava. Ao final da conversa, a apresentadora pediu para participar da corrente da cura, sentando-se novamente, agora de olhos fechados, na parte interna da Casa. No fim da tarde, as redes de televisão e jornalistas brasileiros que conseguiram chegar a Abadiânia para registrar a inesperada visita de alguém tão notável a um curador popular freneticamente tentavam arrancar alguma declaração de Oprah. Para acalmar os ânimos, no momento em que entrava no carro para ir embora, ela disse que, embora ainda não tivesse palavras para expressar o que havia visto e sentido no decorrer do dia, podia afirmar que "estava maravilhada".

Naquela quinta-feira, João de Deus entrou nos lares de milhões de telespectadores ao redor do mundo, que o viram consultando pessoas das mais variadas origens, nacionalidades e que apresentavam queixas muito diferentes entre si, prescrevendo ervas e realizando os diversos tratamentos físicos e espirituais que fazem parte de seu repertório. Além disso, a equipe do programa, que havia contatado com antecedência alguns dos visitantes que se preparavam para viajar a Abadiânia naquela semana, acompanhou as personagens escolhidas durante a estada e após o retorno para casa. Seus problemas, esperanças e tratamentos foram cuidadosamente registrados. O programa termina mostrando o grupo entrevistado de volta à rotina. Todos deram depoimentos favoráveis ao médium. Uma mulher que sofria havia dez anos de esclerose múltipla, por exemplo, declarou que havia muito tempo não se sentia tão bem e estava esperançosa de voltar a andar. Um senhor de mais idade, que não podia levantar o braço devido a uma lesão grave, não apenas havia recuperado os movimentos, como, inesperadamente, percebeu que podia ler sem óculos.

No *talk show* dedicado ao curador brasileiro, Oprah desafiou os céticos e racionalistas, assumindo uma postura favorável em relação às curas espirituais realizadas em Abadiânia. A apresentadora, por sinal, já vinha desenvolvendo essa atitude espiritualizada havia anos, algo que, de certa forma, sempre fora uma das principais linhas argumentativas de seu programa. Porém, ao apresentar os trabalhos de João de Deus de maneira tão favorável, Oprah dera um passo ainda mais ousado, não apenas subscrevendo a existência de forças espirituais condutoras da vida humana — que poderiam ser percebidas por meio de autoconhecimento, meditação, alimentação natural ou pelo exercício de uma cidadania mais plena, de amor ao próximo, típicas do que poderíamos chamar de espiritualidade contemporânea —, mas endossando formas de tratamento heterodoxas baseadas na incorporação de espíritos. A apresentadora norte-americana subscrevia o poder de cura de um médium brasileiro que, na última década, se tornava cada vez mais popular.

A passagem de Oprah pela Casa Dom Inácio, portanto, veio a coroar a trajetória ascendente de João de Deus, consagrando-o como personalidade internacional. É certo que outros programas de televisão, nacionais e internacionais, já haviam enfocado os trabalhos de cura do médium, às vezes colocando em dúvida seus poderes. A própria Oprah já havia dedicado duas entrevistas ao tema: uma com Susan Casey, editora-chefe da *O Magazine*, e com Jeffrey Rediger, psiquiatra e professor da Universidade Harvard; e a outra com Wayne Dyer, famoso autor de livros de autoajuda. Os três passaram por experiências diferentes com o curador e todos endossaram os seus poderes, avaliando positivamente as visitas que fizeram.

Brasileiros provenientes das camadas médias e estrangeiros de diferentes nacionalidades vinham procurando os tratamentos na Casa Dom Inácio havia um bom tempo. A partir daquele momento, porém, o curador, cujas práticas se conectavam a diferentes raízes e tradições brasileiras, alcançava o status que apenas os mestres espirituais e gurus orientais haviam atingido nos países ocidentais. De curador popular a guia espiritual de tamanha envergadura, o médium João de Deus deslocava, de modo surpreendente, o foco do Oriente como meca de uma espiritualidade genuína para o sertão goiano — e para práticas de cura bastante diversas daquelas conhecidas por esse público.

Como entender tudo isso? A vida de João Teixeira de Faria, nome de batismo do curador, está inserida em um amplo quadro do qual fazem parte fatores como a pobreza, a carência de assistência médica provida pelo Estado, a sobrevivência das tradições de cura do catolicismo devocional típico do Brasil tradicional, a constante adesão popular a cultos de possessão de origem africana e de mediunidade de feitio espírita, todos determinantes para explicar sua trajetória.

A partir da década de 1950, surgiu no Brasil um novo tipo de curador que, embora derivado dessa tradição popular, assumiu características originais e teve impacto social maior. Trata-se do médium cirurgião, que, valendo-se de práticas em grande parte de raízes espíritas, passa a promover a cura não só por meio da prescrição de remédios, alopáticos ou de ervas, e de práticas espirituais diversas, mas também realizando operações físicas. João de Deus pertence, portanto, a uma longa tradição de médiuns cirurgiões brasileiros na qual estrelam figuras como José Arigó, mineiro que ficou notório por incorporar o dr. Fritz e curar doentes nos anos 1950 e 1960. Pode-se dizer que João de Deus é o último e mais longevo representante dessa linhagem de praticantes de operações realizadas com instrumentos cortantes ou cirúrgicos por meio da incorporação de espíritos. Atualmente, embora muitos tenham tentado, nenhum novo médium conseguiu se sagrar como cirurgião.

Nada permitiria prever o salto que o médium João faria naquela noite de 29 de março, quando transcendeu as fronteiras do Brasil e se projetou internacionalmente como líder de uma nova espiritualidade, muito própria do século XXI.

Por essa razão, este livro é mais uma reflexão sobre o fenômeno João de Deus do que a biografia do homem que o encarna. Embora reúna aspectos biográficos de João Teixeira de Faria, sua trajetória da pobreza à fama, sua rotina, personalidade e carisma, além de considerações sobre o tipo de espiritualidade complexa que se construiu no

Brasil, seu objetivo maior é retratar a entidade que colocou Abadiânia no centro do mapa da religiosidade mundial.

Embora eu já tivesse ouvido falar de João de Deus, foi só no fim de 2011 que realmente prestei atenção ao que escutava a seu respeito. Nessa época, reencontrei uma amiga, Teresa Aline Pereira de Queiroz, companheira de diversas aventuras em anos anteriores na área dos tratamentos alternativos — de grupos praticantes de modalidades espirituais diversas e ciências esotéricas —, e ela me pareceu mais serena do que nunca. Mulher extrovertida, culta e que recorria à ironia a qualquer momento, ela estava naquele dia com feições surpreendentemente tranquilas e suaves que me intrigaram. Foi então que me revelou, no decorrer de uma viagem de automóvel, que havia parado quase por acaso em Abadiânia e resolvido conhecer o famoso médium João de Deus.

Durante a visita, havia observado o funcionamento do centro de atendimento, recebido uma intervenção espiritual e uma prescrição de passiflora energizada — cápsulas manipuladas em laboratório a partir do maracujá, uma das mais antigas plantas medicinais conhecidas no Brasil e muito utilizada pelo médium —, descrevendo cada passo dessa experiência de maneira muito positiva. Ao final, ela me convidou a acompanhá-la em sua próxima ida à Casa Dom Inácio, em janeiro de 2012. Concordei em ir, sem grandes expectativas. Na verdade, achei divertida a proposta de viajarmos de carro, percorrendo os 1100 quilômetros que separam os arredores da imensa metrópole de São Paulo, onde vivemos, da pacata Abadiânia, sem muito horário a cumprir ou coisas a fazer a não ser encontrar o famoso médium.

Quando o dia da viagem chegou, no entanto, fui tomada por uma estranha inquietação seguida de uma insônia inesperada, que só superei quando deixei Abadiânia. Tudo nessa primeira visita — e, na verdade, nas seguintes — alimentava em mim certa tensão interna. No entanto, o motivo do meu impalpável incômodo não era certamente a falta de familiaridade com esse tipo de atividade. Por um período de minha vida eu havia frequentado, com constância variável, grupos religiosos e esotéricos. Nem o candomblé nem a umbanda me eram estranhos, assim como a dinâmica dos *ashrams* na Índia soava familiar. Também conheci e abracei a líder espiritual indiana Amma, a "guru dos abraços", e participei de um workshop oferecido a seus adeptos nos Estados Unidos. Durante muito tempo, meus Natais e festas de fim de ano foram dedicados a observar, nos pueblos do Novo México, cerimônias xamânicas. Participei ainda de rituais com xamãs diversos, experimentei meditações tradicionais e dinâmicas, participei do giro sufi, me iniciei na prática do *reiki* e me submeti a experiências com terapias de renascimento e de grupos junguianos de sonhos. Minha sensação, portanto, não era de estranheza, mas outra: nos últimos anos, eu deixara de frequentar o meio e vinha alimentando certo descrédito devido à impressionante mercantilização do mercado esotérico, que provocou o empobrecimento dessa área. E àquela altura, na verdade, afora minha fidelidade às sessões com meu analista sensitivo, nada parecia chamar a minha atenção. No entanto, a experiência de chegar a Abadiânia, adentrar a sala da corrente, me defrontando com centenas de pessoas vestidas de branco e de olhos fechados, revelou-se especialmente marcante para mim. Já a descoberta dos motivos de minha inquietação com relação a João de Deus residia em outro lugar, que demorei ainda algum tempo a descobrir e superar.

Na primeira visita, recebi de João de Deus apenas um dos seus conhecidos papeizinhos com garranchos prescrevendo o remédio de ervas energizadas. Desde aquele ano até o início do seguinte, voltei à Casa em três ocasiões, sempre me voluntariando a receber as famosas intervenções espirituais. Em nenhuma de minhas estadias João de Deus falou comigo ou me recomendou qualquer tratamento. Em princípios de 2013, quando eu retornara havia poucos dias de lá, passei por uma tragédia familiar de consequências devastadoras. Tive que, de súbito, enfrentar o desafio de me manter íntegra e reassumir a vida em patamares completamente diferentes daqueles em que vivia. Voltei a Abadiânia em maio, acompanhada do meu filho mais novo e sua namorada. Dessa vez, João de Deus declarou que todos nós tínhamos um trabalho a fazer na corrente e nos enviou para lá.

Nos meses seguintes, voltei à Casa a cada quarenta dias, apenas para me sentar na corrente e manter os olhos fechados. Embora tenha conseguido retomar minha vida profissional cheia de compromissos no período, fiz questão de guardar um pequeno espaço para seguir com essa atividade. Procurei me consultar com João de Deus por diversas vezes, mas a única resposta que recebia era que eu deveria retornar à corrente e lá ficar. A descoberta começou a se materializar poucos meses depois, quando eu já havia exercitado minha resiliência e capacidade de permanecer em silêncio, recolhida em mim mesma. Foi então que percebi que, quando participava dessa formação, a inquietude que experimentava cada vez que chegava à Casa e as recorrentes insônias simplesmente desapareciam.

Toda vez que eu retornava de Abadiânia, minha querida amiga Lilia Schwarcz, companheira de tantos projetos na Universidade de São Paulo, comentava que, onde quer que eu tivesse ido ou o que tivesse feito, lhe parecia que aquilo me havia feito muito bem. Ela dizia que, a cada viagem, eu voltava mais serena e tranquila.

Foi no fim daquele ano que Lilia sugeriu que eu aproveitasse minhas idas à Casa Dom Inácio para escrever um livro sobre João de Deus. Segundo ela — uma pessoa muito intuitiva, embora totalmente alheia ao universo da exploração do espírito —, essa seria uma oportunidade para que eu me reinventasse, dando vazão a outras formas de expressão do que vivia, sabia e sentia. De início a ideia me pareceu inusitada. Até aquele momento, eu jamais havia pensado em escrever qualquer coisa fora do mundo acadêmico. E, embora tivesse trabalhado algumas vezes com temas menos usuais — como os diários de William James no Brasil e coleções fotográficas —, ainda assim eu me identificava apenas como pesquisadora da área da história social da escravidão e da emancipação. Meu interesse, pesquisa e participação no mundo das atividades ligadas à espiritualidade sempre correram paralelas à minha inserção profissional e eu não pensava em cruzar essa linha.

A ideia, porém, começou a amadurecer, e me senti atraída pelo desafio. Percebi, então, que a primeira medida a tomar seria obter da entidade — isto é, de João de Deus incorporado — a autorização para realizar o projeto. Além de minha decisão pessoal, só ele poderia dizer se eu deveria ou não fazer o livro. Com esse objetivo em mente, no início de 2014 fui diversas vezes à Casa. Porém, sempre que defrontava com o médium João incorporado e tentava propor o livro, era enviada para a corrente ou instada apenas a seguir em frente, sem obter qualquer resposta. O primeiro indício de que eu poderia prosseguir com o projeto só veio em minha terceira visita. Dessa vez, quando perguntei à entidade sobre o livro, João de Deus respondeu que faria um trabalho para abrir meus caminhos e prescreveu a passiflora energizada. Nada mais foi dito.

No contexto das práticas abraçadas pela Casa, aquela resposta significava que a entidade me prometia fazer algo para obter de si mesma a autorização para que eu realizasse o que desejava — no caso, o livro sobre ele. Embora esse sinal tivesse me dado algum ânimo, ainda assim precisei esperar algum tempo para que a situação se aclarasse. Apenas meses depois, quando voltei a Abadiânia, é que recebi a resposta definitiva. Na ocasião, fazia um calor inclemente em Goiás e eu sentia que não poderia prosseguir diante da incerteza do projeto. Eu estava abrindo mão de outros trabalhos para fazer o livro e, no entanto, meses haviam se passado sem que se chegasse a qualquer definição.

Na última sessão de atendimento daquela semana, numa sexta-feira à tarde, enquanto esperava ser chamada a falar com o médium incorporado, senti-me particularmente desesperançada e pronta para desistir. Com esse espírito, entrei na fila de atendimentos e, quando cheguei à frente de João de Deus, tomei suas mãos e perguntei mais uma vez sobre o livro. Foi então que a entidade me olhou com toda a atenção do mundo e com voz enternecida fez as perguntas usuais — onde eu morava, qual era minha profissão etc. —, seu modo de se conectar com quem está à sua frente. E, então, declarou: "Filha, você pode começar o livro imediatamente". A sensação de ser vista, acolhida e ajudada pela entidade foi muito marcante e me fez descobrir como, de fato, as coisas funcionavam na Casa.

Ao longo de 2015, mergulhei na pesquisa, visitei muitas vezes Abadiânia, li vasta bibliografia, percorri sites, entrevistas, filmes, analisei e assisti a dezenas de vídeos que registravam as cirurgias físicas de João de Deus, assim como de outros médiuns cirurgiões. Conversei com centenas de pessoas que frequentaram e frequentam a Casa, falei com o pessoal das pousadas, das lojas e dos restaurantes, gravei dezenas de histórias de vida. E comecei a conceber e redigir *João de Deus: Um médium no coração do Brasil*.

Minha posição, ao longo de todo o processo de pesquisa e escrita deste livro, foi a de uma pessoa que, embora frequente o centro de João de Deus, jamais pertenceu ao círculo de amigos do médium ou foi formalmente considerada "filha da Casa". Alguém que não recebeu nenhum tratamento diferenciado e nem sequer foi presenteada com uma entrevista pessoal com João Teixeira de Faria, o homem que incorpora João de Deus. No entanto, continuei a participar da corrente sempre que possível e a me beneficiar de tudo o que a Casa Dom Inácio de Loyola oferece a qualquer um que lá chega. Foi a partir desse ponto de vista que escrevi este livro, uma obra pessoal que reflete meu olhar sobre tudo isso.

1. A Casa Dom Inácio de Loyola

Prezado João, caro amigo, Abadiânia
é o abençoado recinto de sua
iluminada missão e de sua paz.
Chico Xavier
Uberaba, 12 set. 1993

Cercada por campos abertos, a porção de Abadiânia que gira em torno de João de Deus oferece, nas primeiras horas do dia, uma sensação agradável. O ar limpo da manhã, as árvores com flores em profusão, o canto tardio do galo, o ciscar das galinhas nos quintais e o tagarelar dos passarinhos emprestam às manhãs uma sensação de conforto bucólico. Poucas horas mais tarde, as temperaturas opressivas vão desmentir o otimismo matinal, impondo um ritmo lento a todos. Aqui, é preciso aproveitar bem o refresco matutino. Especialmente porque, bem cedo, esse lado da cidade já está em plena atividade.

Procuro me apressar. A Pousada Irmão Sol, Irmã Lua, onde costumo me hospedar quando venho a Abadiânia, pertence a Fernanda e Martin, casal cuja história de vida se enreda ao desenvolvimento da Casa Dom Inácio de Loyola há mais de duas décadas. Fica um pouco afastada do centro de atendimento, o que me obriga a estar pronta para sair o mais tardar às 6h45. Eu poderia ir de táxi, mas a caminhada matinal, além de prazerosa, prepara o corpo para as horas de inatividade que virão. Vestida de branco, como todos por aqui, tomo o meu rumo.

Alcanço a rua e pego a avenida principal, que me conduz à Casa. No caminho, tudo o que se vê é uma sucessão de lojas ainda fechadas, que abrirão só no meio da manhã. A essa hora, ninguém está interessado em nada que não seja ver João de Deus. Por volta das dez horas, quando o sol inclemente estiver incidindo sobre tudo, o comércio se animará, levantando as portas para atender às primeiras levas de pessoas que já receberam seus diagnósticos e tratamentos e retornam às pousadas. São muitas as lojas que se enfileiram: as de roupa — a maioria especializada apenas em vestes brancas —, de pedras e cristais, joias e bijuterias, produtos naturais etc. Tudo o que um público de tendência esotérica e naturalista deseja.

Não se pode deixar de notar a profusão de restaurantes, lanchonetes e cafeterias, muitos com nomes estrangeiros e cardápios em inglês. Pequenos restaurantes são o negócio preferido dos estrangeiros que aqui residem: um exemplo recente foi a inauguração da Cantina Zen, que em seu letreiro colorido anuncia "*a special cuisine, blessed by the entities*" [uma cozinha especial, abençoada pelas entidades]. Nesse universo, reina quase absoluta a Fruttis's, lanchonete que oferece sucos naturais, cafés, chás e pratos. Lá se encontram, por exemplo, chocolates artesanais em forma de coração, sem açúcar, glúten ou lactose, cuidadosamente embrulhados e com as informações em inglês. A fita que ata a embalagem traz em relevo também a informação de que o produto foi *blessed by entities*.

Na hora do almoço e nos fins de tarde, a Fruttis's, com suas mesas de rua e quintal sombreado por árvores frondosas e vasos coloridos, está sempre lotada. Os fregueses conversam animadamente em várias línguas, enquanto degustam as especialidades da casa. As conversas giram em torno das novidades da Casa, informações e dicas sobre tratamentos espirituais, narrativas de experiências pessoais de cura, discussões sobre as doenças, dificuldades atuais. Às nove da noite todos os restaurantes e lanchonetes estão fechados. Dorme-se cedo por aqui.

Na Fruttis's, como em muitos outros restaurantes, lanchonetes, lojas e pousadas, quase todos falam inglês como primeira língua. Quando o proprietário de algum estabelecimento é nativo de Abadiânia, é preciso contratar alguém para atender aos grupos de estrangeiros. Já o comércio de pedras, cristais e joias é monopolizado pelos brasileiros, provavelmente porque a atividade exige conhecimento mais complexo do mercado de Goiás e arredores. Uma gama enorme de lojas especializadas em pedras preciosas, semipreciosas e bijuterias expõe anéis, brincos, colares e cristais de cores e formas variadas, ao lado de tabelas com informações sobre os benefícios energéticos de cada tipo de pedra. A Casa Dom Inácio é proprietária de um dos maiores estabelecimentos do gênero — vizinha a uma agência de viagens, um centro de massagens e uma pousada, as três voltadas para o acolhimento dos visitantes interessados nos tratamentos de João de Deus.

Quase todos os que possuem algum tipo de comércio nessa avenida são frequentadores ou trabalhadores voluntários da Casa. Muitos receberam a anuência direta de João de Deus para abrir seu negócio, já que ninguém arriscaria iniciar uma loja sem antes consultar a entidade sobre a viabilidade do projeto. Além disso, o médium João controla as atividades comerciais subsidiárias à Casa com mão de ferro, proibindo que negociantes, donos de pousada ou taxistas pratiquem preços excessivos ou se comportem de maneira pouco ética. Todos esses negócios, entretanto, são propriedade de pessoas sem vínculos financeiros com a Casa.

Das inúmeras pousadas que margeiam a avenida principal, como a Jardim dos Anjos, a Namastê, a Santa Clara, a Dom Ingrid e a Rei Davi, afluem muitas pessoas, todas com o mesmo destino. Os brasileiros costumam visitar a Casa em grupos ou em família, enquanto os estrangeiros em geral fazem parte de excursões organizadas, trazendo crachás de identificação junto ao peito, muitas vezes observando tudo com certo espanto, talvez surpresos com a cena espiritual em pleno sertão do Brasil. Entre eles, logo se notam os que carregam bolsas, almofadas e encostos com etiquetas de *ashrams* indianos. O número de pessoas em cadeiras de rodas, andadores e muletas é notável. Há também famílias com crianças doentes ou deficientes. Muitos têm a cabeça coberta por panos ou não têm cabelo, marcas da quimioterapia. De quando em quando são vistas nessa procissão figuras incomuns, que aqui estão em busca de apoio para enfrentar batalhas angustiantes contra si próprias. Uma mulher, vestida de botas, chapéu, cachecol e luvas que lhe cobrem cada milímetro do corpo e do rosto, mesmo quando a temperatura atinge índices sufocantes, caminha rapidamente sem olhar para ninguém — apenas dentro da Casa ela renuncia à sua armadura para se sentar na corrente. Outros aqui buscam livrar-se de depressões profundas, síndromes diversas, fobias, alcoolismo ou dependência química. Apesar disso, o ambiente na rua e dentro da Casa não é pesado ou deprimente: um clima de tolerância discreta e de possibilidade de superação das dificuldades paira sobre todos, tornando essas as características mais surpreendentes para os novatos.

Embora os atendimentos na Casa Dom Inácio se iniciem às oito horas da manhã, para os que colaboram de alguma forma com o andamento dos trabalhos o dia começa bem antes. Os voluntários que organizam as filas de consulentes e dão os avisos aos visitantes em quatro línguas diferentes (português, inglês, francês e alemão), assim como os que servem na lanchonete, na farmácia e no guichê de venda da água fluidificada, devem estar a postos antes das sete, hora em que muitas pessoas já alcançaram o centro, meu caso naquele dia. O próprio João de Deus, que realiza trabalhos durante a madrugada, se levantando às duas da manhã para orar, acorda muito cedo, antes das cinco. A partir das sete, o salão principal já começa a encher, com o público tentando garantir os melhores lugares para se sentar. Enquanto isso, a fila de entrada na sala da corrente atravessa os jardins.

As salas internas, onde se acomoda a corrente, dispõem de bancos de madeira com encosto, como os das igrejas. Suas paredes estão cobertas de quadros e imagens alusivos, muitos representando Jesus, Nossa Senhora, santos, como santo Inácio de Loyola, santa Rita de Cássia, santa Clara, são Francisco Xavier, os grandes médiuns do presente e do passado, como Bezerra de Menezes e Chico Xavier, bem como fotografias de João de Deus em diferentes fases da vida. Há também muitas pinturas representando as entidades incorporadas pelo médium e cenas que descrevem os aspectos espirituais dos trabalhos dele; em uma dessas se observa João de Deus operando fisicamente uma pessoa, enquanto, no nível espiritual, entidades e suas falanges conduzem suas mãos, velando por aquele que está recebendo a intervenção. Nas salas internas, a entrada do sol é protegida por persianas, e as paredes estão igualmente cobertas por personagens caros a João de Deus. Na persiana maior, localizada ao fundo da sala da corrente, se pode distinguir uma imagem de Jesus Cristo, ladeada pelas do santo Inácio e do dr. Augusto, conforme se convencionou representá-lo.

Atravessando o recinto, encontra-se a cadeira de espaldar alto na qual João de Deus se senta na maior parte do tempo da sessão, sempre vestido de branco e descalço. Na parede ao fundo lê-se inscrito o lema jesuítico *Ad majorem Dei gloriam* [Para maior glória de Deus]. Ao lado dele se entreveem três grandes blocos de cristal ornamentados por diferentes objetos, como um grande terço de cobre, vasos de flores, encimados por uma antiga imagem de santa Rita de Cássia em tamanho grande, protegida por uma redoma de vidro. Do lado direito da cadeira do médium se localiza uma terceira sala, igual às já descritas, destinada à realização das operações espirituais. Os bancos laterais que rodeiam o núcleo central do aposento acomodam tanto voluntários que se dispõem a estabelecer a corrente nesse local estratégico como aqueles que foram convidados no decorrer da sessão a "trabalhar na corrente". Atrás há ainda outro espaço, onde vão ser alojados os visitantes que passaram pela inspeção e diagnóstico de João de Deus e tiveram a indicação para receber um passe ou uma cirurgia espiritual. O princípio que rege esses tratamentos se escora no espiritismo, uma vez que é ele o gesto básico pelo qual se realiza a transferência da energia ou do magnetismo das esferas dos espíritos ou entidades para os seres vivos. Aqui, no entanto, eles são realizados com a economia de gestos que caracteriza todo o trabalho de João de Deus. Enquanto nos centros espíritas o passe é realizado com a impostação das mãos, na Casa Dom Inácio os visitantes são convidados a sentar nos bancos disponíveis, instados a colocar a mão no local onde desejam receber a cura, ou apenas mantê-la sobre o coração, fechar os olhos e receber orações, sem o acompanhamento dos gestos usuais. Quando se trata de realização de cirurgia espiritual os princípios são os mesmos, porém esse procedimento é sempre realizado por João de Deus pessoalmente. No último banco da sala, que se localiza bem próximo à porta que dá para o pátio externo, há sempre um ou mais voluntários sentados e de olhos fechados, mantendo a conexão da corrente, que segue ativa nas outras salas.

O MÉDIUM EM AÇÃO

Naquela quinta-feira, os trabalhos começaram um pouco mais tarde que o normal na Casa Dom Inácio de Loyola. Era janeiro de 2015 e já passava das 14h30 quando os voluntários subiram ao pequeno palco no fundo do salão principal, onde se aglomeravam as pessoas à espera de atendimento. Abriram a sessão da manhã cumprimentando o público e oferecendo informações básicas sobre o que aconteceria a seguir.

João de Deus já se encontrava incorporado na parte interna da Casa, cercado pelos membros de sua corrente energética, e mandou avisar que todos os que esperavam na fila de segundo atendimento deveriam entrar imediatamente para receber uma cirurgia espiritual. O anúncio causou burburinho no público, vozes se levantaram com as pessoas se perguntando se deveriam ou não entrar na fila, se o convite valia para os que aguardavam atendimento para terceiros ou se haveria outra chamada para a fila daqueles que visitavam o centro pela segunda vez. Enquanto isso, os voluntários solicitavam silêncio e tentavam acalmar a multidão inquieta.

De súbito, tudo silenciou. O motivo da mudança era o surgimento da figura de João de Deus incorporado, que, saindo da porta à esquerda, subiu ao palco, um pequeno espaço elevado por três degraus, pintado de branco e azul, um retrato do médium, uma imagem de Cristo sorridente com seu cordeiro no colo, um vitral representando a pomba do Espírito Santo e uma outra imagem de Jesus. Abaixo do quadro via-se um triângulo de madeira contra a parede nua, com a pintura desgastada pelo costume de muitos fiéis de repousar a cabeça ali para orar e pedir benção. Representando o trigrama "fé, amor e caridade", sua presença é comum nos centros espíritas espalhados pelo Brasil. Na parede lateral, uma imagem em menor escala de santo Ignácio de Loyola, presente em todos os ambientes da Casa.

Ao subir ao centro do palco, o médium foi logo cercado por seus ajudantes, que traziam bandejas com os instrumentos cirúrgicos utilizados rotineiramente nas operações físicas: toalhas brancas, frascos com água fluidificada e uma cadeira de rodas utilizada para transportar os operados para a sala de recuperação. Circundando os instrumentadores das cirurgias, encontravam-se os médiuns mais antigos da Casa, entre eles, Heather Cumming, que serviu de intérprete na conversa com Oprah, e Norberto Kirsten, gaúcho proveniente de uma comunidade de origem alemã, frequentador da Casa há 25 anos. Ambos estavam encarregados de traduzir as mensagens e instruções da entidade incorporada para outras línguas.

João de Deus postou-se na frente do palco. Sua figura sempre chama a atenção: com mais de setenta anos e quase 1,90 metro, ele mantém uma postura imponente, da qual emana um ar de autoridade. Da tez clara e cabelos castanhos, se sobressaem seus olhos azuis, que estão sempre perscrutando todos a sua volta. Severo ou carinhoso com os que encontra, sejam estes próximos ou meros visitantes ocasionais da Casa, seu João nunca parece ser indiferente ao mundo exterior. Sempre muito paternal, com uma presença que lembra as figuras de autoridade tradicionais; é extrovertido e fala com todos a sua volta, podendo ralhar, aconselhar ou afagar a cabeça de alguém além de dar conselhos ou fazer brincadeiras, rindo-se de suas próprias graças. A sensibilidade aguçada, porém, o leva a ter igualmente reações súbitas de contrariedade, logo percebidas por todos a sua volta.

Apesar de sua fama e poder local, João de Deus pode ser visto sempre dirigindo ele mesmo um de seus carros — normalmente uma caminhonete potente —, acompanhado de sua esposa, Ana Keila, de seu ajudante, Reginaldo, ou algum de seus colaboradores. A caminho de sua residência depois de um dia de trabalho na Casa, pegando a estrada para ir a uma de suas fazendas no município de Anápolis, ou ainda apenas passeando pelas ruas da cidade, o médium não deixará de cumprimentar as pessoas. Muitas vezes irá oferecer carona para algum conhecido, participante ou não da Casa, ou apenas diminuirá a velocidade para perguntar a um passante a respeito da saúde de um parente em tratamento ou de outra ocorrência familiar, como muitos fazem nas cidades pequenas. De fato, seu João, nas ruas, se comporta como um político do interior: muito popular, amado e temido, ele nunca passa despercebido. Por vezes, nos finais de semana, o médium João aparece na Casa ou em seus entornos, a passeio. Como homem vaidoso que é, nessas ocasiões se apresenta trajado de maneira esmerada, sempre segundo a moda do interior de Goiás: roupa imaculadamente limpa e bem passada, de cores alegres, com os botões da camisa entreabertos, revelando duas correntes grossas de ouro que pendem de seu pescoço. Ele pode parar a cada passo para abraçar os que passam e oferecer um dedo de prosa, e as pessoas se sentem sempre muito gratas pela oportunidade.

Durante a semana, porém, o médium João costuma ser visto sempre de branco e usando uma única joia — um anel de esmeralda, pedra favorita do médium graças à sua conexão com a energia do coração e do amor, atribuída à cor verde.

Nos atendimentos, ele se livra dos sapatos, pois a conexão com o solo facilita o contato com as dimensões extramundanas, facilitando a incorporação. No correr das horas, com a realização de centenas de intervenções espirituais e físicas, suas roupas amarrotam e, por vezes, mancham, e seus cabelos se desalinham de maneira bem visível, sem que ele pareça se dar conta de nenhum desses detalhes. Assim, não são poucas as tardes nas quais o médium João vai para casa em estado de visível desarranjo e até descalço.

Naquela tarde específica, João de Deus se apresentou no palco de camisa aberta no peito, com um triângulo bordado em turquesa — o símbolo da casa — bem na altura do coração, um relógio vistoso e seu anel. O médium parecia mais um fazendeiro rico em dia de domingo que um homem santo. Nem os óculos ele usava.

Seus olhos azuis assumiram uma expressão concentrada porém distante, sugerindo o estado alterado de consciência no qual se encontrava. Os gestos lentos e a voz profunda acalmavam a excitação do público, que assistia inquieto à cena. Em um movimento ininterrupto, o médium observou os presentes em toda a extensão da sala. O mero olhar de João de Deus incorporado fez com que alguns começassem a chorar. Outros relataram ter experimentado estranhas sensações de calor ou frio. Alguns sentiram arrepios e muitos apenas sorriram. Antes ruidosos e inquietos, agora todos pareciam respirar em suspenso. À direita do palco, a fila de segunda vez, composta daqueles que receberiam a operação espiritual, começava a serpentear de forma lenta à medida que, na parte interior, por volta de trinta pessoas eram acolhidas e acomodadas na sala de cirurgia. Em poucos minutos, João de

Deus incorporado realizou a intervenção espiritual do primeiro grupo, que logo foi substituído por outro e assim sucessivamente, até que todos fossem atendidos.

No decorrer da intervenção, a entidade incorporada por João de Deus, que se faz presente juntamente com seus colaboradores espirituais, chamados no espiritismo de "falange", decide a conveniência e local do corpo a ser operado, realizando até nove cirurgias concomitantes. Apesar dessa complexidade que subjaz à intervenção espiritual, sua concretização é rápida. Ela é composta por uma bênção, muitas vezes emitida por João de Deus de forma silenciosa, que a finaliza declarando em voz alta: "Podem ir, os filhos estão operados". Os que recebem a cirurgia devem então repousar por 24 horas, tomar os remédios receitados pelo médium e retornar para revisão após pelo menos quarenta dias. São também orientados a seguir certas prescrições: os operados pela primeira vez devem se abster de relações sexuais por quarenta dias, além de não tomar bebidas alcoólicas, comer pimentas ou usar ovos galados (fecundados). A partir da segunda vez, observam-se as mesmas prescrições, mas com apenas oito dias de abstinência sexual.

Apesar de as intervenções espirituais transcorrerem de maneira discreta, com economia de gestos e quase sem palavras, muitos relatam reações físicas e emocionais significativas. Recentemente, um delegado de polícia de São Paulo que combatia um câncer grave contou que, após as cirurgias espirituais, a que ele se submetia a cada três meses, sentia um cansaço enorme e ficava prostrado na cama, sem conseguir se levantar mesmo para usar o banheiro. Uma jovem professora do Rio de Janeiro relatou que na noite subsequente teve sonhos incrivelmente vívidos, sentindo-se como se estivesse navegando no espaço. Outros narraram ter experimentado indisposições intestinais, interpretadas como parte de um processo de limpeza. Eu mesma, que já me submeti a seis cirurgias espirituais voluntárias — isto é, não indicadas por João de Deus, mas que apenas atenderam a um convite para todos que assim o desejassem —, já entrei em um estado intenso de relaxamento depois de algumas delas. Após a última, em março de 2013, dormi por doze horas seguidas.

Algumas pessoas que se submeteram ao processo disseram nada ter sentido de imediato. Um jovem músico chileno, que sofria de terríveis dores nos braços e nas mãos por causa de uma doença congênita e problemas decorrentes de insônia grave, contou que, durante o procedimento e nas semanas seguintes, não notou qualquer diferença. Mas pouco depois, quando já retornara a seu país, percebeu que sua incapacidade de dormir começara a desaparecer e seu estado de ânimo havia melhorado. Pouco a pouco, as dores melhoraram e ele foi capaz de voltar a tocar. Como nada de visível ou bombástico havia ocorrido em sua passagem pela Casa, não soube explicar se as coisas haviam tomado um rumo positivo em sua vida a partir da experiência com João de Deus ou se tudo fora mera coincidência. Poucos meses depois, ele mal se lembrava do estado de desânimo em que se encontrava quando resolveu buscar ajuda espiritual. Reações como essa são relatadas com frequência pelos que se tratam com João de Deus.

Realizadas todas as cirurgias espirituais do dia, iniciou-se o atendimento da fila de consulentes que se apresentavam à Casa pela primeira vez. João de Deus deixou o palco e desapareceu pela porta lateral. Muitas vezes, entre a saída do palco e a sua chegada ao espaço de atendimento, ele desincorpora a entidade que operou fisicamente, recebendo outra, que passa a conduzir os tratamentos espirituais. Mais uma vez, formou-se uma longa fila que, passo a passo, avançou do salão para a parte interna do prédio, onde se encontrava o médium, sentado na sua cadeira. Por conta do grande número de presentes, cada atendimento ocorre no intervalo de menos de um minuto. Alguns se ajoelham diante do médium, seguram sua mão e fazem seus pedidos. Outros apenas se aproximam, são examinados com rapidez e convidados a seguir em frente. Estrangeiros muitas vezes vêm acompanhados de tradutores ou munidos de bilhetes traduzidos por voluntários e que são lidos pelos auxiliares de João de Deus, já que ele é praticamente iletrado. Nessa fração de tempo, o médium incorporado inspeciona, diagnostica e encaminha cada um. Alguns recebem apenas um bilhete no qual figura um garrancho incompreensível: trata-se de uma receita para que o consulente passe na farmácia da Casa e adquira a passiflora, que foi energizada pelo próprio médium João naquele exato instante e à distância. Assim, supõe-se que, quando esta pessoa se apresentar no guichê da farmácia, o atendente irá pegar o frasco que foi amplificado energeticamente para aquele indivíduo. Parte das pessoas é encaminhada para a cirurgia espiritual imediata, outras são convidadas a retornar na sessão seguinte. De tempos em tempos, João de Deus interrompe a fila para conversar com alguém ou para realizar cirurgias físicas. Apesar disso, a maior parte das operações físicas feitas hoje em dia tem lugar no salão principal da Casa, onde todos os visitantes podem acompanhá-las. Por fim, alguns dos consulentes são enviados à corrente.

A participação na corrente ocorre sem qualquer tipo de doutrinação ou explicação. Seus participantes são apenas instruídos a não abrir os olhos e assim colaborar com a manutenção das energias curativas do ambiente, doando a sua própria para o fortalecimento da incorporação. Nessas circunstâncias, João de Deus costuma declarar que o indivíduo é filho da Casa e que, por isso, "deve sentar na minha corrente".

Esse foi o caso de Carla, uma jovem estilista de São Paulo que, apesar de inicialmente não ter se identificado nem com as palestras nem com as orações apresentadas naquele dia, por causa do tom religioso que predominava em todas elas, foi tomada por uma crise de choro que a acompanhou desde o momento em que se encontrava ainda sentada no salão público à espera de ser chamada até estar em frente de João de Deus. Nesse momento, o médium segurou sua mão, perguntou o que poderia fazer por ela e, na sequência, a enviou para sentar na corrente, onde ela continuou chorando por um bom tempo...

João de Deus então se dirigiu novamente ao salão principal e apresentou um pequeno discurso, saudando a todos e agradecendo aos taxistas e donos de pousadas, que permitiam a chegada e a estada dos visitantes. Agradeceu também aos voluntários e ajudantes da Casa. Disse esperar que os presentes alcançassem a cura graças à sua fé. E declarou que, em quase sessenta anos de dedicação à sua missão, ele nunca havia curado ninguém, pois quem cura é Deus e os bons espíritos — afirmação constantemente reiterada pelo médium. Uma ave-maria foi então puxada por um dos voluntários, acompanhada por todos em voz alta.

De maneira imperativa, João de Deus passou, agora mais pausadamente, a escrutinar a fila. Exortava alguns com conselhos, ralhava com os que não haviam seguido à risca as instruções recebidas, animava pessoas a abandonarem suas bengalas e aparelhos corretivos. Uma senhora que empurrava o marido numa cadeira de rodas, ao se aproximar do médium, levantou a voz para perguntar se ele poderia ser curado. João de Deus incorporado olhou para o homem e respondeu, em tom de autoridade, que, antes de vir pedir ajuda, o doente deveria desejar se curar. Ainda assim, em seguida facultou a entrada do casal à sala de cirurgia espiritual.

Nesse momento, seus olhos localizaram uma senhora de óculos, que chamou ao palco. Perguntada por que ainda usava as lentes, ela respondeu que a operação anterior não havia funcionado a contento. Visivelmente contrariado, o curador argumentou que ela deveria ter seguido de maneira fiel as instruções recebidas, não usando mais os óculos. Colocou a mulher sentada na cadeira de rodas e com delicadeza puxou sua cabeça para trás. Escolhendo na bandeja de instrumentos uma pequena faca serrilhada, passou a raspar uma das córneas da paciente enquanto ela mantinha a mão sobre o outro olho fechado. Nenhuma tensão corporal ou facial era visível: a mão da paciente que pendia ao lado do corpo se manteve relaxada por todo o procedimento, que não durou mais de trinta segundos. Ela não soltou um som sequer. Ao final, o médium limpou a faca na roupa da senhora operada e a enviou para a sala de recuperação.

Naquela tarde calorenta, eu havia me esgueirado em meio à multidão e me posicionado o mais próximo possível do palco. Na verdade, tive a vantagem de entrar por uma porta lateral utilizada apenas pelos médiuns da Casa e guias de grupos de visitantes, cruzar a parte central do salão e sentar à beira do palco, retirando-me apenas no momento da entrada de João de Deus para me acomodar no chão a cerca de um metro e meio do local da cirurgia — sempre procurando manter as pernas descruzadas de forma a não obstruir a corrente de energia. Meu objetivo era assistir o mais de perto possível às operações físicas daquela tarde.

Ao fim dessa primeira cirurgia, o médium dirigiu-se a uma mulher jovem de rosto sorridente e gravidez avançada, sentada na primeira fileira, exclamando: “Irmã, por que você está aqui fora? Entre e vá sentar na minha corrente". Ela se levantou de pronto e foi para a sala interna. Em seguida, o médium abandonou o palco, dirigindo-se também para as dependências internas do prédio. Todos nos mantivemos em suspense silencioso.

Os seis auxiliares que tinham assistido as operações permaneceram quietos no palco, segurando os apetrechos para as cirurgias: uma bandeja com instrumentos cirúrgicos como facas, pinças, agulhas, tesouras pequenas e linha de sutura e uma segunda bandeja que continha pinças de dezesseis centímetros sem ponta. Sobre uma terceira bandeja descansava uma garrafa de água fluidificada, às vezes utilizada por João de Deus no decorrer das cirurgias tanto para beber quanto para lavar as mãos. Havia, ainda, uma vasilha funda na qual repousava a mesma água, mas esta usada para a limpeza das mãos após o término das intervenções, e uma outra em que ele poderia depositar os tumores ou coágulos retirados nas operações.

Um dos assistentes então se adiantou e começou a rezar as preces tradicionais repetidas na Casa muitas vezes ao dia. O pai-nosso e a ave-maria, duas das mais conhecidas preces católicas, são ali recitadas com algumas modificações. No caso do pai-nosso, a prece acrescenta ao final as palavras "pois Teu é todo o Reino, o Poder e a Glória, para todo o sempre". Já a ave-maria recebe uma interpretação vinda mais claramente do espiritismo. A passagem final da prece em que se recita "até a hora de nossa morte" é, muitas vezes, substituída pela frase "até a hora do nosso desencarne", lembrando assim que para os espíritas não existe morte, apenas a passagem de uma encarnação para outra. O público de imediato acompanhou a ladainha, rezando em uníssono e em voz alta.

Passados alguns minutos, João de Deus retornou com uma expressão sorridente e comunicativa, anunciando ter incorporado uma segunda entidade. As duas primeiras cirurgias haviam sido realizadas por meio da incorporação do dr. Augusto de Almeida. Agora, João de Deus vinha incorporado por José Valdivino, que possui uma personalidade acessível e bem-humorada. Subiu em passos ligeiros os poucos degraus que o separavam do palco, exibindo uma agilidade corporal inesperada para um homem idoso e com certo sobrepeso.

O curador então chamou mais dois presentes para serem operados. O primeiro era um jovem de aparência saudável, que ficou com o corpo encostado na parede e de olhos fechados. O outro era um senhor mais velho, certamente fora da idade prescrita como passível de receber a cirurgia física, que é de no máximo a de cinquenta anos. O médium o encostou na parede, auxiliou-o a tampar os olhos com as palmas da mão, buscou uma faca pequena de cozinha na bandeja de instrumentos, abaixou seus braços, que passaram a pender ao lado do corpo em atitude de repouso, e, sentado em um banquinho, começou a seccionar seu joelho. Durante todo o processo, o homem se manteve de pé e em silêncio, sem mexer nenhum fio de cabelo.

A operação demorou alguns minutos, mas não mais que dois ou três. Ao final, embora a incisão tenha sido profunda e visível — mas com sangramento apenas moderado —, o curador deixou o corte aberto e pediu que o homem abrisse os olhos e andasse. Depois o mandou pular. A tudo ele obedecia, com tranquilidade e sem demonstrar nenhum incômodo. Foram ditas algumas palavras, e então enviaram o homem à enfermaria; ele fez questão de andar até lá por conta própria. Ato contínuo, um dos assistentes limpou o sangue que havia pingado no chão do palco.

Em seguida, João de Deus incorporado voltou sua atenção para o jovem que continuava encostado na parede, imóvel e com as mãos espalmadas sobre os olhos. O instrumento escolhido foi uma longa pinça sem ponta, introduzida em uma das narinas do rapaz. O médium girou o instrumento diversas vezes na cavidade nasal de forma pouco delicada, e, logo depois, ajudou o paciente a abaixar a cabeça, retirando lentamente o instrumento e deixando sair, ao mesmo tempo, uma massa de sangue coagulado e tecidos moles de alguns centímetros de diâmetro. Gotas de sangue pingaram no chão de ladrilhos esbranquiçados do palco. Apesar disso, e embora a pinça tivesse penetrado a narina do rapaz com profundidade, não houve hemorragia.

Enquanto realizava todas essas cirurgias, João de Deus mantinha o olhar na plateia, parecendo checar algumas pessoas. Essa atitude é explicada pelo fato de que, enquanto a entidade principal opera fisicamente determinado indivíduo, incorporações subsidiárias operam espiritualmente e à distância outras pessoas que se encontram no público. Isso porque a incorporação de uma entidade significa, como dissemos, a chegada de toda uma falange ou linhagem de espíritos, portadores de determinadas qualidades curativas, que realizam o trabalho em conjunto e simultaneamente.

Assim que a longa pinça foi retirada da narina do jovem, ele fraquejou, sinalizando que desmaiaria. Foi amparado de imediato pelos assistentes, colocado na cadeira de rodas e levado para descansar.

UM TRABALHO COLETIVO SOB A BATUTA DO MÉDIUM JOÃO

É expressão corrente entre os frequentadores da Casa Dom Inácio de Loyola que a maioria das pessoas vai a Abadiânia por conta de algum tipo de sofrimento: doenças físicas, depressões graves, alcoolismo, vício em drogas. No entanto, elas permanecem por amor. A frase expressa uma sensação comum entre aqueles que prestam serviço permanente ou ocasional à Casa: a de que receberam ajuda em momentos difíceis e que desejam retribuir, seja divulgando os trabalhos ali realizados, organizando viagens com grupos, auxiliando no dia a dia dos atendimentos, ou simplesmente sentando na corrente — formada hoje por cerca de trezentos voluntários, que podem ter sido escolhidos pelo médium ou se voluntariado espontaneamente.

A Casa Dom Inácio, ou o grupo de João de Deus, não forma uma comunidade, como ocorre em outros movimentos espiritualistas: nenhum laço social, financeiro ou religioso prende os trabalhadores voluntários à Casa, que funciona de maneira totalmente independente, com estrutura similar à de qualquer centro espírita, embora de dimensão muito superior à maioria dos existentes. No entanto, muitos dos que lá aportaram em busca de cura de doenças físicas ou não, de suporte para realizarem mudanças em seus estilos de vida, ou apenas para aprofundar sua espiritualidade, resolveram ficar em Abadiânia. Alguns começaram tirando férias mais alargadas, e em seguida resolveram não retomar seus compromissos ou empregos. Em geral, após uma longa permanência na corrente, eles passam a gerar alguma renda com trabalhos próprios em torno da Casa. Alguns são orientados pelo médium João a abrir pequenos negócios, outros se tornaram massagistas, alguns são guias que conduzem grupos em suas visitas ao centro. Assim, embora haja um forte laço de colaboração entre os trabalhadores voluntários, os comerciantes locais e o médium João, cada um conduz sua vida familiar e financeira de maneira independente.

O caso da Clarissa, proprietária de uma das lojas de pedras e joias mais antigas da cidade, é ilustrativo. Conta ela que chegou a Abadiânia, em 2004, com apenas 22 anos, trazendo um filho recém-nascido nos braços que apresentava problemas de saúde, e nenhum dinheiro no bolso. Buscava algum abrigo junto à mãe, que morava na cidade. Levada à Casa, foi recebida com grande entusiasmo pelo médium João — que logo avisou que ela deveria permanecer em Abadiânia, pois ele já a esperava havia muito tempo. Em seguida, João de Deus mandou-a sentar-se na corrente.

Espantada com essas declarações, Clarissa, que estava preocupada em resolver os urgentes problemas que enfrentava com o filho em uma cidade minúscula que não possuía sequer um hospital, mercado de trabalho ou assistência social, teve dificuldade de levar a sério aquelas declarações. Porém, como não havia nenhuma outra opção à vista, anuiu. Não sem perguntar a João de Deus como faria para sobreviver e cuidar de seu filho em uma situação tão difícil, passando a maior parte do dia sentada de olhos fechados. O médium respondeu que tudo se arranjaria, e assim, nos dias seguintes, ao ajudar um visitante norte-americano, ela foi contratada como tradutora de um grupo que ali aportara para receber tratamentos na Casa e começou a ganhar um bom dinheiro, que lhe permitiu alugar uma casinha próxima ao centro de atendimento. Além disso, com uma única visita a João de Deus, seu filho se curou de uma hidrocele testicular e duas hérnias na virilha. Pouco tempo depois, o médium em pessoa foi visitá-la e lhe deu de presente uma esmeralda de boa qualidade e tamanho. Clarissa vendeu o presente e montou — também com a anuência de João de Deus — uma barraquinha de venda de pedras perto da Casa, que ao longo dos anos se transformou em uma joalheria, que até os dias de hoje sustenta a sua família. Clarissa passou seis anos participando da corrente e trabalhando como voluntária na

Casa. Em 2010, o médium João avisou-a que já podia receber alta, o que a levou a passar três anos fora de Abadiânia. Em 2013, ele avisou que ela deveria voltar — e Clarissa lá se encontra até hoje.

A maioria daqueles comerciantes e prestadores de serviço que giram em torno da Casa Dom Inácio de Loyola narra situações semelhantes. Mas, diferentemente de outros líderes religiosos ou gurus, o médium não exige dedicação absoluta, voto de pobreza ou renúncia a uma vida familiar ou afetiva em nome do serviço à Casa. A prática de João de Deus não se caracteriza como religião, e sim como um movimento ecumênico de cura. Aqui, não há nenhum tipo de proselitismo ou mensagem específica, a não ser aquelas mais gerais ligadas à obtenção da cura e do autoconhecimento, respeito aos outros e amor a um Deus de características gnósticas, as quais são comuns a diversos grupos da Nova Era ou de militância humanística-ecológica. Muitos dos voluntários da Casa pertencem a outros grupos ou professam outras crenças várias. Embora a maioria seja espírita ou católica, encontram-se por lá seguidores do Santo Daime, da umbanda, do budismo e de gurus indianos como Sathya Sai Baba, Osho ou Neem Karoli Baba.

Essa mistura de traços e referências que compõem o trabalho de João de Deus pode ser descrita, ainda que sob o risco da simplificação, como uma mistura da cultura religiosa popular do Brasil. Mistura que combina o catolicismo devocional, as tradições de transe e o diálogo com os espíritos da interpretação kardecista com, em menor escala, as lentes da Nova Era, que disseminam o vocabulário das práticas de meditação e de manipulação do sagrado nas tradições orientais. A moeda comum a todas essas visões é a aquisição de uma espiritualidade ativa, porém não religiosa, que oferece a oportunidade a pessoas muito diferentes de participar, mesmo que de forma individual e interiorizada, de um esforço coletivo pelo bem comum.

Uma figura notável na Casa Dom Inácio é Grainne McEntee, irlandesa que chegou a Abadiânia em 2003 para auxiliar uma parente que sofria de esclerose múltipla e queria se tratar com o médium. Por longos seis meses, ela frequentou o centro de atendimento sempre como acompanhante, embora tenha desfrutado de uma transformação interior bastante significativa. Quando chegou a hora de partir, ao se despedir de João de Deus, foi convidada a ficar e prestar serviços à Casa, se assim o desejasse. Grainne decidiu então desfazer as malas, abandonar suas atividades anteriores e se mudar para Abadiânia, buscando auxiliar em tudo que fosse capaz. No decorrer dos anos, encontrou um companheiro português com quem montou um pequeno café, que abre as portas apenas algumas noites por semana e lhes permite viver bem, ainda que modestamente. Grainne havia sido comediante, palhaça, além de ter trabalhado em restaurantes orgânicos, então não teve dificuldade de se adaptar à nova vida. Todas as semanas, ela recebe mais de cem fotografias por e-mail, enviadas por pessoas que pedem ajuda. Às terças-feiras, imprime todas elas e insere em seu verso os dados de identificação e os pedidos de ajuda e de cura recebidos para, no dia seguinte, entregá-los a João de Deus, que realizará o tratamento dessas pessoas à distância.

Grainne se encarrega ainda de supervisionar a sala da desobsessão, onde o médium ajuda os participantes a se livrarem das energias invasoras provenientes de espíritos desencarnados que, devido à pouca evolução, sentem necessidade de se manter na dimensão terrena. Grainne zela para que os grupos anglófonos e os novatos na corrente recebam suporte no decorrer das longas horas pelas quais se estendem as sessões. De tempos em tempos, ela expressa suas visões das maravilhas do mundo espiritual que estão ocorrendo exatamente naquele instante em uma dimensão invisível. Fala apenas de improviso, de forma que, quando imersa no grande esforço de abertura e limpeza espirituais propostas na corrente, as palavras lhe sobrevenham de forma espontânea. Tanto que não se sente capaz de repeti-las em outro contexto.

Outra personagem central na Casa é a já mencionada Heather Cumming, que chegou a Abadiânia em 1999. Nesse período, ela residia nos Estados Unidos, se dedicava a práticas xamânicas e organizava grupos de norte-americanos interessados em conhecer ritos indígenas na Amazônia. Brasileira de nascimento, ela é filha de escoceses que trabalhavam em uma fazenda em Barretos, no interior paulista, e passou a infância no Brasil. Heather conta que estava visitando sua cidade natal com os dois filhos quando ouviu falar de João de Deus e resolveu conhecê-lo. Ao entrar na sala da corrente pela primeira vez, Heather logo começou a chorar. Na sua vez de ser atendida, o médium perguntou o motivo de seu choro e ela respondeu que era apenas a alegria do encontro, pois sentia naquele momento ter achado o seu lugar. Ela relata ter sentido de imediato aquilo que todos os grupos, linhas e práticas espiritualistas buscam: o amor incondicional, aquele que não é pessoal ou sentimental. Desde então Heather começou a trazer visitantes dos Estados Unidos, primeiramente a cada três meses. Em seguida, se estabeleceu em Abadiânia, montando uma pequena pousada que acolhe grupos estrangeiros, em sua maioria norte-americanos. Na pousada de Heather é comum hospedarem-se, de maneira discreta, diretores de Hollywood, escritores famosos e jornalistas notáveis.

É corriqueira a presença de pessoas famosas na Casa Dom Inácio. Muitos passam um ou dois dias visitando e se fazem fotografar com o médium João. Atores e atrizes, modelos e celebridades de todo o tipo podem ser encontrados em Abadiânia. A famosa artista performática Marina Abramovic, acostumada às disciplinas dos mosteiros budistas, estagiou por algumas semanas na corrente em 2014 e incluiu em seu filme lançado em 2016, *Espaço além*, cenas gravadas na Casa. A cineasta brasileira Anna Muylaert declarou recentemente que a cada quarenta dias compra uma passagem para Goiânia ou Brasília, indo se alojar em Abadiânia para participar dos três dias semanais da corrente.

Ao lado delas, milhares de anônimos circulam pelas ruas em torno da Casa, todos com histórias de vida marcadas pela experiência com o médium. Ana Maria, por exemplo, que preferiu não revelar o sobrenome, vende artesanato na avenida principal para se manter em Abadiânia. Carioca, ela buscou João de Deus depois de assistir a um programa dedicado ao médium no Discovery Channel. Seu pai sofria de câncer de pulmão diagnosticado como incurável, mas ela acreditava que havia uma solução. No entanto, mesmo tendo recebido uma cirurgia espiritual e os medicamentos que normalmente acompanham a intervenção, ele faleceu. Sua morte acarretou outros problemas familiares: uma irmã, com graves deficiências, entrou em crise, deixou de comer e tomar os remédios rotineiros, passando a sofrer de uma terrível instabilidade. Ana resolveu então voltar à Casa em busca de mais ajuda, levando a fotografia da irmã, que foi entregue ao médium. Após inspecioná-la, ele se comprometeu a fazer um trabalho na madrugada seguinte, às duas da manhã, como de praxe. Naquela noite, exatamente à hora marcada, sua irmã, no Rio de Janeiro, acordou, usou o banheiro por conta própria, pediu água e comida e conseguiu engolir os medicamentos necessários para conter as constantes convulsões de que sofria. A partir daí, Ana resolveu permanecer na Casa para cuidar de si, já que durante o processo percebeu que não havia dedicado a atenção necessária às próprias necessidades. A participação na corrente e o estudo do espiritismo a estavam ajudando a se localizar de maneira nova no quebra-cabeça de sua vida.

Lorena, jovem inteligente e astuta, chegou a Abadiânia em 2011 com uma amiga, durante uma viagem de férias para Alto Paraíso, cidade no norte do estado que é alvo de místicos e alternativos do eixo Brasília-Rio-São Paulo. Passava por um momento instável, enfrentando demandas afetivas: seu pai falecera havia pouco, ela andava trabalhando demais e ainda estava às voltas com um mestrado que exigia muita dedicação. Logo de cara João de Deus a enviou para a corrente, onde permaneceu um mês e meio. Segundo Lorena, isso abriu um novo canal de vivência em sua vida. Nascida em uma família de intelectuais não religiosos, ela era totalmente agnóstica, mas encontrou a espiritualidade como caminho para um maior equilíbrio pessoal. Seu relato gira em torno da descoberta da mediunidade, que a levou, já de volta à sua cidade natal, a frequentar a umbanda.

Uma senhora vinda de uma cidade do interior de São Paulo, que não quis se identificar, relata que, ao chegar à Casa, mais de dez anos atrás, sofria de diversos mal-estares e enfermidades — pressão alta, gastrite, dores no corpo —, tomava muitos medicamentos e considerava um peso viver sozinha. Sua experiência levou-a a vender sua loja, investir o dinheiro em um aluguel e ir levar uma vida modesta em Abadiânia, dedicando-se a se sentar na corrente em todos os dias de atendimento. Desde então, conta, construiu uma vida nova, superando o negativismo que a deixava repetidas vezes adoentada.

Felipe Klein, advogado de 36 anos, narra como sua experiência na Casa vem moldando seu amadurecimento e condicionando suas tomadas de decisão na vida adulta. Proveniente de Venâncio Aires, cidade do Sul do país, foi levado a Abadiânia pelos seus pais, químicos, que sempre se interessaram pelo estudo da metafísica. Segundo Felipe, naquela época, início dos anos 2000, apareceram muitos casos de câncer em sua cidade, relacionados à superexposição da população aos agrotóxicos intensamente utilizados na lavoura do fumo, abundante na área. Como o médium realizava atendimentos em cidades próximas de lá havia um tempo, muitos aproveitavam a oportunidade para se consultar. Quando visitaram a Casa, nem ele nem os pais sofriam de problemas de saúde; seu objetivo era apenas conhecer e participar de movimentos espirituais. Desde então, ele frequenta Abadiânia e participa da corrente. Ao longo desses anos, formou-se em direito, conquistou autonomia econômica e se casou, sem nunca deixar de passar ao menos três semanas por ano na corrente. E seu balanço pessoal é de que a vivência na Casa o ajudou a atravessar os anos definitivos da juventude com tranquilidade e de que o trabalho mais lento que se pode enfrentar é o da mudança de padrões mentais e emocionais.

Como se pode ver, para muitos que circulam na Casa, morar em Abadiânia significa mais do que uma mera mudança geográfica ou de estilo de vida. Embora a maioria dessas pessoas tenha deixado grandes centros urbanos do Brasil ou do exterior, tendo que se adaptar ao ritmo de uma cidadezinha quase sem atrativos, sua estada se enreda em um amplo trabalho interior de reorganização de sua história de vida, com o estabelecimento de novos rumos, metas e significados.

Conversando com muitas pessoas e escutando suas histórias, nota-se que cada pequeno evento dessa nova vida começa a ser entendido como etapa de um caminho maior. Daniela Mazzariol, uma ex-publicitária elegante e extrovertida que vive há três anos em Abadiânia, afirma que sua vida anterior era um conjunto de eventos e dificuldades desprovidos de significado. Ela, que havia vivido tudo de maneira intensa e agitada, fora obrigada a repensar a vida quando teve que se reconectar com uma filha, jovem adulta, que ficara vulnerável após a morte do pai, com quem vivia. Segundo Daniela, durante anos, as dificuldades de relacionamento e o intenso ritmo de trabalho que tinha eram extravasados em happy hours cada vez mais longos, que a mantinham afastada dos sentimentos e dificuldades que a assaltavam. Em meados de 2011, ela chegou a Abadiânia acompanhando uma tia que ali se tratava. Poucos meses depois, sem muito planejamento, fez uma mala de roupas e, levando apenas um de seus muitos cachorros, mudou-se para a cidade, sem a mínima ideia do que faria quando suas economias acabassem. A partir de então, conta ter se iniciado uma fase em quase tudo oposta ao que já havia vivido. Em contraponto à vida agitada que tinha, Daniela passou seis meses sentada na corrente, relacionando-se com poucas pessoas e conversando apenas ocasionalmente. Esse retiro prolongado permitiu que ela começasse a aquietar sua mente e a se livrar de hábitos e maneiras de reagir emocionalmente a tudo e a todos. A cada passo, conversava com a entidade, que lhe dizia que ela ainda precisava adquirir maior equilíbrio. Paulatinamente, começou a reconhecer a melhora.

Para Silver Bear (nascido Bernd Scheneider), um praticante profissional do xamanismo, a estada de quatro anos junto à Casa serviu para reconectá-lo a partes significativas de sua infância, vivida até os nove anos em São Paulo. Filho de alemães, seu pai havia sido, na década de 1960, o executivo que implantou a indústria Siemens no Brasil, ocupando posição importante no cenário paulista. Essa fase da vida é relembrada por Silver Bear com visível nostalgia: seus pais eram amigos pessoais do presidente Juscelino Kubitschek, a família viajava o tempo todo e ele passava longas temporadas na praia com a mãe. Entre 1968 e 1969, no entanto, quando o regime militar começou a endurecer, sua família deixou o país às pressas, temendo a repressão. Para ele, adaptar-se à Alemanha significou um evento profundamente traumático e complexo. E, embora tenha aberto uma bem-sucedida firma de consultoria, desistiu de tudo para se dedicar aos trabalhos espirituais. Durante vinte anos, Bernd recebeu ensinamentos de diferentes grupos indígenas, inclusive seu nome xamânico, pelo qual hoje se reconhece.

Sua volta ao Brasil em 2011, para conhecer João de Deus, significou iniciar um longo processo de, em suas palavras, "curar seu lado brasileiro", reconectando-se com o passado. Desde que chegou à Casa, viveu um intenso período de interiorização. Morou em Abadiânia por quatros anos e estava decidido a permanecer ali por tempo indefinido. Sua longa estada na corrente permitiu que ele se iniciasse mais profundamente nas artes de curar até que, em um dos atendimentos, João de Deus lhe disse que ele deveria voltar à Alemanha para disseminar seus trabalhos curativos. Atualmente, Silver Bear passa a maior parte do ano lá, oferecendo treinamentos a curadores.

É também interessante escutar as histórias de vida dos guias de viagem, que se dedicam a trazer grupos de interessados em se submeter a tratamentos na Casa. Para exercer essa atividade é necessário que o candidato alcance a explícita anuência de João de Deus, o que só acontece após certo período. Assim, em maioria absoluta os guias de viagem são pessoas que carregam longa experiência de dedicação à Casa, que invariavelmente se inicia com a participação na corrente.

Em 2014, Lidia Paraskeva, uma guia de viagem de Quebec, no Canadá, com larga experiência em conduzir grupos em visitas ao *ashram* de Sai Baba, no sul da Índia, me contou sobre sua surpreendente experiência em Abadiânia. Em 2006, depois de ler um livro sobre o trabalho de João de Deus, ela resolveu se juntar a um grupo que visitava a Casa. Já em sua primeira semana, logo após se inteirar a respeito dos protocolos do centro de atendimento, resolveu participar da formação da corrente, sentando-se na sala da desobsessão. De imediato começou a se sentir fisicamente muito mal, chegando a levantar a mão algumas vezes para ser socorrida, mas decidiu permanecer um pouco mais. Quando o trabalho terminou e todos se levantavam para sair, Lidia percebeu que estava completamente paralisada, sendo capaz apenas de abrir seus olhos. Era como se houvesse sido transportada para um espaço amplo, vazio e branco, e era incapaz de discernir qualquer limitação ou ângulo, o que lhe provocou uma terrível sensação de medo. Aos poucos, voltou a se movimentar com a ajuda de pessoas do grupo. Quando retornou à pousada, naquela noite, teve reações muito fortes: náuseas, desarranjo intestinal e dores no corpo. Apenas meses depois pôde absorver a experiência, compreendendo-a em seu contexto pessoal. Lidia conta que, em 1995, quando ainda era bastante jovem, tinha filhos pequenos e morava em Paris, seu marido, que voltara de um trabalho no continente africano, entrou subitamente em coma, sem que ninguém conseguisse diagnosticá-lo de imediato. Quando se verificou que havia contraído malária, a situação já era incontornável, e ele não resistiu. Essa experiência havia levado Lidia, em suas palavras, a perder 90% da sua energia vital, sentindo-se totalmente incapacitada para seguir com a vida. Ela se recuperou em nome de suas obrigações como mãe e profissional, mas, ao longo dos onze anos seguintes, sentia que, quando se olhava no espelho, era como se o reflexo mostrasse outra pessoa. Lidia tinha a estranha sensação de ser habitada por uma energia masculina que a impelia a se manter em ação. Só em 2006 — com os filhos já adolescentes e uma atividade profissional satisfatória —, quando se sentou na corrente da Casa, começou a se despedir dessa entidade masculina, voltando a ocupar seu corpo feminino. Nos anos seguintes, ela narra que continuou envolvida em um significativo trabalho de limpeza a que se refere como "seu carma familiar e pessoal", enquanto continuava a levar grupos de visitantes ao *ashram* de Andhra Pradesh e a Abadiânia.

Sônia Shiguetaka, nissei paulistana e uma das guias mais populares, conhecida por trazer grandes grupos com até oitenta pessoas de São Paulo para a Casa, é conhecida em Abadiânia pela simpatia e generosidade. Quando tem a oportunidade de fazer um balanço do papel da Casa Dom Inácio de Loyola em sua vida, Sônia começa seu relato pela infância, contando como a morte da mãe, quando ela tinha apenas onze anos, havia provocado uma busca incessante pela compreensão do episódio e pela renovação do sentimento de acolhimento que apenas o abraço materno havia lhe proporcionado. Quando sua filha era ainda uma criança pequena, mais nova do que ela era quando sua mãe faleceu, Sônia sofreu um gravíssimo acidente, sendo atropelada em sequência por três carros, acabando embaixo das rodas de um deles, cujos pneus passaram a milímetros do seu rosto. Levada ao hospital em estado de choque, sofreu uma parada cardíaca. Teve três lesões na coluna e duas na cervical, e um início de aneurisma cerebral. Ela conta que, quando se encontrava no hospital sendo submetida à reanimação cardíaca, passou por uma experiência de intensa lucidez e percebeu que precisava permanecer viva tanto para cuidar da filha quanto para descobrir o significado daquela percepção de vida alargada que a capturara naquele momento difícil — o que lhe parecia ser o significado da vida espiritual.

Após o acidente, Sônia manteve a promessa e começou a participar de grupos de estudo do espiritismo, mas só alcançou a sensação de encontro anos mais tarde, em 2007, quando chegou à Casa Dom Inácio de Loyola. Na ocasião, auxiliava uma amiga que havia sido curada de uma miastenia gravíssima e passara a divulgar as curas de João de Deus, acompanhando grupos de visitantes. Em Abadiânia, sentada na corrente, Sônia diz ter reencontrado sua mãe, recuperando a sensação de pertencimento perdida precocemente. Ainda hoje, quando muitas vezes auxilia pessoas debilitadas ou doentes que participam de seu grupo, ela acredita transmitir a mesma capacidade de cuidados de sua mãe, que foi enfermeira profissional.

Ao longo dos anos, João passou também a atender no exterior. A partir de suas viagens iniciais a países vizinhos como o Peru, em 1991 e 1994, outras se seguiram depois que a chegada dos visitantes estrangeiros se disseminou pelo boca a boca. Em 2006 ele atendeu em Atlanta, nos Estados Unidos, e em 2010 na Grécia. Conforme relatou Heather Cumming, em 2002 João de Deus havia curado uma mulher de nacionalidade grega, com um diagnóstico de câncer terminal no estômago. Na consulta inicial, o médium João disse que poderia salvá-la se ela tivesse paciência e fizesse algum trabalho voluntário para a Casa. Ao longo dos anos seguintes, essa senhora, identificada apenas como Maria, se submeteu aos tratamentos e, em 2008, começou a trazer grupos de pessoas interessadas de seu país. Nesse mesmo ano, a entidade finalmente a avisou que ela deveria se submeter a uma cirurgia médica para retirada do tumor, que foi realizada com sucesso. Em seguida, o médium viajou para a Grécia, atendendo em seu tour por volta de 25 mil pessoas.

Nos anos seguintes, a própria Heather, que se tornou uma das médiuns mais ativas da Casa, passou a organizar os atendimentos de João de Deus no icônico Omega Institute (em Rhinebeck, Nova York), dedicado à disseminação de ideias humanistas, ecológicas e da Nova Era. No último workshop ministrado pelo médium brasileiro, em setembro de 2015, João de Deus atendeu 9 mil pessoas em apenas três dias. Nos últimos anos, ele também realizou trabalhos em países como a Áustria, Austrália e Alemanha.

Ram Dass, famoso ativista da contracultura do início dos anos 1960, também colaborou para disseminar o nome de João de Deus. Nascido Richard Alpert, era psiquiatra e professor da Universidade Harvard, nos Estados Unidos, quando começou a explorar os limites da consciência por meio de drogas psicodélicas em colaboração com personalidades como Timothy Leary e Allen Ginsberg. Em 1967, viajou à Índia e se tornou seguidor do guru Neem Karoli Baba, assumindo o nome de Ram Dass e publicando, em 1971, o lendário livro *Be Here Now* [Esteja aqui agora], cujo conteúdo marcou gerações dos chamados "buscadores", pessoas à procura de si mesmas ou de novas percepções de mundo por meio da espiritualidade. Quando visitou a Casa, em 2003, Ram fez declarações muito favoráveis sobre o que ali acontecia, colaborando para consolidar João de Deus no papel de um novo guru. O ativista, que desde 1997 depende de uma cadeira de rodas e apresenta dificuldades de fala, sequelas de um derrame, preservou ao longo dos anos uma visível influência no meio alternativo, mantendo um site e diversas publicações. Em uma de suas palestras, gravada em 2003, ele declara ter encontrado junto ao médium João um contexto espiritual similar ao que vivera com seu amado guru indiano. Este, chamado carinhosamente por seus discípulos ocidentais de Maharaj-ji, havia abraçado o caminho devocional, voltado ao cuidado e ao amor ao próximo como caminho para o encontro com o divino. Maharaj-ji nunca pregava nem se preocupava em fazer nada específico: passava os dias deitado em uma prancha de madeira e enrolado em um cobertor, distribuindo doces, sorrisos e tapinhas em todos que o procuravam. No entanto, aqueles que se aproximavam dele sentiam-se tomados por um sentimento de amor e aceitação incondicional, o que os levava a seguidas crises de choro.

Outro divulgador de João de Deus no mundo foi Wayne Dyer, um dos maiores porta-vozes da literatura de autoajuda nos Estados Unidos. Em 2011, quando se tratava de uma leucemia já havia dois anos, recebeu em sua residência, em Maui, no Havaí, uma intervenção espiritual à distância realizada pelo médium. Foi uma amiga de Dyer que frequentava a Casa quem o representou nesse procedimento, isto é, recebeu a cirurgia em seu lugar. Passado o período de recuperação indicado pelas entidades, na sétima noite após a intervenção, Wayne sentiu-se saudável e cheio de energia, sendo capaz de voltar a suas atividades normais. Mais tarde, compareceu aos atendimentos realizados por João de Deus no Omega Institute e passou a divulgar em entrevistas em diversos programas de televisão — inclusive no *Oprah Winfrey Show* — como sua vida havia sido transformada a partir do contato com João de Deus. Em setembro de 2015, Dyer faleceu. Em seu blog, porém, consta que não foi encontrado qualquer traço de leucemia em seu corpo.

ATENDENDO O PÚBLICO: OS PRODUTOS DA CASA

Em um universo espiritual midiático e sensível às estratégias de marketing, que caracteriza o desenvolvimento de um mercado consumidor ávido por novidades e fórmulas de consumo fáceis, capazes de miraculosamente resolver as ansiedades de cada um e transformar o mundo, João de Deus continua seguindo uma rotina imutável, declarando as poucas frases de sempre, incorporando as mesmas entidades, rodeado ainda por muitos dos seus auxiliares originais. Embora a fama o tenha catapultado a um papel ambivalente de médium midiático, procurado por astros famosos, políticos importantes e por milionários dispostos a gastar fortunas na busca de cura de doenças terminais, a Casa busca ainda atender a todos de maneira equitativa, sem cobrar nada, e ainda oferece, também gratuitamente, alimento e água para todos que procuram o médium em Abadiânia. Mas o que, então, sustentaria o seu funcionamento?

Há serviços e objetos oferecidos pela Casa que pressupõem pagamento. As cápsulas de passiflora energizadas pelo médium são vendidas na farmácia do centro. O valor cobrado pelo pote grande do remédio é inferior ao de um similar vendido nas drogarias ou casas de produtos naturais. O mesmo ocorre com a água mineral fluidificada: o preço bate com o de qualquer supermercado ou padaria.

Esses produtos, juntamente com a lanchonete, a livraria — que oferece dezenas de livros sobre João de Deus escritos por amigos e seguidores, alguns traduzidos em diversas línguas, relatando suas jornadas espirituais e curas — e as salas de banho de cristal, cujos tratamentos também são oferecidos a preços módicos, compõem o grosso das receitas que mantêm a Casa. Além disso, no salão principal há uma caixa para contribuições voluntárias. Qualquer doação mais significativa deve ser tratada com João de Deus, que pode aceitá-la ou não.

Mas a Casa movimenta um comércio muito maior, que extrapola seus limites físicos, sendo responsável por 30% da renda gerada em Abadiânia. Hoje a cidade possui cerca de trinta pousadas, que oferecem 1500 leitos, além de cafés, restaurantes e outras facilidades, a maioria delas com cartazes e menus em inglês, além de atendentes que falam o idioma — tudo movido pela presença de João de Deus. A Casa recebe em torno de 1500 pessoas por dia de atendimento, número que dobra nos dias de festa, como no aniversário do médium João e da Casa, comemorados sempre na sexta-feira seguinte à data de nascimento de santo Inácio de Loyola ou do próprio João de Deus. Além disso, o centro fica aberto a todos que o procuram nos sete dias da semana, oferecendo as facilidades usuais de uma dependência aberta ao público.

Contudo, a Casa Dom Inácio de Loyola mantém o mesmo padrão modesto dos seus anos iniciais, com construções caiadas de branco e azul e bancos desconfortáveis de madeira. Por outro lado, tem um notável padrão de higiene e limpeza que o próprio João de Deus costuma fiscalizar de perto. Na parte externa, incluindo o salão principal, a limpeza é realizada por uma firma terceirizada. Na parte interna, nos salões de tratamento e no apartamento privativo do médium, os serviços são executados por pessoas designadas. A sala de recuperação, para onde são enviados aqueles que receberam cirurgias físicas com cortes e que, por isso, devem repousar por algumas horas, é mantida impecavelmente limpa. Composta por onze leitos e diversas cadeiras — usadas apenas quando as camas estão todas ocupadas — e um banheiro, a sala é inspecionada com frequência pelo médium, mesmo durante os atendimentos. Toda essa preocupação decorre do fato de o centro ser considerado por seus responsáveis um hospital espiritual, correspondente a um hospital imaterial que existe na dimensão habitada pelos espíritos.

Além dessas dependências, existe nos terrenos da Casa, a menos de um quilômetro da área central, uma cachoeira — na verdade, uma bica d'água natural. Embora o banho em suas águas seja recomendado por promover uma limpeza energética, nos horários de trabalho da Casa, quando os poderes mediúnicos estão sendo invocados, ela deve ser utilizada apenas pelos poucos indicados pelo médium a receber o tratamento. Já nos fins de semana, é mais fácil ter autorização para se banhar nela, mas mesmo assim diversas regras precisam ser obedecidas pelos frequentadores, uma vez que aquele não é propriamente um espaço de lazer ou diversão. Homens e mulheres devem se banhar em turnos e por poucos minutos, sendo necessário manter o silêncio em seus domínios.

O banho de cristal é outro dos tratamentos bastante procurados pelos que acorrem à Casa. São banhos de luz, provenientes das emanações de cristais coloridos, que servem para renovar os centros energéticos, ou chacras, segundo o vocabulário da Nova Era.

Oferecendo um leque de serviços materiais e espirituais, a Casa Dom Inácio forma hoje um complexo conjunto de atividades que exige cuidados administrativos profissionais, em um clima de busca da cura e da experiência espiritual. João de Deus, que está no comando de toda essa iniciativa, acumula a dupla tarefa. Deve manter os princípios da Casa inalterados — a simplicidade de suas acomodações, o acolhimento a todos os visitantes, o clima de proximidade e tolerância e, sobretudo, a esperança da cura — e, ao mesmo tempo, lidar com a constante necessidade de expansão das instalações e serviços oferecidos para acomodar o crescente número de visitantes.

A equação exige um delicado equilíbrio. A Casa, no entanto, vem se mostrando dinâmica o suficiente para responder a tais dilemas. Uma das chaves é a dedicação de muitos aos trabalhos voluntários. A participação de centenas de pessoas na corrente é um dos exemplos mais significativos. Se João de Deus é o centro da Casa Dom Inácio, a corrente é seu coração.

2. Uma corrente de cura no coração do Brasil

Que todos os seres sejam felizes,
Que todos os seres sejam ditosos,
Que todos os seres estejam em paz.
Oração de abertura de correntes de cura

A corrente energética de cura tem uma dimensão fundamental na Casa Dom Inácio de Loyola. O grande número de pessoas vestidas de branco, em atitude meditativa e de olhos cerrados, sobretudo quando visto pela primeira vez, certamente impressiona os consulentes, que em seu caminho para encontrar João de Deus atravessam o recinto sem saber exatamente o que vão encontrar, qual é a função da reunião silenciosa e quais são os benefícios advindos da proximidade a ela no conjunto de tratamentos. Como uma das características de João de Deus é a preferência pela atuação, dispensando grandes explanações ou justificativas, cada um que chega é convidado a descobrir o significado daquele espetáculo por seus próprios meios, seguindo suas impressões e experiências ou conversando informalmente com outros visitantes. Os espíritas reconhecem a maior parte dos procedimentos realizados na Casa, mas notam suas diferenças e o fato de que o centro, embora professe o espiritismo, prefere manter o caráter ecumênico assumido publicamente. Mas isso não é uma preocupação de João, que desenvolveu uma abordagem pessoal, sem se preocupar com classificações ou cânones religiosos.

Quando cheguei à Casa pela primeira vez, em janeiro de 2012, a participação na corrente dependia do convite explícito de João de Deus. Poucos eram os visitantes que se integravam a ela por decisão própria e, nesse caso, a entrada na sala específica se submetia à concordância de um dos voluntários. Por volta de 2014, no entanto, a compreensão da corrente parece ter mudado, sendo anunciado ao público que todos os que quisessem participar estavam convidados a fazê-lo. Com isso, as filas de entrada se tornaram gigantescas e muitos agora são obrigados a desistir por falta de espaço para se acomodar. O sentido colaborativo da corrente, que indica que cada um coloque à disposição do coletivo sua energia pessoal, não evita certa disputa pela obtenção dos melhores lugares no salão interno da Casa. E, ainda que os participantes tenham que manter os olhos fechados durante a sessão, quase todos desejam se sentar o mais próximo possível da cadeira de João de Deus.

Além dos bancos enfileirados, existe na sala da corrente um grupo de cadeiras reservadas. São poltronas mais confortáveis e estrategicamente localizadas próximas à de João de Deus, que servem para acomodar seus convidados, distinguindo-se da formação do grupo. Observando vídeos mais antigos, percebe-se que, antes, havia apenas duas cadeiras para convidados. Uma delas era com frequência ocupada por Dorothy W. Cooke, que se notabilizou pela facilidade com que entra em transe logo depois de se acomodar em seu lugar, assim permanecendo durante toda a sessão. Muito discreta, essa senhora norte-americana, magra, alta e de rosto anguloso, com traços negros contrastantes com olhos claros, é presença constante na Casa Dom Inácio de Loyola. Em entrevista ao filme *Healing, miracles, mysteries and John of God* [Cura, milagres, mistérios e João de Deus], de 2007, Dorothy afirma que se sente satisfeita em poder colaborar com um trabalho de energia e luz, referindo-se, a partir de um vocabulário mais afeito à Nova Era, à maneira como a Casa constela, recebe e disponibiliza os aportes recebidos das entidades. Segundo ela, as pessoas poluem a mente e o corpo com pensamentos, passando a sofrer consequências na forma de doenças físicas e mentais. Ao produzir energias positivas, o centro é capaz de auxiliar na sua limpeza, expulsando-as com intervenções físicas, espirituais ou a participação na corrente. Dorothy afirma ainda que, enquanto sentir que existe um trabalho positivo, ela permanecerá, sem se preocupar em explicar muito o que ocorre ali. O importante, diz, é constatar que cada um cria seu próprio sofrimento e, assim, também pode superá-lo por seus meios. Ela declara que é inútil se preocupar muito com a identificação ou nomeação das energias mobilizadas por João de Deus — se elas devem ser tratadas como entidades e, nesse caso, quais seriam. O importante é senti-las e utilizá-las em benefício próprio e dos outros. E conclui que, após tantos anos, ela se tornou capaz de dirigir sua energia para qualquer parte ou local que assim deseje, e que esse é o trabalho de cura. Dorothy continua a se sentar ao lado do médium João, embora com menos frequência, provavelmente devido às dificuldades impostas por uma idade já avançada.

A primeira das duas salas que compõem o recinto, a de menor dimensão, fica à meia-luz e é conhecida como "sala de limpeza" ou "sala da desobsessão". Nela são convidados a se sentar aqueles que participam da corrente pela primeira vez. Além disso, grupos de estrangeiros — sobretudo falantes do inglês — são alojados ali com frequência. No decorrer dos trabalhos, eles são conduzidos por voluntários aos desafios da corrente, como o de se manter horas a fio de olhos fechados. Alguns pregam e oram de maneira inspirada, compartilhando com o grupo suas visões do mundo espiritual.

O trabalho feito nessa sala é o mais importante da corrente. Nela não há janelas nem ar-condicionado, portanto toda a ventilação provém da porta aberta que permite a entrada dos consulentes. Contígua ao recinto, encontra-se a enfermaria, para onde são enviados todos os que necessitam de repouso após as cirurgias físicas.

O cômodo seguinte, a sala da corrente, mais amplo e claro, é onde se senta a maioria dos participantes. Muitos buscam se acomodar no banco duro de madeira com o auxílio de travesseiros e almofadas. Outros, seguindo o exemplo do médium João, tiram os sapatos para fortalecer a conexão energética com a terra. Aqueles que não resistem à tentação de ver o que se passa em torno colocam máscaras — sempre brancas — que os ajudam a manter por horas seguidas os olhos fechados, ou optam por cobrir cabeça e ombros com panos brancos. Certos participantes, a maior parte estrangeiros, colocam as mãos em posição de meditação, assumindo o *mudra* (postura usada na meditação Vipassana, também conhecida como "sentar-se na calma", com as costas das mãos relaxadas sobre as coxas) e tentando mantê-las assim no decorrer de toda a sessão. Apenas aqueles que investiram anos de treino podem sustentar, de maneira relaxada, o corpo numa postura meditativa por horas. A posição das mãos deve ser acompanhada pela das pernas, que devem ficar em lótus — o que é difícil, pois os bancos da corrente favorecem apenas a posição de ficar sentado à maneira ocidental. Embora tais tentativas levem ao esgotamento completo daqueles que assim o fazem, elas refletem formas de interpretação do significado da corrente exercidas livremente pelos diferentes públicos que frequentam a Casa.

Poucos minutos separam a entrada dos participantes do início dos trabalhos. Nesse intervalo, algumas pessoas aproveitam para orar em frente da cadeira ainda vazia do médium, depositar pedidos em um cesto que existe ali, tocar os grandes blocos de cristal que circundam esse nicho ou prestar culto às imagens de santos que cercam o local. Logo a abertura da corrente é anunciada pelo voluntário incumbido de iniciar e fechar a sessão, que ao toque leve do sino, declara: "Minhas irmãs e meus irmãos, fechem os olhos, vamos iniciar os trabalhos da corrente". Esse anúncio vem sempre acompanhado de uma preleção inicial que deve auxiliar os participantes a alcançar uma disposição interior de relaxamento e colaboração, compondo assim um ambiente propício à interiorização e à cura. Como a palestra inicial é espontânea, seus conteúdos, ao menos na forma, variam bastante a depender das habilidades retóricas de cada um. Os menos experientes reproduzem as chamadas meditações guiadas — às vezes excessivamente longas —, talvez já conhecidas por grande parte desse público. Outros são capazes de expressar com mais clareza os objetivos e maneiras de agir da corrente. Todas as preleções, no entanto, frisam a proibição de se abrirem os olhos até o final dos trabalhos, sob pena de se absorverem as energias que estão sendo retiradas dos participantes.

Esse é, sem dúvida, um dos maiores desafios. O fato de permanecer com as pálpebras cerradas logo produz uma sensibilidade aguçada dos ouvidos, alimentando a curiosidade sobre o que acontece ao redor: o arrastar da multidão ao longo dos bancos, o som das crises de choro que acometem alguns, os murmúrios emitidos por aqueles a quem sobreveio um estado de inconsciência mais profundo, a voz de João de Deus à frente atendendo as pessoas, o barulho das conversas dos que passam, às vezes surpresos, tecendo comentários a respeito da função dos que se encontram sentados ali, o roçar eventual do corpo do companheiro de banco tentando se acomodar melhor. Mais difícil ainda é não olhar quando o médium para a fila e anuncia que vai operar alguém.

Há vezes em que João de Deus autoriza o grupo a abrir os olhos para comprovar a veracidade de um fato extraordinário. Isso aconteceu, por exemplo, quando Loidl Jens Andrea, um jovem alemão que se tratava havia quase três anos na Casa, surgiu andando por conta própria. Ele, que sofrera um acidente que devia tê-lo deixado em coma pelo resto da vida, mostrava que já havia superado o pior. O médium também pode pedir a alguém que se apresentou à consulta que dê seu depoimento pessoal, contando algo extraordinário, em geral uma cura inesperada. Por vezes, ainda, João de Deus fala com a corrente. Ele pode solicitar, por exemplo, que os voluntários comecem a rezar — normalmente a oração de cáritas, uma das mais importantes do espiritismo —, exortando aos que ali estão a manter ou aumentar a concentração, de forma a permitir que ele realize uma intervenção mais longa ou complexa sem que o paciente sofra. Isso porque, dependendo do estado de ânimo vigente no dia, aqueles que recebem cirurgias físicas podem sentir mais ou menos dor.

Em uma tarde de sexta-feira, no final de junho de 2015, quando se encerrava a última sessão da semana que comemora seu aniversário, já no momento em que as portas haviam sido fechadas, anunciando o fim dos trabalhos, João de Deus falou apenas aos que estavam ali, contando episódios desconhecidos de sua infância. Ao final, incorporando o espírito de dr. Augusto, proferiu uma fala carregada de significados ocultos, anunciando, em nome da luz, do rei Salomão — que governou Israel por volta de 1000 a.C. —, de diversos santos e santas e de certos cavaleiros que andam nas águas, que todos os filhos que estavam naquela corrente teriam o corpo fechado para a luz negra e aberto para a luz e o poder. Declarou também que os participantes daquele dia seriam curados de todas as doenças e enfermidades. Uma interlocução desse tipo com a corrente, através da qual se transferiu um dom tão especial — o da cura e do fechamento do corpo para a invasão de forças obscuras —, acontece raras vezes. A ocasião se mostrou ainda mais especial porque a evocação veio cifrada em um vocabulário esotérico, impregnado de referências diretas às percepções nas quais o médium se encontrava imerso. Isso acontece apenas ocasionalmente, uma vez que ele costuma não se referir de forma explícita à dimensão imaterial de sua atuação.

Quando se participa da formação da corrente, o objetivo é entrar em sintonia com o que está ao redor, através de orações, bons pensamentos, fazendo circular as energias do ambiente ou, simplesmente, se deixando conduzir. O importante é assumir um estado de disponibilidade interior por meio do qual cada um tanto doa quanto recebe as energias curativas exigidas naquele momento. As preleções apresentadas ao longo da sessão procuram ajudar na criação desse contexto, com frequência invocando a presença dos poderes peculiares ao espiritismo kardecista, compartilhados por João de Deus. Jesus, Nossa Senhora, os santos de devoção do médium e suas entidades também são muitas vezes lembrados. Clama-se igualmente pela chegada de falanges de espíritos generosos, provenientes de esferas evoluídas que, ao transitar pelo ambiente no decorrer da sessão, serão capazes de trazer benefícios aos que estão ali. Essas palestras na abertura da corrente são feitas apenas em português, sem nenhuma tradução.

No exato momento em que a corrente está sendo formada, João de Deus se prepara em seu apartamento privativo localizado na parte posterior da sala para a incorporação. Há uma similaridade da posição de João de Deus como médium inconsciente, que quando incorporado "dorme" ou nada vê, e a corrente, que deve se manter durante todo o período com os olhos fechados. É como se, de alguma maneira, cada um dos participantes replique ou represente, em alguma instância, a posição assumida pelo médium no decorrer da incorporação, aumentando assim sua atuação. Quando lhe perguntaram como era ser um médium inconsciente, João respondeu que era parecido com alguém que vai a uma festa, bebe demais e no dia seguinte não se lembra de nada. A condição da pessoa que participa da corrente é semelhante: apesar de estar lá, de sentir as mudanças nos arredores, não está autorizada a ver o que de fato está ocorrendo ou se relacionar com o ambiente.

Assim como outros procedimentos adotados na Casa, a configuração da corrente não é assunto de grandes elucubrações. Questionado sobre como teria sido concebida aquela formação, João de Deus respondeu que ela havia surgido espontaneamente. Depoimentos e vídeos dos primeiros trabalhos de João de Deus em Abadiânia, na década de 1980, comprovam que a formação da corrente estava presente desde a fundação da Casa Dom Inácio. Ela representa, sem dúvida, de maneira mais exata a especificidade da interpretação espiritual cunhada pelo médium, que poderia ser descrita como o paradigma da cura pelo inconsciente, a ser alcançada pela interiorização individual amparada pelo acolhimento coletivo. A combinação de seu pendor para a ação por meio de intervenções físicas e espirituais, que se contrapõe à economia de gestos e palavras na realização dos procedimentos curativos, e a ausência de um proselitismo religioso voltado ao convencimento ou à conversão — a Casa sempre se declarou ecumênica e aberta a todos, mesmo para aqueles que não creem — tornaram a interpretação espiritual oferecida por João de Deus um porto seguro capaz de absorver um espectro de expectativas e crenças que circulam em ambientes muito variados. Essa concepção da corrente impregna os procedimentos da Casa. Apesar de podermos especular que ela represente os poderes inconscientes do médium, nenhum de seus participantes é convidado a incorporar entidades. O único que canaliza espíritos é o próprio João de Deus, sendo a corrente uma colaboradora desse esforço. O médium se coloca, portanto, no papel de agregador das energias coletivas, tornando possível a realização das intervenções e procedimentos.

Ao longo de qualquer sessão, notam-se — ou melhor, escutam-se — ocorrências diversas. Segundo o relato dos supervisores, não é raro que certos participantes entrem em estado de inconsciência, sendo necessário levá-los para a enfermaria para um período de descanso e recuperação. Não é também incomum que sobrevenham a certas pessoas longas crises de choro ou descontrole corporal que poderiam ser compreendidos como de transe propriamente dito. Normalmente, esses estados alterados são temporários e desaparecem sem maiores problemas. Quando a atitude assumida por alguém ultrapassa o limite do tolerável, transtornando o ambiente, a pessoa é conduzida a João de Deus, que decide o que fazer. Ele costuma ministrar água fluidificada e pede que reconduzam o sujeito de volta a seu lugar.

Há situações em que casais são autorizados a trazer seus filhos para participar da formação. A maioria dos bebês tende a dormir quase todo o tempo, mas quando crianças mais velhas participam, começam a ficar agitadas depois das primeiras horas, conversam sozinhas, se movimentam e brincam. No entanto, esse comportamento, em todo contrário às normas que regem a formação, não é repreendido. Supõe-se que a necessidade da criança de participar da corrente se sobrepõe aos inconvenientes que ela possa causar.

A cada vez que o cansaço ou a ansiedade parecem tomar conta do ambiente, com alguns abrindo os olhos, voluntários começam a recitar preces ou simplesmente expor suas visões do que estaria acontecendo naquele momento, em um nível espiritual, inspirando os iniciantes a voltarem a se concentrar. Nesses momentos, uma das voluntárias mais antigas da Casa costuma entoar a oração de cáritas com voz marcante e empostada. D. Isaíra, hoje na casa dos setenta anos, reside em Abadiânia desde o fim dos anos 1980. Proveniente de uma família espírita que chegou a frequentar a cidade do Mestre Yokaanam (formada por uma fraternidade que se define como eclética e espiritualista, fundada em 1946 e ativa até hoje, no município de Santo Antônio do Descoberto, em Goiás), ela conta que durante muito tempo chorava copiosamente sempre que se sentava na corrente, só parando quando a sessão terminava. Por mais que buscasse se conter, bastava fechar os olhos para que as lágrimas aparecessem, e ela se incomodava por seu lamento ser tão alto e ouvido por todos. Ela narra ter demorado muito a aceitar o fato e perceber que seu dom era este — o de simplesmente chorar. Apenas a partir do momento em que aprofundou sua instrução mediúnica e aprendeu orações que lhe calaram fundo, começou a notar que a vontade de chorar vinha com um impulso de se expressar pela fala. Assim, sem pedir a ninguém, d. Isaíra começou a rezar e pregar em voz alta durante a corrente, repetindo orações ou divagando em torno delas. Segundo ela, essas falas foram se desenvolvendo de maneira espontânea e, fora do contexto da corrente, ela não consegue lembrar de suas intervenções. Quando se põe a rezar repetidamente a mesma oração, diz, lhe sobrevém um estado de inconsciência e relaxamento.

Leonor Vervloet Feu Rosa, uma colaboradora discreta porém muito ativa da Casa, conta uma história com pontos semelhantes. Chegando em Abadiânia no início dos anos 1990, quando tinha 22 anos, em busca de apoio para enfrentar uma doença grave e potencialmente degenerativa, foi logo enviada pelo médium para sentar na corrente, que gerou reações emocionais fortíssimas. Sua juventude e os graves desafios médicos lhe alimentavam a expectativa de receber atenção ou algum prognóstico imediato. Porém, como costuma ocorrer, a indicação de participar da corrente veio desacompanhada de qualquer instrução ou recomendação mais detalhada. No início, conta ela, era difícil ficar sentada de olhos cerrados às vezes por mais de oito horas, sem qualquer explicação. Ao descrever a experiência, Leonor rememora ter entrado em "um descortinar de vivências", no qual antigas emoções, medos e sentimentos vieram à tona com grande violência. Nos meses iniciais, tudo o que podia fazer no decorrer da sessão era colocar a cabeça baixa, quase entre as pernas, e chorar sem parar. Esse processo, em suas palavras, permitiu que ela se reencontrasse com coisas que, aparentemente, nem sabia que existiam em seu interior e das quais ela sentia falta. Aos poucos, seus pensamentos e emoções foram se acalmando, a mente clareada por novas experiências começou a serenar e a doença foi superada, levando-a a resolver que valia a pena dedicar a vida aos trabalhos da Casa Dom Inácio. Segundo ela, a corrente serve para que cada um encontre formas de vencer a doença, transformando sua disposição interior e superando a vitimização que normalmente a acompanha. Quando esse processo ocorre de maneira completa, afirma Leonor, não é necessário se consultar com o médium ou esperar dele qualquer intervenção — pois o trabalho essencial de cura energética se dá nas salas internas da Casa.

A mensagem que sobressai da variedade de referências, interpretações e vivências que circulam na formação da corrente é de que é necessário exercitar a tolerância. Todos ali estão em tratamento ou, de acordo com a filosofia da Casa, estão realizando suas missões. Sejam os recém-chegados consulentes do dia, organizados em filas para se consultar, sejam os participantes da corrente que nela se sentam, sejam os voluntários e médiuns antigos sob os quais pende a responsabilidade de organizar os trabalhos. Todos estão em busca da superação de seus carmas e da cura física, mental e espiritual. Mesmo João de Deus que, no fim das contas, recebeu a difícil tarefa de catalisar e materializar todas essas expectativas, sentimentos, sofrimentos e dores, se defronta diariamente com os desafios da incumbência que recebeu ainda na infância.

Embora a manifestação de certos estados emocionais não seja rara, no geral a corrente se desenrola em ambiente tranquilo, com grande parte dos participantes entrando e saindo de estados de consciência aguçada ou simplesmente dormindo. É o que acontece em meu caso. No decorrer da sessão, que pode durar de quatro a cinco horas, alterno estados de vigília com momentos de sono mais profundo, combinados a instantes de desconforto corporal. Quando o envolvimento com o movimento coletivo de interiorização é momentaneamente suspenso, o corpo logo responde mostrando sinais de cansaço. Além disso, muitas vezes, sente-se um perceptível peso na nuca, o que, no meu caso, obriga que de tempos em tempos eu procure descansar a cabeça no encosto do banco da frente. Nos períodos de vigília posso estar apenas alerta para o que ocorre no ambiente ou repassar em minha tela mental — ou seja, a minha mente em estado de relaxamento — cenas e questões da minha vida. Já alcancei resoluções simbólicas importantes apenas sentando-me na corrente e me deixando levar.

Abertos os trabalhos do período, toca uma sequência de músicas que só será interrompida quando o sino soar novamente indicando o final da sessão. Todas as reuniões da corrente são acompanhadas de uma trilha sonora que, embora varie, possui mais ou menos a mesma estrutura organizativa. Nas primeiras horas, a seleção se detém em melodias religiosas, entre as quais variações da Ave-Maria reinam quase absolutas. Em torno do meio do período, notabilizam-se as músicas sentimentais de fundo moral, com a forte presença de canções caipiras de raiz, compostas especialmente em honra ao próprio João de Deus. Ao estilo musical popular de Goiás se juntam canções gravadas por artistas consagrados, como Roberto Carlos. Certamente a seleção atende ao gosto musical do médium, que nunca esqueceu seu repertório de origem e jamais se distanciou da cultura popular do mundo rural e das pequenas cidades do interior do Brasil.

O mesmo toque leve de sino anuncia o fim da corrente. As portas são então fechadas e a música, desligada. Nesse momento reina o silêncio. É quando João de Deus começa a passar pelo processo de desincorporação, retirando-se para seu aposento privado para descansar. A corrente deve manter os olhos fechados até que esse processo seja plenamente realizado. Enquanto isso, os voluntários apresentam as preleções, orações e procedimentos capazes de encerrar a formação do circuito energético estabelecido naquele período, ao mesmo tempo que recitam invocações que propiciam a limpeza do ambiente da Casa e dos participantes da corrente, que, ao longo da sessão, funcionaram como agentes de reciclagem das diferentes energias, doenças e enfermidades que transitaram por ali. Com esse objetivo, os presentes são convidados a participar de uma meditação que mentaliza a cachoeira, em que todos são convidados a se imaginar banhando-se nas águas que limpam, purificam e emprestam energias renovadas. Após a invocação das águas, são rezados o pai-nosso e a ave-maria e, por fim, os participantes são informados de que podem abrir os olhos. Na saída da corrente, todos recebem um copinho de água fluidificada, e se a sessão for matutina, podem se servir de um prato de sopa, oferecida gratuitamente na casa. A comida não serve apenas para alimentar os consulentes, mas é compreendida também como parte dos tratamentos. Feita com água fluidificada, legumes e macarrão doados por diferentes pessoas e preparada por voluntários, teria uma função curativa.

A origem do costume remonta aos primeiros anos da Casa, quando a cidade não oferecia restaurantes suficientes. Além disso, após a pausa do almoço, os participantes da corrente que conseguiam almoçar nos refeitórios locais, especializados em comida goiana caseira, sentiam o estômago pesado demais para se manter acordados. Quando a sessão é matinal, ao final da corrente, após a saída da sala, seus participantes formam uma longa fila para se servir da sopa. Na realidade, a oferta do alimento se coaduna com a visão do cuidar que têm João de Deus em entidade e o médium João Teixeira de Faria. A hospitalidade, o oferecimento de alimento e o zelo com o hóspede são tidos como tarefas obrigatórias por ambos. Do outro lado da cidade, ele mantém uma Casa da Sopa, entidade filantrópica que oferece refeições gratuitas e outros serviços, como doações e lavagem de roupas e empréstimo do salão para realização de cerimônias e festas a todos os que a procuram, sem questionar se o visitante tem ou não condições de pagar por aquilo.

CORRENTE: UM ESPAÇO DA ESPIRITUALIDADE CONTEMPORÂNEA

Ainda que em sua essência a corrente continue observando os mesmos princípios e reiterando procedimentos abraçados desde a fundação da Casa Dom Inácio de Loyola, sua organização sofreu variações em função do tipo de espaço e capacidade que o centro de atendimento dispunha antes e hoje. Como relatam os frequentadores mais antigos, no início dos anos 1980, logo após a fundação do centro, João de Deus dispunha apenas de uma pequena sala para realizar todos os procedimentos. Já naquela época, ele costumava convidar consulentes a se integrar à corrente. No entanto, não havia maneira de acomodar muitos participantes: o recinto era exíguo e o público, muito grande, gerando problemas de logística. Os participantes da corrente tinham que ficar o tempo todo de pé. Nas memórias de Leonor Rosa, quando João de Deus decidia que alguém havia de participar da corrente, a pessoa simplesmente permanecia em pé, próxima à cadeira do médium. No correr do dia, conforme o número de integrantes da corrente aumentava, as pessoas iam se aproximando, uma escorando o corpo da outra, para aliviar o cansaço. Quando algum banquinho aparecia, dois ou três procuravam compartilhá-lo, cada um sentando bem na pontinha para que sobrasse espaço para outros. Quando o primeiro banco de madeira com encosto foi adotado, logo alguém mais cansado resolvia se deitar embaixo dele, tentando se manter longe dos pés dos outros. Além disso, ao longo da sessão, muitas vezes o médium percorria a fila de consulentes com seus instrumentos cirúrgicos ou cortantes e, sem grande anúncio, ia realizando operações físicas. Tudo sem se preocupar muito com regras atualmente fundamentais para o funcionamento da Casa.

Embora os acometidos por doenças graves frequentemente procurem complementar seus tratamentos sentando-se na corrente, boa parte de seus participantes costumeiros são pessoas em busca de aprofundamento espiritual. Muitos dos voluntários que hoje residem em Abadiânia iniciaram sua integração aos trabalhos da Casa permanecendo meses sentados na corrente, caso de Leonor e d. Isaíra. Outros, que julgam ter recebido grandes graças, passaram a visitar a Casa apenas para auxiliar essa formação. João de Deus considera que todos possuem poderes mediúnicos, mas crê que aqueles que chegam à corrente estão em situação de poder desenvolver, em alguma medida, tais habilidades.

Quando ele convida alguém a participar da formação, costuma dizer que essa pessoa deve trabalhar nela, deixando claro que o escolhido terá uma função ou passará a desempenhar ali algum papel diferenciado. Porém, não há nenhum esclarecimento adicional. Cada um deve descobrir por si próprio seus dons, possibilidades e disposições. A história de vida dos que aderiram muitas vezes à corrente pode sugerir alguns caminhos de compreensão. Considerada um lugar de recepção e oferta de cura, a corrente é um momento que agrega tanto os que precisam de energia complementar para enfrentar dificuldades como aqueles em condições de doar. Todos se misturam sem que ninguém possa dizer com certeza em que condição cada um se encontra. Afinal, todos estão em algum ponto de sua cura espiritual ou, como se concebe na Casa, da realização de sua missão, que é a evolução espiritual.

Hoje, graças à chegada em massa de estrangeiros e brasileiros dos grandes centros urbanos, a corrente parece ter sido reinterpretada, fazendo emergir em seus participantes certas preocupações impensáveis nos primeiros tempos. Essa população nova gera demandas provenientes de técnicas orientais de interiorização e espiritualidade. Não por acaso, muitos passaram a chamar a corrente de meditação. Seguindo essa linha, alguns participantes — em sua vasta maioria estrangeiros não familiarizados com o espiritismo — alimentam a expectativa de que, ao longo de sua estada nos bancos dessa formação, seus corpos não sejam tocados, de forma que suas energias pessoais não sejam conspurcadas. A questão é que os bancos da corrente nem sempre conseguem alojar a todos, e quando a sessão está muito cheia os organizadores colocam até quatro pessoas em cada um. Isso provoca uma inevitável proximidade, de modo que não é incomum alguém dirigir a observação "Por favor, não me toque" (comumente em inglês) ao companheiro de banco que busca se acomodar melhor e inadvertidamente roça na pessoa ao lado.

É interessante constatar como interpretações diversas circulam e convivem no espaço da Casa. Originalmente, a corrente magnética é uma formação que se origina na concepção mesmérica de transmissão de energia, em que se aconselha que todos os participantes se deem as mãos de forma a garantir sua unidade. Para aqueles de formação espírita, a corrente é o momento em que os mentores — isto é, os mestres espirituais encarregados de zelar por cada um de nós — se fazem presentes de forma a contatar mestres e espíritos mais educados espiritualmente, dando oportunidade para que eles próprios alcancem maior evolução.

Tanto a concepção espírita quanto a de tradição oriental confluem para o estabelecimento de um processo de interiorização que, no fim das contas, só pode ser individual, porém elas possuem modos bastante distintos de concebê-lo. Para os praticantes do espiritismo, a corrente deve servir para produzir pensamentos elevados e nobres, voltados à evolução pessoal e ao bem comum. Como essa linha se preocupa especialmente com a emanação de energias, para os seguidores de Kardec, o mero pensamento — que para ser produzido demanda a alocação de energias mentais — gera consigo uma realidade sutil imediatamente transmitida ao ambiente. Segundo seus ensinamentos, o pensar gera sombras ou luz, a depender de quais forças mentais ou emocionais foram consteladas. Assim, em certa medida, cada um de nós cria seu próprio universo e o partilha, mesmo que involuntariamente, com o meio ambiente e com os outros. Pensamentos obscuros ou pesados, sentimentos agressivos ou angustiados produzem ambientes desfavoráveis, chegando a gerar ocorrências nefastas no mundo físico. Nesse sentido, a corrente serve como canal de limpeza dessas potencialidades. Já na meditação oriental de tradição budista, o objetivo maior é aquietar a mente, fazendo com que os pensamentos — bons ou maus — passem a ser percebidos como filmes em uma tela de cinema, sem que seu detentor se identifique com eles. Embora potencialmente tais concepções possam caminhar em direções diferentes, na prática se encontram e convivem em Abadiânia.

3. A cura do espírito através do corpo: o médium cirurgião

Para quem acredita, nenhuma palavra é necessária;
para quem não acredita, nenhuma palavra é possível.
Dom Inácio de Loyola

Amparada por marido e sogros, a jovem Angela Homercher esteve em Abadiânia pela primeira vez em 1994. Tinha 22 anos, dois filhos pequenos e um tumor na pineal. Seu estado de saúde era gravíssimo: acometida por desmaios constantes, incapaz de se alimentar, cega e surda, ela havia sido diagnosticada pelos médicos de sua cidade natal — Santa Maria, no Rio Grande do Sul — como paciente terminal. Levada pelos parentes desesperados, Angela viajou 42 horas de ônibus até a pequena cidade goiana, onde foi imediatamente atendida por João de Deus, que a chamou a seu pequeno palco.

Angela conta que o curador solicitou a presença de um médico para assistir à operação. Diante de todos, introduziu em sua narina esquerda uma tesoura longa e sem ponta com hastes de cerca de quinze centímetros. O médico protestava, dizendo que ela provocaria a imediata perfuração do cérebro da paciente, mas o curador deu 21 voltas com o instrumento, pedindo que Angela contasse. Então introduziu uma tesoura semelhante na narina direita de Angela e deu mais 21 voltas. Ela suportou todo o procedimento em pé e sem externar qualquer tipo de dor, para espanto geral. Após a intervenção, foi conduzida à sua pousada e posta na cama. Angela conta que dormiu por dois dias seguidos e, ao acordar, expeliu o tumor pela boca, que foi recolhido e colocado em exposição em uma pequena sala da Casa — onde permanece até hoje, ladeado por outras provas das cirurgias físicas realizadas pelo médium nos últimos quase quarenta anos de atividade em Abadiânia. Ao despertar, ela havia recuperado a visão e a audição. Hoje mãe de seis filhos, Angela pode ser encontrada todos os dias na Casa, trabalhando como voluntária na organização do público.

Como explicar essa ocorrência? Pelos parâmetros médicos, a cirurgia jamais poderia ter sido feita, dada a ausência de assepsia, de instrumentos cirúrgicos adequados e de um neurocirurgião treinado. A condição de abatimento da doente e o tamanho do tumor a ser extirpado já haviam determinado a impossibilidade da intervenção por meios convencionais.

Mas esse é apenas um entre inúmeros relatos semelhantes, vários deles registrados em vídeo e disponibilizados na internet. É o caso da operação de uma senhora miúda de cabelos brancos, realizada em uma manhã ensolarada de 2007. Embora a gravação tenha sido realizada por um amador, o procedimento completo é perfeitamente visível. A intervenção ocorre na parte interna do centro de atendimento, na sala da corrente, com o médium sentado em sua cadeira e a paciente acomodada ao lado.

Demonstrando tranquilidade, João de Deus toma um bisturi descartável de tamanho pequeno, secciona profundamente o braço direito da paciente cerca de um palmo abaixo do ombro e dali começa a retirar um tumor de grandes dimensões. Ora reintroduzindo o bisturi para aprofundar o corte, ora espremendo a incisão de forma a trazer o tumor à superfície para retirá-lo, a intervenção se estende por mais de nove minutos e resulta na extração de um tumor do tamanho de uma bola de tênis. A senhora mantém uma postura relaxada no decorrer de todo o processo, não demonstrando sentir dores — embora, a certa altura, o médium a tenha advertido, afirmando que ela precisava manter-se concentrada para ajudar na operação. Encerrada a intervenção, ele a envia para a enfermaria. Para o espanto geral, em vez de esperar a chegada da cadeira de rodas, a paciente levanta e sai caminhando normalmente, segurando com a mão esquerda a manga da blusa acima da incisão.

Dentre as centenas de intervenções realizadas pelo médium com registro em vídeo, essa cirurgia se destaca por ser particularmente impactante. O tamanho do tumor extirpado é considerável, e a amplitude da intervenção contrasta com a tranquilidade da paciente. A meu pedido, o vídeo foi visto por um médico cirurgião, que declarou que, embora o tumor retirado provavelmente fosse benigno, a dimensão da cirurgia e a profundidade do corte indicavam a necessidade de internação hospitalar. Além disso, a operação implicaria dores excruciantes e uma hemorragia considerável.

Cirurgias marcantes também foram realizadas na comemoração do aniversário de 73 anos do médium, na última semana de junho de 2015. A casa estava decorada com flores e faixas, e o aniversariante subiu seguidas vezes ao palco. Quase sempre tomado pelo espírito do dr. Augusto de Almeida — uma das mais de trinta entidade que João de Deus incorpora —, ele realizou diversas intervenções físicas em voluntários, muitos deles estrangeiros, como a raspagem do olho de um jovem com uma faca serrilhada, a exploração das narinas de uma jovem loira com uma pinça de quinze centímetros e uma incisão abaixo do peito de um homem na faixa dos quarenta anos.

João de Deus se virou então para uma jovem voluntária que segurava sua bandeja de instrumentos, sinalizando para que se aproximasse, ao que ela obedeceu um tanto surpresa. Ele disse que, como fazia certo tempo que não conversava com ela, aproveitaria a oportunidade para ensinar como deveria proceder na execução de uma cirurgia. Com tranquilidade, pegou a mão da voluntária e passou-a sobre a ferida aberta do operado. Muito lentamente, pegou uma tesoura e a introduziu no corte. Retirou-a e, em seu lugar, colocou duas agulhas grandes, pressionando com força para penetrar fundo. A cada passo, João parava para mostrar à voluntária como realizava cada um dos procedimentos. Por fim, retirou os instrumentos da ferida aberta e, com agulha e linha de costura comuns, suturou a ferida. Enviou o homem para descansar na enfermaria, onde seria feito um curativo com gaze e esparadrapo. Ele receberia um copo de água fluidificada e, ao final da sessão, ao meio-dia, um prato de sopa. A Casa não receita qualquer medicamento além da passiflora, nem sequer analgésicos. Todas essas cirurgias, assim como outras que aconteceram naquele pequeno palco ou nas acomodações interiores, foram gravadas e estão disponíveis para o público no arquivo do centro de atendimento.

Operando há quase seis décadas, João de Deus sempre se valeu de instrumentos básicos ou ferramentas rudimentares para realizar as cirurgias físicas, enquanto incorporado por diferentes entidades. A especialidade do médium é, mesmo no rico contexto espiritual brasileiro, bastante rara. Embora o Brasil seja um país acostumado a conviver com diferentes expressões religiosas e cultos heterodoxos baseados na noção de incorporação de diferentes forças espirituais, a realização de intervenções físicas por intermédio de pessoas que canalizam espíritos, sem anestesia ou assepsia, causa sensação.

João conta que teria começado a realizar cirurgias físicas aos dezesseis anos, quando experimentou, pela primeira vez, um estado de inconsciência profunda produzido pela incorporação de entidades. Era o ano de 1958, ocasião em que, conta o médium, ele vagava pelos arredores da cidade de Campo Grande, Mato Grosso do Sul, quando teve a visão de santa Rita de Cássia e com ela conversou, sendo depois enviado por um sinal de luz a um centro espírita daquela cidade. Lá, incorporado pelo rei Salomão, João teria feito mais de cinquenta cirurgias físicas. Nos anos que se seguiram, errando por diferentes estados e localidades, ele manteve suas intervenções físicas de maneira esparsa, fosse por conta de seu processo interno de aceitação da missão mediúnica ou devido à repressão policial a suas atividades.

Ao que tudo indica, foi poucos anos antes, em 1950, que começou a surgir no Brasil esta modalidade mediúnica, a de realizar intervenções invasivas, por vezes de dimensões surpreendentes, sempre sem anestesia ou assepsia. Desde a divulgação das intervenções físicas realizadas pelo médium Zé Arigó, apelido de José Pedro de Freitas (1921-71), o Brasil assistiu à atuação de uma sequência de médiuns cirurgiões que, utilizando-se de instrumentos cirúrgicos propriamente ditos ou instrumentos cortantes rústicos, realizam operações com características similares às de João de Deus.

Consta que o educador Eurípedes Barsanulfo, um dos pioneiros na divulgação do espiritismo no interior do Brasil nas primeiras décadas do século XX, já tinha chegado a realizar algumas dessas cirurgias. No entanto, essas teriam sido práticas episódicas e o surgimento de médiuns especializados em intervenções com cortes ocorreria somente mais tarde.

O primeiro a ficar famoso por desempenhá-las foi o já mencionado Zé Arigó. Atuando em uma pequena cidade de Minas Gerais nas décadas de 1950 e 1960, ele se tornou nacionalmente conhecido e adorado pelo público brasileiro. Não houve jornal, programa de televisão ou rádio que, no auge de sua fama, não estivesse presente, quase diariamente, na porta do modesto centro de atendimento do médium. Ao tornar-se o primeiro médium cirurgião midiático, tendo suas cirurgias filmadas e televisionadas, Arigó atraiu pessoas de todos os quadrantes do Brasil, em busca de uma consulta. No entanto, ele ganhou não só notoriedade como também a perseguição de associações médicas que o denunciaram como charlatão. A repressão da polícia e o enquadramento na lei vieram em seguida, e sua carreira terminou subitamente em 1971, com a morte precoce em um acidente automobilístico.

Para realizar cirurgias físicas, Arigó incorporava muitas vezes o espírito do dr. Fritz, médico alemão falecido no decorrer da Primeira Guerra Mundial, presente entre diversos médiuns brasileiros. Esse é o caso também de Edson Cavalcante Queiroz (1950-91), médico ginecologista que também realizou cirurgias físicas, enquanto possuído pelo espírito do alemão.

Há registros abundantes de práticas de outros médiuns operadores menos famosos, como Antonio de Oliveira Rios, pedreiro de profissão que atuou na década de 1990 na cidade de Palmelo, interior de Goiás, realizando cirurgias físicas complexas, cortando e seccionando artérias e órgãos. Consta ainda que o próprio Chico Xavier, um dos mais famosos e longevos médiuns espíritas brasileiros, realizava cirurgias físicas em certos pacientes. Atualmente, além de João de Deus, há apenas médiuns de menor monta, sobretudo no Nordeste do país, praticando essa modalidade.

JOÃO DE ABADIÂNIA

Embora alegue praticar intervenções físicas desde a década de 1950, quando ainda era adolescente, João começou a se firmar como médium apenas quando se estabeleceu em Abadiânia, no final da década de 1970. Foi nessa época que o até então conhecido como médium João começou a converter-se na figura popular de João de Deus. Mas a primeira grande divulgação de seu trabalho ocorreria só em 1987, quando o popular programa "Terceira Visão", da Rede Bandeirantes, voltado para a apresentação de assuntos esotéricos e espirituais, apresentou-o ao público das grandes cidades. Até aquele momento, embora já fosse personagem famosa no interior do país, atendendo milhares de pessoas em Abadiânia e em cada uma de suas viagens, ele permanecia quase incógnito nos meios de comunicação e da cultura de massas do Brasil moderno. Nesse período, o médium João ainda preenchia o vazio deixado pela ausência de assistência médica que, tradicionalmente, motivava populações carentes a recorrer a curadores, que podiam ser médiuns receitistas, praticantes da medicina herbalista, benzedeiras — já que a maioria dos praticantes dessa forma de cura é de mulheres — ou outros personagens que conhecessem ritos e procedimentos de cura de origens diversas.

Nos anos que se seguiram, os meios de comunicação colocaram João de Deus em evidência, com interesse crescente. O médium passou a ser tanto saudado quanto criticado por diversos veículos, com acusações de fraude e charlatanismo. Não houve, porém, opinião desfavorável que tenha convencido o público a abandonar o desejo de se consultar com o curador de Abadiânia. Em uma reviravolta inesperada, a publicidade, mesmo a negativa, passou a atrair para João de Deus pessoas completamente diferentes daquelas que ele costumava atender.

Uma vez no circuito dos meios de comunicação, ele deixou de ser apenas o curador tradicional de uma clientela carente de assistência. E aqueles que passaram a buscá-lo o fizeram por opção — seja por descrédito na medicina alopática formal, excessivamente mercantilizada, por curiosidade, por desejo de experimentar novas realidades ou porque João de Deus foi capaz de ocupar o lugar do mestre espiritual que atende aos anseios dos buscadores da Nova Era.

A CIRURGIA MEDIÚNICA E OS CÉTICOS

Um dos grandes desafios dos médiuns operadores é realizar intervenções em público, em ambientes iluminados e com a presença de médicos para comprovar o feito. Em contraste com os alegados médiuns cirurgiões filipinos, que se proclamavam capazes de abrir corpos de pacientes com as mãos, os brasileiros são reconhecidos pela utilização de instrumentos cirúrgicos, linha e agulha, e em geral evitam o uso de chumaços de algodão para ocultar as incisões, que devem ficar à mostra de todos. Os instrumentos podem ou não ser esterilizados. No caso de João de Deus, às vezes são utilizados bisturis descartáveis, mas ele mantém o uso de instrumentos rústicos como facas de cozinha, facas serrilhadas e tesouras, opera sem nenhum tipo de assepsia, sem luvas e sem utilizar anestésico ou preparação hipnótica. Ao término da intervenção, muitas vezes, limpa a faca ou instrumento utilizado na própria roupa ou na do operado. Apesar disso, não há registro de ocorrência de infecções, sequelas aos pacientes ou óbitos.

O número de cirurgias físicas realizadas em Abadiânia semanalmente, muito expressivo no passado, vem diminuindo. Certa vez, quando incorporado, o médium chegou a afirmar que não faria mais intervenções com instrumentos cirúrgicos. No entanto, logo quebrou a promessa. João de Deus tem declarado com frequência que as cirurgias físicas não são necessárias, uma vez que as cirurgias espirituais, realizadas sem corte, são igualmente efetivas. A chave para compreender a manutenção das intervenções físicas reside no fato de elas comprovarem a capacidade do médium, mostrando o poder da intervenção espiritual na transformação da realidade material, o que atrai o público, embora também alimente a fúria dos céticos.

Uma das intervenções mais impressionantes, desempenhada ao que parece pioneiramente por Zé Arigó, é a inserção de uma faca ou bisturi nos olhos do paciente com subsequente raspagem da córnea e excisão de fragmentos da conjuntiva bulbar (membrana que recobre a córnea). Eventualmente, segue-se também o descolamento do globo ocular, que é projetado para fora da órbita facilitando a sua manipulação. Diante do impacto do feito, alguns céticos argumentam que, com um pouco de técnica e sangue-frio, qualquer um poderia realizá-lo sem provocar maiores danos.

É o caso, por exemplo, de James Randi, que se autodenomina militante do racionalismo e se dedica a desvendar supostas fraudes e engodos relacionados a fenômenos tidos como paranormais. Em seu livro *Flim-Flam!: Psychics, ESP, Unicorns, and other Delusions* [Conversa-fiada!: Médiuns, sexto sentido, unicórnios e outras enganações], ele alega que, embora visualmente notáveis, tais intervenções são simples de ser replicadas. E, para provar seu ponto, exibiu, ao lado de um instantâneo retirado de uma dessas cirurgias de exploração ocular — no qual se pode ver um homem com uma faca introduzida em um de seus olhos —, uma imagem dele próprio, Randi, inserindo o mesmo tipo de objeto embaixo da pálpebra.

Ainda que Randi tenha sido corajoso em se submeter a tal prova, é fácil concluir que inseriu com extremo cuidado o objeto ou solicitou que algum oftalmologista o fizesse, sem movimentá-lo violentamente como fazem os médiuns. Se, em vez de basear-se em uma fotografia, Randi tivesse levado em conta os vídeos que registram uma dessas operações, seria obrigado a admitir que imitá-la resultaria em graves lesões da córnea. Em um dos filmes disponíveis, uma faca com ponta afiada é introduzida por Arigó de uma vez só, sem cuidados especiais, com o cirurgião explorando, com grande energia, o olho do paciente e movimentando o objeto cortante com velocidade e vigor. Em alguns desses registros, o médium mal presta atenção ao paciente: enquanto realiza a intervenção, parece estar conversando ou fazendo contato visual com terceiros. Além disso, retira certa quantidade de material orgânico após a raspagem.

Médicos e antropólogos, na tentativa de esclarecer dúvidas, se dedicaram a recolher dados sistemáticos e analisar o fenômeno a partir de parâmetros estabelecidos, porém a cirurgia mediúnica continua envolta em campos diametralmente opostos. Suspeitas de fraude, charlatanismo e manipulação do público contrastam com filmes de alto teor gráfico e relatos de curas surpreendentes. Ainda que alguns dados estejam disponíveis, existe uma descontinuidade dos estudos de maior alcance sobre esse universo desde os anos 1960, quando foram realizadas tentativas de análise das operações de Arigó por médicos norte-americanos. A ausência de fundos e condições de realização de pesquisas a partir de protocolos específicos, como o da produção das amostras de sangue, saliva e outros materiais orgânicos dos pacientes, além da ausência de médicos que realizem testes antes e depois da intervenção, é um dos maiores problemas, levando essas tentativas ao fracasso. Ainda mais complicada é a análise sistemática dos resultados desses procedimentos devido ao tipo de clientela que se dispõe a submeter-se a eles. Sua dispersão regional contrasta com a falta de investimentos na organização de uma pesquisa médica de fôlego sobre o assunto.

Sempre que opera fisicamente, João de Deus recruta médicos na plateia para que assistam de perto às cirurgias e, muitas vezes, as instrumentem. A ausência de denúncias a respeito de possíveis consequências desfavoráveis ocasionadas pelos procedimentos é, de fato, um dado esclarecedor. Seria difícil imaginar que, durante quase seis décadas, milhares de brasileiros e estrangeiros tivessem sofrido lesões como resultado das cirurgias sem jamais externar nenhuma reclamação ou queixa. Mas admitir a possibilidade de realização de uma cirurgia mediúnica, alheia a todos os parâmetros médicos, desafia nossa própria concepção do que é real, isto é, material e palpável. Somos levados a questionar o que acreditamos ser o mundo físico, por nós entendido como uma esfera oposta ao mundo mental, emocional e espiritual.

A análise de uma das cirurgias mais comuns realizadas por João de Deus, a sondagem nasal, pode ajudar a estabelecer alguns parâmetros explicativos. Trata-se da introdução de um tipo de pinça ou fórceps longo na narina, realizada com gestos bruscos e decididos, sem qualquer preparo do paciente, que não recebeu anestesia nem foi hipnotizado. Médicos e neurocirurgiões brasileiros e estrangeiros, quando consultados a respeito, assinalaram que a execução da sondagem nasal sem trepanação do crânio é possível, mas dependeria de o instrumento ser inserido no ângulo correto, de modo que atingisse apenas a área da cavidade nasal, preservando outras partes do crânio.

No entanto, a possibilidade de esse procedimento ser efetuado sem causar danos irreversíveis não significa que seja um simples truque. Considerando que é realizado sem assepsia ou anestesia, de maneira rápida e vigorosa, com a extração de coágulos, teríamos que concluir que se trata de uma operação altamente complexa, que demandaria diversos cuidados para ser realizada por um médico, como a monitoração da anatomia do plano medial do cérebro daquele que estivesse recebendo a intervenção. Em Abadiânia, no entanto, o procedimento é executado rotineiramente e em apenas poucos minutos, sem provocar urros de dor ou infecção posterior.

Esse tipo de intervenção, vale dizer, não está conectado a nenhuma estratégia de tratamento do nariz ou de áreas adjacentes. Quando João de Deus realiza a sondagem nasal, pode tratar tanto de uma doença localizada em outra parte do corpo como de uma doença mental ou de um carma familiar. Isso faz com que a ligação entre intervenção e cura seja discutível, uma vez que funciona segundo uma lógica muito distinta da medicina tradicional. Embora alguns procedimentos cirúrgicos ataquem a parte doente do corpo, como no caso da remoção de tumores, na verdade essa não é a regra. Na ausência de provas materiais, o sinal que parece ser mais significativo da efetividade do procedimento é sempre o reconhecimento do paciente, que sente que foi ajudado ou curado.

Entre 2003 e 2005, quando o dr. Jeffrey Rediger, médico e professor de psiquiatria da Universidade Harvard, nos Estados Unidos, esteve em Abadiânia tanto para assistir às cirurgias físicas e espirituais realizadas pelo médium João quanto para colher amostras e exames que o ajudassem a determinar os parâmetros da intervenção e seus resultados, ele se defrontou com situações inesperadas. Segundo o pesquisador, entrevistado por Oprah e em outros programas da televisão norte-americana, ele chegou ao centro de atendimento completamente cético, preparado para encontrar apenas truques e autossugestão. No entanto, acompanhando diversas sessões, observando as cirurgias realizadas e conversando com as pessoas tratadas na ocasião, começou a considerar a possibilidade de que algo inexplicável estivesse ocorrendo ali.

Uma das operações observadas por Rediger foi a sondagem nasal de Mark, um norte-americano. O operado contou ao psiquiatra que solicitou o procedimento porque desejava descobrir se Deus existia. De acordo com Mark, quando a pinça foi profundamente introduzida em sua cavidade nasal, ele sentiu de pronto apenas a frieza do aço e uma dor profunda. Em seguida, porém, lhe sobreveio uma notável calma. Mark viu luzes amarelas e pôde perceber que a pinça roçava seu cérebro, o que provocou um gosto amargo em sua boca.

Em outra cirurgia realizada na Casa, o mesmo médico pôde acompanhar a exploração do braço de um homem com uma tesoura. O médium havia realizado um corte fundo perto do ombro do operado e manipulava a ferida aberta, introduzindo o instrumento cortante em diferentes ângulos e retirando material orgânico e coágulos. Enquanto isso, o paciente mostrava o semblante tranquilo e declarava que não sentia nada. Ele também tinha se submetido à cirurgia em busca de ajuda espiritual. Após encerrar o procedimento, o médium João declarou que havia retirado raízes — ou carmas familiares — de seu corpo.

No decorrer de sua estada na Casa Dom Inácio de Loyola, o próprio Jeffrey Rediger passaria por uma experiência inusitada, que o levou a refletir sobre os limites das explicações racionais. Após o fim dos trabalhos da Casa, quando caminhava pela avenida central de Abadiânia e declarava à câmera o que havia acabado de observar, Rediger percebeu que um sangramento havia começado na região do peito. Encontrou então um corte pequeno que havia surgido sem que ele tivesse se ferido. As imagens registram sua perplexidade. De volta à pousada e ainda perdendo sangue, o médico norte-americano é avisado de que esta é uma situação relativamente comum em Abadiânia: quando uma cirurgia física é realizada em alguém, os presentes também podem estar recebendo intervenções no nível espiritual, sem saber disso.

Ao final do vídeo, o médico afirma acreditar que essas cirurgias físicas, embora impactantes, configuram apenas a parte pública e visível de algo que só pode ser compreendido interiormente. Para Jeffrey, o que de fato importa nesse tipo de vivência é a aquisição de uma dimensão interna diferenciada, que permite uma nova apreensão da realidade, mais ampla e abrangente — como ocorrera com ele mesmo. A sincronia estabelecida entre a manifestação de suas dúvidas diante das câmeras e o surgimento do corte espontâneo ressoara internamente de maneira profunda. Rediger conclui que a verdadeira prova da existência do poder espiritual e da capacidade de um médium de facultá-la aos outros repousa na aquisição de uma nova dimensão vivencial.

PROTOCOLOS E PROCEDIMENTOS

Para entender o significado das intervenções cirúrgicas mediúnicas é preciso mergulhar no universo da cura espiritual. Devemos ter em mente, em primeiro lugar, que a intervenção mediúnica com corte não é um procedimento similar a uma cirurgia médica padrão. A cirurgia mediúnica opera segundo uma lógica espiritual original e se alimenta de um conjunto abrangente de crenças, baseado na interpretação do espiritismo concebida no Brasil. Apesar de a intervenção ocorrer no corpo físico doente, seu objetivo é atingir a dimensão espiritual, tanto permitindo o realinhamento do corpo somático ao corpo espiritual como sanando áreas desequilibradas do corpo espiritual. Ela considera a recuperação do corpo físico como subproduto da superação do desequilíbrio espiritual.

A exploração do globo ocular, das cavidades nasais ou dos ouvidos pelo médium, a realização de cortes, com ou sem introdução de objetos como agulhas, tesouras e bisturis, ou a introdução de agulhas grossas funcionam como estratégias visando à abertura do corpo de forma a permitir a ocorrência da cura espiritual — que sempre se sobrepõe à cura física. Isso significa que, não importando a envergadura da incisão, a destreza da técnica empregada ou o resultado prático atingido — remoção de um tumor benigno ou cancerígeno, considerado operável ou inoperável pela medicina alopática, correção de um defeito ortopédico ou retirada de catarata dos olhos de um paciente com indicação médica para tal —, trata-se sempre de uma intervenção espiritual, pela qual o médium franqueia o corpo aberto para a penetração de espíritos curativos. Para além da cura física, a cirurgia mediúnica busca remover dificuldades de outra ordem, que são consideradas as verdadeiras causas das doenças.

A cura está atrelada a ela e se dirige a energias obsedantes e estagnadas, dificuldades psicológicas, entraves espirituais presentes naquilo que muitos médiuns denominam como energia de raiz — isto é, advindas da linhagem familiar, étnica ou mesmo cultural da pessoa — e que estão profundamente enterradas em alguma região que se pode chamar de inconsciente. Declara-se com frequência na Casa Dom Inácio de Loyola: "Aqui não se cura a doença, mas sua causa".

No espiritismo, a conjunção de corpo e espírito forma um terceiro elemento, o perispírito, de caráter semimaterial. Assim, embora a cirurgia física atinja o corpo do paciente, o local a ser alcançado pelo médium é o perispírito, capaz de produzir uma cura mais plena. É por isso que, quando um médium operador depara com algum consulente que acredita sofrer apenas de doença física, ele não o opera, apenas sugere o tratamento com um "médico da terra".

Embora a cirurgia física realizada por médiuns se escore na doutrina do espiritismo de Allan Kardec, ele não menciona tais práticas. Os passes magnéticos, a fluidificação da água e a alteração da consciência — chamada inicialmente de sonambulismo nessa tradição e, mais tarde, de incorporação — foram todas questões importantes no desenvolvimento das práticas espíritas. Já as cirurgias físicas nunca fizeram parte das práticas espíritas tradicionais, a despeito dos muitos médiuns brasileiros, incorporados por espíritos de médicos falecidos, as realizarem com frequência a partir da década de 1950. Tais curadores praticantes do espiritismo alegavam poder se beneficiar dos conhecimentos cirúrgicos e terapêuticos dos espíritos desencarnados que em sua vida haviam praticado a medicina. Ao recebê-los, esses médiuns se tornavam canais para a prática médica caridosa e humanitária, posta à disposição por espíritos de médicos benfazejos, que, em sua busca de prestar serviços à humanidade, possibilitavam que se canalizassem seus antigos conhecimentos adquiridos em vidas passadas e aprofundados no mundo espiritual.

Na realidade, a teoria kardecista alimenta uma visão ambivalente, para não dizer distanciada, das cirurgias físicas. Os preceitos e crenças que sustentam a existência de médiuns operadores provêm dela, mas para os espíritas a cura do corpo não pode ser o centro das atenções. Apesar disso, seus adeptos, por não possuírem um corpo de rituais e procedimentos religiosos específicos, são bastante flexíveis: se não aceitam totalmente a intervenção física, tampouco a combatem. Claro está que os riscos médicos e legais que envolvem médiuns operadores não tornam esse tipo de prática muito atraente. E, mesmo que o espiritismo tenha se disseminado no Brasil por médiuns carismáticos que arrastavam multidões aos seus centros de atendimento, a doutrina adota uma postura crítica a respeito do excessivo personalismo de seus praticantes. Para os seguidores de Kardec, o médium é apenas um intermediário, e seu papel é sempre conjuntural. Assim, ele deveria se comportar como elo quase invisível na cadeia de contatos entre vivos e desencarnados. Nada mais distinto da figura do médium cirurgião, que ocupou um espaço específico na cultura brasileira — e, no caso de João de Deus, também no meio internacional. Embora esses curadores recorrentemente declarem que seus poderes não são pessoais e que dependem da intervenção das entidades, há uma clara vinculação do médium com o poder de executar as cirurgias.

MÉDIUNS CIRURGIÕES: UMA LINHAGEM BRASILEIRA

Cirurgias físicas realizadas por médiuns incorporados causam sensação no Brasil desde que um filho de pequenos fazendeiros de Congonhas do Campo, no interior de Minas Gerais, José Pedro de Freitas, em transe e, segundo ele, sem consciência do que fazia, muniu-se de uma faca, invadiu, durante a noite, o quarto de um hotel e extirpou um tumor da laringe do senador Lúcio Bittencourt, que sofria de câncer. Essa fantástica passagem, ocorrida em 1950, consta de todas as biografias daquele que é considerado o primeiro médium cirurgião brasileiro.

Até aquela data Zé Arigó — apelido que significa pássaro pequeno e de modesta importância — era apenas um jovem interiorano e bonachão, que em nada chamava a atenção. Pouco letrado e católico devoto, casou-se cedo e dedicou-se à mineração para sustentar a família. Mais tarde, quando seus pais se apiedaram de sua situação e lhe ofereceram ajuda, tornou-se dono de um pequeno restaurante, o qual faliu devido à falta de tino comercial de seu proprietário, que teimava em oferecer refeições de graça a seus antigos companheiros nas minas. Mesmo tendo se afastado do trabalho de mineiro, ele manteve sua antiga militância, lutando pela melhoria das condições de vida de seus colegas.

Em meados de 1950, Arigó foi convidado a participar de reuniões políticas e sindicais ligadas à candidatura de Getúlio Vargas à presidência da República e à reeleição de Lúcio Bittencourt ao senado. Após o encontro político, em Belo Horizonte, o grupo arregimentado pelo senador confraternizou em um restaurante e, em seguida, todos foram se hospedar no mesmo hotel. Conta-se que, ao acordar, o senador Bittencourt lembrou-se do que aparentemente havia sido apenas um sonho estranho: vira Zé Arigó entrar em seu quarto munido de uma faca e se dirigir a ele. A essa primeira impressão estranha seguiu-se a constatação de que seu pijama estava um pouco manchado de sangue. Olhando no espelho, pôde vislumbrar um corte na nuca em forma de meia-lua. Assustado, correu para acordar Arigó, que de nada se recordava.

O senador tomou imediatamente um avião para o Rio de Janeiro e se apresentou a seu médico, que diagnosticara o câncer pouco antes e o tinha aconselhado a se operar nos Estados Unidos. O médico constatou a ocorrência de uma cirurgia realizada por uma técnica desconhecida e, mais tarde, os exames constataram o desaparecimento do tumor. Lúcio Bittencourt se manteve saudável por muitos anos, vindo a falecer em um acidente automobilístico. Costumava sempre narrar a história incrível de sua recuperação e se manteve amigo de Arigó até sua morte.

Enquanto o senador voava para o Rio em busca do médico, Zé Arigó voltou a Congonhas do Campo arrasado. Havia alguns anos que pesadelos terríveis o atormentavam. Neles, via um médico operando numa sala de cirurgia, enquanto conversava com auxiliares e enfermeiros em uma língua desconhecida. No sonho, de tempos em tempos, o cirurgião olhava para ele, parecendo querer lhe dizer algo. Sem conseguir dormir, inquieto e angustiado, Arigó procurou primeiramente a ajuda de padres da igreja local, que o aconselharam a esquecer os sonhos, oraram para salvá-lo do transe e o exorcizaram inúmeras vezes. Por mais que desejasse, porém, ele não conseguia se livrar da imagem do médico estrangeiro. Bastava pegar no sono que ela retornava, parecendo lhe pedir algo.

Na medida do possível, Arigó evitava dormir. Durante o dia, dores de cabeça excruciantes o perseguiam. Sua família o encaminhou diversas vezes a médicos e psiquiatras, que não encontraram nenhum sinal de doença mental, apesar dos pesadelos recorrentes. Embora a pequena cidade de Congonhas do Campo fosse fortemente católica — possuindo um enorme acervo da arte barroca de Aleijadinho —, possuía um pequeno grupo de espíritas. Arigó nada sabia do assunto nem se interessava por ele, por respeitar e temer a Igreja.

No entanto, Arigó foi aos poucos atendendo às demandas do vulto de branco. O episódio do senador e outros parecidos ocorreram sem que ele tivesse consciência. O apoio do pequeno grupo espírita da cidade e o crescente apelo da população, que formava fila na porta de sua casa em busca de tratamento, levaram-no, mesmo a contragosto, a atender aqueles que o procuravam.

Nos mais de vinte anos seguintes, até sua morte, em 1971, Zé Arigó se tornaria uma figura famosa em todo o Brasil. Filmes, programas de televisão e entrevistas começaram a circular dando notícias de seus incríveis feitos, e repórteres passaram a persegui-lo sem sossego. Para desgosto da classe médica, interioranos visitavam o médium e disseminavam testemunhos das curas. Ele passou a ser procurado por figuras famosas, como a filha de Juscelino Kubitschek, que sofria de pedras nos rins e já havia se consultado com médicos na Europa e nos Estados Unidos. O próprio presidente da República se tornou defensor de Arigó, protegendo-o e concedendo-lhe indulto quando foi condenado por exercício ilegal da medicina.

Uma lista interminável de políticos poderosos, médicos famosos e astros de televisão passaram por Congonhas do Campo, sujeitando-se às suas operações ou recebendo suas prescrições médicas. Apesar de perseguido, processado e preso por curandeirismo e prática ilegal da medicina, ninguém nunca conseguiu provar que Arigó tivesse causado qualquer dano a seus milhares de pacientes.

Todas as manhãs, o cirurgião mediúnico se dirigia ao Centro Espírita Jesus Nazareno para atender. O prédio não passava de uma antiga igrejinha com instalações mais do que rústicas: nada além de uma maca precária, uma mesa velha e algumas poucas cadeiras compunha a mobília. Nas paredes nuas, reluziam apenas uma imagem de Jesus e um cartaz com os dizeres: "Não encoste na parede. Pense em Jesus. Espere em ordem". O local era úmido, e a atmosfera, opressiva, sobretudo quando o acanhado espaço disponível estava lotado. Nada disso, porém, afastava os interessados, a maior parte pessoas em condições físicas debilitantes e complexas.

Para operar os pacientes, Arigó incorporava muitas vezes o espírito do dr. Adolfo Fritz, médico alemão falecido durante a Primeira Guerra Mundial. Ninguém contabilizou quantas pessoas ele tratava por dia, já que a infraestrutura sempre foi precária, mas se imagina que poderia chegar a mais de mil. Das sete às onze da manhã, das duas às seis da tarde e das oito da noite até o último paciente, o médium diagnosticava, operava fisicamente, escrevia prescrições e aconselhava. Não gastava mais do que alguns segundos para prescrever os medicamentos e mais do que um ou dois minutos na realização das cirurgias. Arigó quase nunca falava qual doença a pessoa possuía, não oferecia explicações nem preparava aqueles que operava. A não ser pela preleção da manhã, que fazia antes da incorporação, apresentando com sua voz calma e sotaque interiorano um discurso simples e direto condenando o uso do álcool, do cigarro e o jogo, ele pouco falava.

Depois, dirigia-se a uma pequena sala no interior da casa e, em poucos segundos, incorporava o espírito do dr. Fritz ou de algum outro ser que fazia parte da falange com a qual afirmava estar em conexão. Segundo Arigó, no momento em que sentia a aproximação do espírito do dr. Fritz e, por seu intermédio, de outros médicos espirituais e entidades curadoras, passava a se sentir engolfado por uma sensação de grande paz e tranquilidade. Quanto mais profunda fosse a "irradiação" — quanto mais disponível ele estivesse para receber as energias e mensagens enviadas pelos espíritos —, mais profundamente se sentia preenchido e tranquilo. Sendo um médium inconsciente, no momento em que a incorporação ocorria, Arigó dormia ou simplesmente desaparecia de vista, para voltar apenas quando a entidade deixava seu corpo.

Segundo seus biógrafos, o rapaz de Congonhas do Campo perdia aquele ar bonachão e seu tom amigável tão logo era incorporado, assumindo uma postura autoritária e brusca e passando a falar com sotaque alemão. Há relatos de pessoas que chegaram a conversar nessa língua com o médium incorporado. Quando canalizava as entidades curadoras, Arigó tomava instantaneamente suas decisões. Sem pestanejar, ele prescrevia medicamentos, operava e às vezes despachava a pessoa sem tratamento, justificando que ela deveria procurar um médico se não fosse o caso de um tratamento espiritual. Se decidisse operar, o médium não fazia qualquer preâmbulo, não explicava que tipo de intervenção faria, nem perdia tempo convencendo o paciente ou expondo suas conclusões. Apenas tomava os instrumentos cortantes rústicos de que dispunha e, com gestos enérgicos e decididos, empurrava o sujeito para a parede realizando a intervenção em poucos segundos.

A raspagem do olho parece ter sido uma das cirurgias mais realizadas por Zé Arigó. Explorando a cavidade ocular com vigor, o médium muitas vezes projetava o globo para fora da cavidade do olho, explorava com a faca a parte de trás dessa formação e extraía pus. Espetacular como era, essa se tornou a marca registrada do médium cirurgião de Congonhas do Campo. Mesmo o dr. Henry K. Puharich, médico norte-americano que se tornou a maior autoridade a respeito de Zé Arigó, nunca conseguiu conectar essa intervenção com nenhum diagnóstico específico. Apesar disso, os relatos de cura são volumosos, assim como os impactantes filmes em Super 8 realizados pelo jornalista Jorge Rizzini, sob a orientação da equipe médica norte-americana liderada por Puharich.

A morte inesperada e trágica de Zé Arigó, aos 49 anos, em um acidente de carro, deixou milhares de brasileiros atônitos e desesperançados. Muitos contavam com ele para realizar seus tratamentos e manter a crença na possibilidade de cura ante doenças intratáveis pela medicina convencional. Assim, seu falecimento daria lugar a uma corrida de sucessores. Dezenas de curadores reivindicaram a incorporação do dr. Fritz nos anos seguintes. Alguns chegaram a realizar cirurgias físicas, com sucesso bastante desigual. Em meio à "onda dr. Fritz", houve pelo menos um caso em que um médium paulista, que atendia no Rio de Janeiro, causou um dano irreparável na coluna de um paciente e acabou nos tribunais.

O médium mais bem-sucedido a receber o dr. Fritz após a morte de Arigó foi Edson Cavalcante Queiroz (1950-91). Ginecologista formado de uma família tradicional de Pernambuco, casado e bem colocado em termos sociais e econômicos, nada poderia sugerir que enveredaria pelo caminho da mediunidade. Embora simpatizante do espiritismo desde jovem, foi apenas em 1979 que Edson Queiroz anunciou que passara a incorporar o dr. Fritz e, como tal, a atender o público.

Durante o dia, dr. Edson cuidava de suas pacientes em uma clínica ginecológica particular no Recife. Ao cair da noite, como dr. Fritz, atendia em um centro espírita de um bairro periférico. Nessas ocasiões, oferecia diversos tipos de tratamentos mediúnicos, inclusive cirurgias físicas, sem cobrar nada. É interessante notar que Edson Queiroz passou a utilizar em suas cirurgias mediúnicas instrumentos próprios de sua profissão. Apesar disso, quando incorporado, atendia em lugares precários, sem assepsia ou esterilização, sem ao menos lavar as mãos entre um atendimento e outro. Embora fosse um cirurgião hábil, seguia o padrão da intervenção mediúnica, com a realização de cortes e incisões no corpo que não respeitavam os protocolos médicos.

Como seu antecessor, quando incorporado dr. Edson adquiria uma postura autoritária e imponente e falava com sotaque alemão. Ele ganhou notoriedade e participou de dezenas de programas de televisão, chegando a incorporar e realizar cirurgias diante das câmeras. Perseguido pelas autoridades médicas, acabou condenado por má prática, sob a alegação de que era proibido atender e operar pacientes gratuitamente. Nos doze anos em que o espírito do dr. Fritz atuou através dele, nunca houve qualquer denúncia de dano ou óbito dos pacientes. Edson também morreu de maneira trágica e inesperada, em 1991, assassinado por um caseiro.

Notáveis também foram as atividades do médium Antônio de Oliveira Rios, que atuou em Palmelo, Goiás, cidade com uma ligação visceral com o espiritismo. Esse local teve especial importância para João de Deus, que já declarou ter recebido por lá diversos ensinamentos a respeito dos princípios que norteiam a cura espiritual. Em conversas que manteve em Abadiânia, João chegou a mencionar as qualidades de Antônio e sua também trágica morte. Antônio Rios era capaz de realizar cirurgias de grande envergadura com nenhuma ou quase nenhuma infraestrutura. Morador de uma pequena cidade semi-isolada e carente de atrativos econômicos, cuja característica mais marcante era a dedicação ao espiritismo, o médium exibia grande performance como cirurgião.

Pedreiro de profissão, quase iletrado, sem acesso a lojas de instrumentos cirúrgicos em uma cidade isolada, Antônio superava todas as carências e era capaz de realizar cirurgia de grande envergadura. Atendia no Centro Espírita Dr. Ricardo Dwannees Stein, que recebeu o nome do médico incorporado por Antônio, um germânico que teria exercido a profissão na Itália no decorrer do século XIX.

O antropólogo americano Sidney Greenfield se dedicou a estudar a atuação de alguns médiuns cirurgiões — entre eles a do pedreiro de Palmelo —, e descreve cenas impressionantes.

Certa manhã, pôde ver, filmar e mais tarde descrever uma intervenção nas costas de um paciente de São Paulo, que havia ficado paraplégico dez anos antes. A causa da lesão era uma bala de revólver alojada na espinha. Segundo a descrição do antropólogo, por falta de espaço no interior do centro, o médium colocou a maca com o paciente na rua e o operou debaixo de um sol escaldante. Em primeiro lugar, pegou uma navalha e fez uma incisão da lombar até quase o pescoço, deixando à mostra os tecidos das costas. Em seguida, introduziu duas tesouras ali. A essa altura, o público que se amontoava em torno da cena podia escutar as batidas do instrumento de aço nos ossos da coluna. Para estancar a hemorragia, Antônio utilizou apenas chumaços de algodão. Após algumas tentativas frustradas de chegar ao local onde a bala estava alojada, o cirurgião espiritual hesitou alguns instantes e, em seguida, se muniu de uma serra elétrica que jazia na prateleira de baixo do carrinho ambulante colocado a seu lado, no qual se achavam os instrumentos cirúrgicos. Com movimentos vigorosos, enfiou a serra nas costas do paciente, aprofundando a incisão. Em seguida, finalizou a cirurgia, desmontou a serra elétrica, ligada em uma tomada no interior do centro, acomodou as partes da ferramenta em seu carrinho ambulante e, sem nenhuma explicação, voltou para o prédio para operar outro paciente. Minutos depois, sua mulher, munida de agulha e linha, apareceu e passou rapidamente a suturar o paciente, que não fez nenhum movimento e manteve uma postura relaxada. Acabada a intervenção, seus amigos, que o haviam acompanhado, ajudaram a recolocá-lo no carro e partiram. Nada se sabe sobre o resultado da cirurgia, embora sua mera ocorrência seja assombrosa.

O último médium cirurgião dessa linhagem é o próprio João de Deus. Ele começou a se firmar apenas quando se estabeleceu em Abadiânia, no final da década de 1970, mas a divulgação de seus feitos como médium cirurgião através de fotografias, filmes e relatos começou a alçá-lo ao lugar outrora ocupado por Zé Arigó. Apesar de os aspectos mais chamativos de suas práticas continuarem a ser as intervenções com corte, o médium de Abadiânia desenvolveu outras atividades, entre elas a corrente da cura, que o colocou no papel de guia espiritual, condição que Arigó jamais teria imaginado reivindicar. No correr da década de 1990, quando brasileiros das grandes cidades e estrangeiros começaram a frequentar Abadiânia em busca não apenas de cura, mas também da descoberta da vida espiritual, a Casa Dom Inácio de Loyola estava pronta para recebê-los.

Hoje, a maioria dos voluntários que se submetem aos procedimentos com cortes não é de brasileiros. Este também é um aspecto notável: durante muito tempo, aqueles que se submetiam a essas intervenções eram taxados de pobres supersticiosos, vindos de camadas da sociedade com a pecha da crendice ignorante. No entanto, são os estrangeiros de classe média de países da América do Norte, Europa e Oceania que formam a clientela mais expressiva, se não majoritária, do centro. Essas pessoas se mostram mais convictas em sua crença e mais ousadas em seus atos que os próprios brasileiros.

Todos os médiuns cirurgiões citados tinham algo em comum: eram homens jovens com uma constituição física vigorosa quando começaram. Comenta-se que, para realizar as intervenções físicas, os médiuns têm de despender uma enorme quantidade de energia, que só pode ser atingida por uma incorporação realmente substancial, que exige que permaneçam inconscientes no decorrer de todo o processo. Esse tipo de transe implica o desprendimento do perispírito do médium, que depois deve retomar a conexão com seu corpo físico. Exigindo o emprego de altas doses do chamado "ectoplasma" — substância que se encontra entre a matéria corporal densa e a fluidez do perispírito e pode ser utilizada em trabalhos mediúnicos —, as cirurgias físicas seriam capazes de desgastar médiuns de físico menos vigoroso.

Em certa ocasião, por exemplo, quando observava a atuação de Zé Arigó, o dr. Puharich notou que, nas ocasiões em que ele parecia mais distraído e nervoso, os pacientes sentiam dor no decorrer das intervenções. Quando questionado a respeito, Arigó explicou que não se sentia bem e tinha certa dificuldade de incorporar. Em outra ocasião, comentou que, ao tratar doenças leves, mantinha um transe mais superficial, possibilitando que escutasse a voz do dr. Fritz em seu ouvido direito. No entanto, quando o caso era muito complicado, ele precisava aprofundar a incorporação para poder atuar, ficando totalmente inconsciente.

João de Deus realiza suas cirurgias a partir dos mesmos princípios adotados pelo médium mineiro e, para tratar casos mais complexos, precisa entrar em transe profundo. Quando recebe entidades muito evoluídas, que possuem fluidos — ou energias — particularmente sutis, seu corpo físico reage de maneira característica. Há casos em que chega a escorrer sangue pelos olhos, pela boca e pelo nariz, e o médium tem que desincorporar para manter a integridade do próprio corpo.

Quando realiza intervenções físicas, João de Deus solicita sempre a concentração do operado, e isso, de certa forma, colabora com a incorporação. Além disso, costuma pedir o auxílio de todos os presentes, com seu silêncio e atenção, o que também influi na manutenção da energia necessária para a execução adequada da intervenção. Comenta-se que, em dias muito tumultuados em Abadiânia, com barulho excessivo ou muita movimentação de pessoas, os operados sentem mais dor no decorrer das intervenções.

Somadas, todas as atividades desempenhadas pelos médiuns — como o atendimento, a corrente, as orações, a prescrição de medicamentos alopáticos ou naturais mediante psicografia — cobram um alto preço energético em sua vida. Não deixa de ser curioso que, com exceção de João de Deus, todos os grandes médiuns operadores brasileiros tenham morrido cedo, deixando sua obra inacabada. O médium de Abadiânia, porém, tem se mostrado decidido a vencer todas as dificuldades para completar aquilo que ele denomina como sua missão.

4. As origens de João de Deus

Meu filho João,
Que Deus te ponha em bom caminho.
Sete anjos te acompanhem.
Sete luzes te iluminem.
Nossa Senhora é sua madrinha.
Nosso Senhor é teu padrinho.
Os doze apóstolos são teus irmãos.
Nossa Senhora das Virgens é tua irmã.
Oração de d. Francisca Teixeira Damas (d. Iuca)

Mas quais as origens do homem que se tornaria João de Deus? Qual o começo dessa história, que resulta na Casa Dom Inácio de Loyola e nessa comunidade composta por tantos seguidores? Como entender a construção dessa personalidade com tanta autoridade espiritual?

O fato é que um futuro notável aguardava aquela criança nascida em Cachoeira da Fumaça, cidadezinha desimportante do Centro-Oeste brasileiro, à meia-noite e vinte e sete minutos do dia 25 de junho de 1942.* João Teixeira de Faria recebeu, na pia batismal, o nome de João Batista por sua família, muito devota ao catolicismo. Sexto filho de um casal sem posses, João não parecia ter nascido para almejar mais do que sobreviver, e muito modestamente. A família habitava um casebre simples ao lado da igreja e lutava para se alimentar no dia a dia.

* As informações a respeito da vida de João de Deus citadas ao longo deste capítulo foram extraídas das diferentes biografias escritas sobre ele, com destaque para as de Ismar Estulano Garcia, Robert Pellegrino-Estrich, Liberato Póvoa, Carlos Joel Castro Alves e Heather Cumming e Karen Leffler; além de entrevistas da autora com conhecidos, amigos e colaboradores, registro de depoimentos apresentados publicamente por voluntários no decorrer dos trabalhos na Casa Dom Inácio de Loyola e da consulta a vídeos e fotografias.

Na década de 1940, o estado de Goiás ainda era uma região das mais atrasadas do Brasil, carente de estradas, cidades, parques industriais ou qualquer atividade que sugerisse um futuro promissor a quem não pertencesse às poucas famílias oligárquicas ou latifundiárias que ali residiam. A região permanecia então como uma área de fronteira, tendo seu território atravessado por pastos abertos onde se criava gado solto, caçado a laço, lavouras de subsistência e lavras de ouro esgotadas.

Essa situação ecoava uma perspectiva secular de isolamento do Planalto Central. A região era vista como inóspita, tomada por nações indígenas bravias, com extensões territoriais tão dilatadas que sua travessia impunha anos de dedicação, e uma capacidade de sobreviver a todas as intempéries, como as febres tropicais, sem contar com nenhuma ajuda. Conhecido genericamente como sertão, o termo expressava a ideia de que esta era uma área desprovida de civilização. Todo o Planalto Central permaneceu pouco ocupado durante muito tempo. Ainda no século XIX, muitos chamavam essas terras de deserto, sublinhando não suas características físicas, mas a ausência de qualidades apreciáveis por colonizadores. Uma terra de ninguém.

O estado de Goiás começou a ser devassado no início do século XVII, quando bandos de colonos saídos de São Paulo com seus índios escravizados ou administrados atravessavam seguidamente as terras do Centro-Oeste da então colônia portuguesa à caça de índios e ouro. Nas primeiras décadas do século XVIII, com a descoberta do ouro de aluvião, algumas dessas regiões se urbanizaram, surgindo vilas e arraiais em pontos isolados e remotos do território goiano. Essas pequenas aglomerações humanas procuravam responder ao desafio de atender aos exploradores do ouro, em sua vasta maioria homens sozinhos que buscavam centros urbanos para abastecimento de gêneros, assistência religiosa e comércio do metal, que era até então monopólio da Coroa portuguesa.

Embora o impulso urbanizador tenha permitido o surgimento das primeiras vilas e cidades, ele foi produto de uma economia de exploração predatória de veios auríferos, sem investimento em tecnologia e baseada em trabalho escravo. Em apenas meio século, a atividade se deteriorou com a exaustão das lavras mais superficiais. Assim, ainda na Goiás da década de 1940, podiam-se encontrar núcleos urbanos em paragens pouco acessíveis, desprovidos de estradas, melhoramentos urbanos ou serviços. Era o caso de Cachoeira da Fumaça (hoje Cachoeira de Goiás), Itapaci e Anápolis, cidades nas quais João Teixeira de Faria viveu em diferentes períodos da sua vida.

Foi a partir da década de 1930 que o estado começou a receber os primeiros impulsos desenvolvimentistas, durante o governo de Getúlio Vargas, no período do Estado Novo (1937-45), com a implementação da política de integração nacional chamada de "Marcha para o Oeste". Era a tentativa de integrar uma parte do amplo território brasileiro, cuja dimensão era similar à da Europa ocidental e incluía Goiás, Mato Grosso e Paraná. O desafio era gigantesco, fazia-se necessária a constante intervenção do Estado na abertura de estradas, construção de ferrovias, urbanização com a implantação de instituições e órgãos de assistência à população e, mais ainda, na abertura de áreas para ocupação agrícola. Buscava-se, igualmente, atrair populações migrantes despossuídas que seriam assentadas em pequenas propriedades e passariam a receber assistência estatal na obtenção de crédito e facilidades de armazenamento e escoamento dos produtos. Tratava-se de implementar uma política de ampliação demográfica e de reforma agrária sob controle do Estado. Além disso, a "Marcha para o Oeste" era entendida como etapa preliminar para a integração da Amazônia, a ser alcançada por meio de sua ocupação demográfica e econômica.

DIFICULDADES DA INFÂNCIA

A partir da década de 1940, a região goiana se tornou uma área de fronteira aberta para receber migrantes dos estados do Centro-Sul e Nordeste, gente desprovida de terras e de meios, que via nas zonas novas uma oportunidade para fazer a vida, cujo sonho maior era tornar-se um pequeno proprietário. Esse foi o caso dos pais de João de Deus, provenientes de Minas Gerais. Como é comum às famílias pobres e migrantes, pouco se sabe da vida pregressa do casal, mas é possível afirmar que ambos eram brancos, católicos e, talvez, alfabetizados. Além disso, sabe-se que José Nunes de Faria, conhecido como seu

Juca, combateu na Revolução de 1930, movimento armado que culminou com o golpe de Estado de Getúlio Vargas e encerrou a Primeira República. Embora pobre, em um gesto de orgulho próprio, seu Juca abriu mão da pensão a que tinha direito, mantendo consigo apenas sua espada. Mais tarde, atraído pelas oportunidades abertas em Goiás, o casal migrou para um estado rural e carente de infraestrutura.

Cerca de 82% da população de Goiás vivia na zona rural nos anos 1940, e 73% de todas as suas sedes municipais tinham menos de 2 mil habitantes. Ainda em 1952, o estado possuía 3800 quilômetros de estradas rodoviárias, em sua ampla maioria localizadas apenas na região sul de seu território. Uma das maiores questões a serem resolvidas para a implantação de uma economia agrária moderna na região era a ausência de crédito e de numerário. Desde o esgotamento das lavras auríferas, muito pouco dinheiro circulava na região. Apenas grandes latifundiários e famílias oligárquicas que controlavam a política local obtinham lucro e, na ausência de qualquer instituição de crédito, entesouravam-no em casa, aprofundando o problema. Os pobres e mesmo aqueles mais remediados tinham que se virar. Pouco se comerciava e a economia pobre de subsistência ou escambo tornava a vida muito limitada.

Seu Juca era alfaiate e chegou a possuir uma tinturaria. Seria de se imaginar que, na década de 1940, em uma região de economia tradicional, o ofício pudesse oferecer os meios suficientes para a manutenção de uma família. Mas não era o caso.

Francisca Teixeira Damas, ou d. Iuca, como era conhecida a mãe de João de Deus, além de dona de casa e mãe de seis filhos, trabalhava como lavadeira, cozinheira e o que mais aparecesse. Quando o menino João tinha três anos, a família se mudou para Itapaci, outra cidade de menor importância, localizada no vale central do estado. Em 1945, quando lá chegaram, a vila de Floresta, surgida em torno de uma fazenda, havia sido elevada pouco antes à condição de cidade, em uma região fortemente agrícola também. Nesse período, d. Iuca chegou a montar uma casa de pensão, fornecendo refeições. E, um pouco mais tarde, ainda no fim dos anos de 1950, início da década de 1960, quando se construía a estrada Brasiliana — antecessora da Belém-Brasília —, ela deixou seu filho caçula Joãozinho com o irmão e se integrou a uma leva de migrantes em busca de trabalho nas áreas de abertura da estrada. Essa labuta incessante marcou a vida de João, que sempre manteve uma postura respeitosa e devotada em relação à mãe.

Além da virtual ausência de assistência médica, um dos maiores problemas que afligiam o estado entre as décadas de 1940 e 1960 era a carência de escolas públicas, mesmo das voltadas para a educação básica. Diversos municípios goianos não possuíam qualquer escola, como era o caso de Cachoeira da Fumaça e de Itapaci. Na primeira cidade, o casal Nunes Faria chegou a enviar os filhos para estudar em uma escola privada, tentando prover as crianças de alguma formação básica. Já em Itapaci, quando chegou a idade de o caçula ir à escola, a situação familiar apresentava-se ainda mais precária.

Os relatos a respeito da passagem do menino João pelas escolas primárias da cidade de Itapaci são contraditórios. Alguns dizem que ele estudou até o segundo ano primário. Outros, que frequentou a escola apenas por alguns meses e logo teve de abandoná-la. As versões a respeito dos motivos desse abandono, embora variem nos detalhes, chegam sempre à mesma conclusão: a de que o menino desejava ardentemente frequentar a escola. Sua exclusão do meio escolar e da oportunidade de pelo menos se alfabetizar plenamente foi vivida como o maior trauma de sua infância. João Teixeira de Faria lembra com pesar dessa época.

Menino esperto e inteligente, Joãozinho foi enviado à Escola Santa Terezinha, de propriedade de padres, quando tinha entre sete e dez anos. Como a família não possuía meios de pagar as mensalidades, os pais combinaram que João prestaria serviços à escola. A tarefa imposta não era nada leve: todos os dias, o menino chegava às cinco horas da manhã para encher a caixa-d'água do prédio escolar, manejando uma bomba de manivela. Para que a tarefa estivesse concluída às sete, quando as aulas começavam, ele tinha que bombear incessantemente, alternando a mão direita e a esquerda. Curioso, inquisitivo e às vezes rebelde, João almejava estudar para explorar o mundo. Em um meio restrito como o dos vilarejos goianos naquela época, alfabetizar-se era uma oportunidade rara, privilégio a ser agarrado a todo custo.

No entanto, apenas poucos meses depois os padres se retiraram da administração, assumida por novos proprietários que mudaram o nome da instituição para Colégio Evangélico, e não mostraram interesse em honrar o acordo com o menino. Apesar disso, teimosa e insistentemente, João manteve a tarefa e a frequência na escola. Certo dia, como reprimenda pela falta de pagamento, ele foi colocado de castigo em frente de toda a classe, passando por uma terrível humilhação. Em seguida, foi proibido de comparecer à escola. A exposição pública a que foi submetido e, sobretudo, a exclusão que sentiu marcaram profundamente a visão de mundo de João Teixeira de Faria. Embora ele tenha superado esta e muitas outras dificuldades na vida, a falta de uma formação escolar o frustrou profundamente. Até hoje, João de Deus, além de permanecer analfabeto funcional, rememora com nostalgia a última lição que recebeu na escola, uma poesia ingênua, certamente voltada para o ensino das primeiras letras, intitulada "Minha casa".

Ela é pequena e modesta, mas é meu lar.
Veja que na frente há um jardim, que tem muitas borboletas.
Atrás há um grande pomar, onde há muitos passarinhos.
Minha casa é pequena e modesta, mas é meu lar.

Fora da escola, Joãozinho se transformou, imediatamente, em uma entre as milhares de crianças trabalhadoras do Brasil naquele período. Primeiro foi encarregado de transportar areia do rio, tarefa dura demais para um garoto. Mais tarde, tornou-se engraxate. Alguns contemporâneos lembram-se dele, ainda muito novo, percorrendo locais públicos com sua caixa de madeira, buscando ganhar algumas moedas para o orçamento da casa. Logo se tornou aprendiz de alfaiate, sendo treinado pelo pai e pelo irmão mais velho, apelidado Caninho. Poucos anos mais tarde, mal saído da infância, já tomava iniciativa e comprava fiado panos para fazer ternos ou roupas avulsas sob encomenda.

João morou por um período com a irmã mais velha, América, apelidada Nené, que se casou também com um alfaiate e foi viver em outras cidades de Goiás, como Anápolis, Ceres e Uruana. Ela sempre ajudava a família trazendo retalhos de tecidos da alfaiataria do marido para fazer roupas para seus irmãos. João passou a ajudar o cunhado, fazendo entregas.

Sua infância foi marcada por privações de todo tipo. A família sobreviveu aos anos 1940 e 1950 no limite de suas possibilidades. Muitas vezes, passaram fome. Por isso ele teve que desde cedo aprender a suportar dificuldades, tomar iniciativas e usar a criatividade para contornar os desafios. A despeito de tantas adversidades, João de Deus sempre faz questão de ressaltar que sua família se manteve unida por laços de grande harmonia e ternura. Mesmo mais tarde, quando tinha entre catorze e dezesseis anos e decidiu partir de sua cidade para "ganhar o mundo", a perda da convivência com a família foi sentida de maneira muito profunda e dolorosa.

Hoje, ao lembrar de sua infância, João de Deus sempre fala da angústia que sentia em não saber se teria o que comer, muitas vezes aproveitando as cascas de melancia que alguém jogava no chão.

Se essa condição de criança pobre o fez amadurecer rapidamente, também agregou qualidades a sua personalidade, tornando-o um anfitrião reconhecidamente acolhedor e excelente cozinheiro, que adora preparar pratos regionais para os amigos. Quando o ex-presidente Luiz Inácio Lula da Silva se tratava de câncer na laringe no Hospital Sírio-Libanês, em São Paulo, João de Deus o visitou, ministrando-lhe tratamentos curativos espirituais — que, embora nunca tenham sido confirmados por Lula, tampouco foram negados. Alguns dias depois, o médium preparou um prato especial de frango com pequi, iguaria goiana muito apreciada, e o enviou em um jato particular para São Paulo.

Amigos de infância relataram que d. Iuca sempre tratou o caçula com especial carinho. Outros notaram que João era independente e inquisitivo, não obedecia a ninguém. Nas temporadas que passava na casa de amigos da família em uma fazenda em Itapaci, o menino se soltava e fazia o que queria, chegando a dirigir carros de boi sem autorização.

João de Deus recorda um momento marcante de sua infância, no início dos anos 1950, no qual obteve uma prova indubitável do amor que sua mãe lhe dedicava. Teria ocorrido durante um almoço em uma fazenda, oferecido ao mestre Yokaanam (Oceano de Sá, 1911-1985). Místico e profeta, Oceano de Sá, sob o nome iniciático de Yokaanam,

Entrada da cidade que, segundo Chico Xavier, "é o abençoado recinto de sua [de João de Deus] abençoada missão e de sua paz", e que recebe milhares de visitantes por semana, todos com o mesmo destino: a Casa Dom Inácio de Loyola.

Visitantes do mundo inteiro chegam à Casa de manhã bem cedo,
às quartas, quintas e sextas-feiras, dias de atendimento.

No jardim da Casa, o busto de Dom Inácio de Loyola e o mirante, lugar de contemplação e meditação.

João de Deus em sua cadeira, na chamada sala do médium.

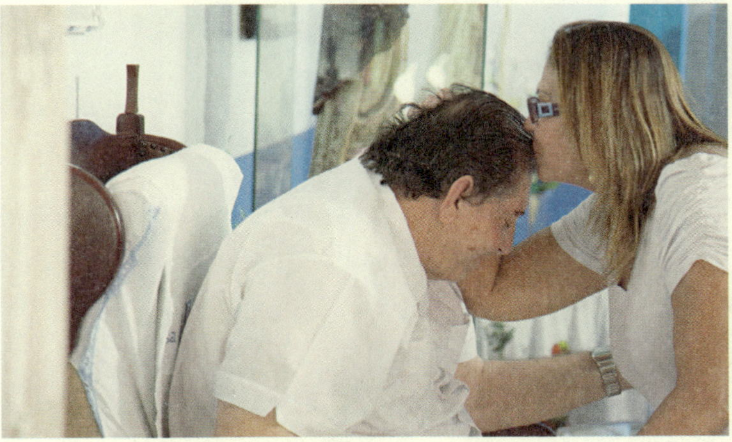

João recebe mais de 1 mil pessoas por dia, de todas as idades e nacionalidades, sem cobrar pelo atendimento.

Na sala da corrente, os participantes se mantêm de olhos fechados por horas, concentrados para doar energia ao médium e assim auxiliar na incorporação e em intervenções.

O triângulo é presença marcante na Casa. Representando o trigrama "fé, amor e caridade", ele é adorado por muitos visitantes, que encostam a cabeça em seu centro para orar e pedir bênção.

João de Deus no palco do salão principal, onde costuma realizar as cirurgias físicas.

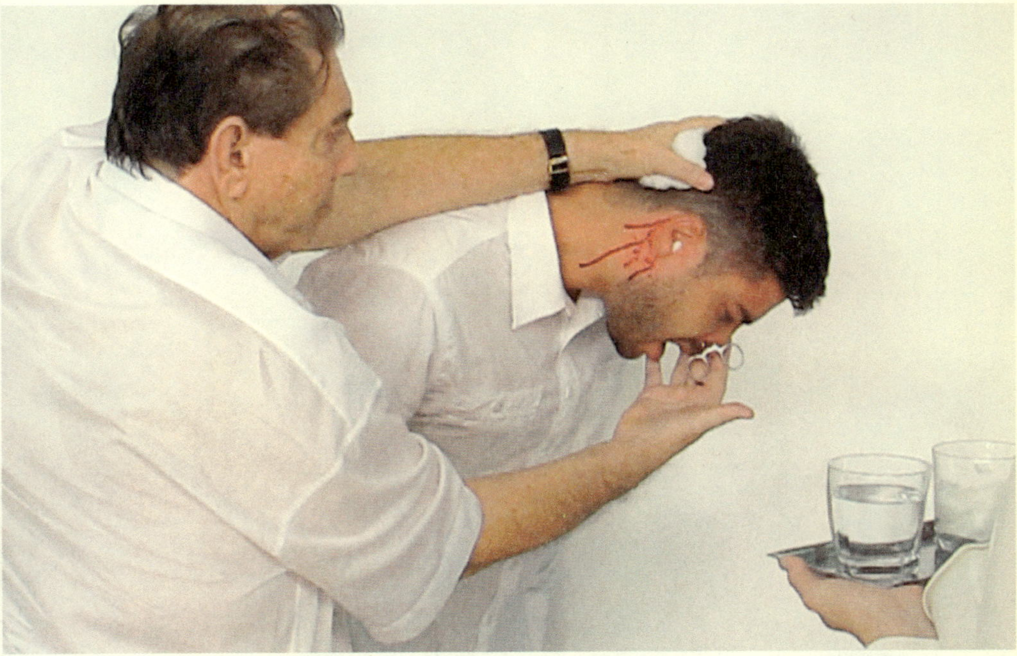

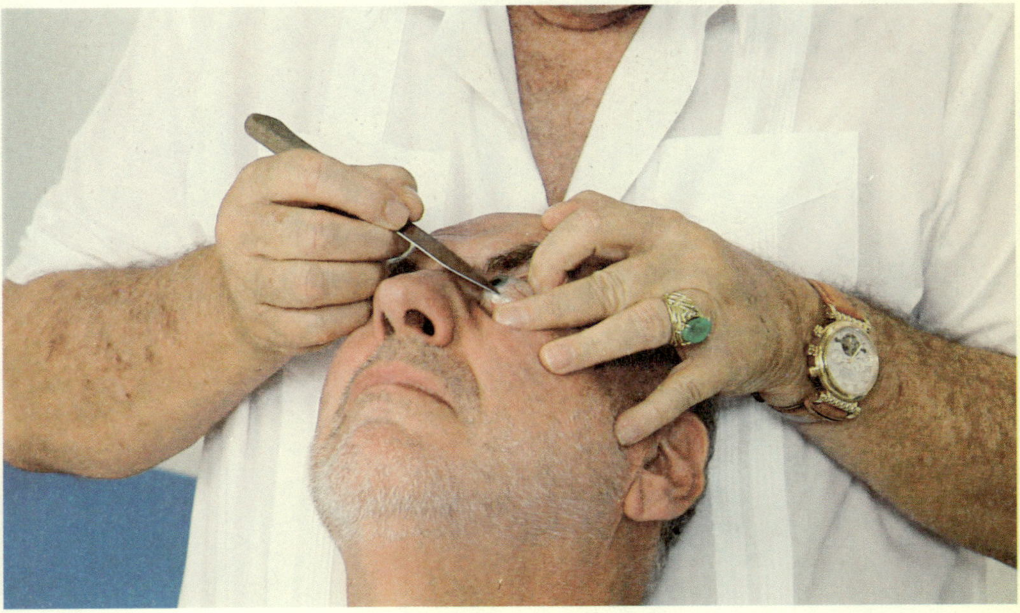

Entre as inúmeras cirurgias com cortes realizadas pelo médium, as duas mais recorrentes são aquelas que envolvem a introdução de uma tesoura na narina e a raspagem do globo ocular.

Frequentadores da Casa deixam para trás cadeiras de rodas, muletas e outros aparatos, para comprovar a obtenção da cura.

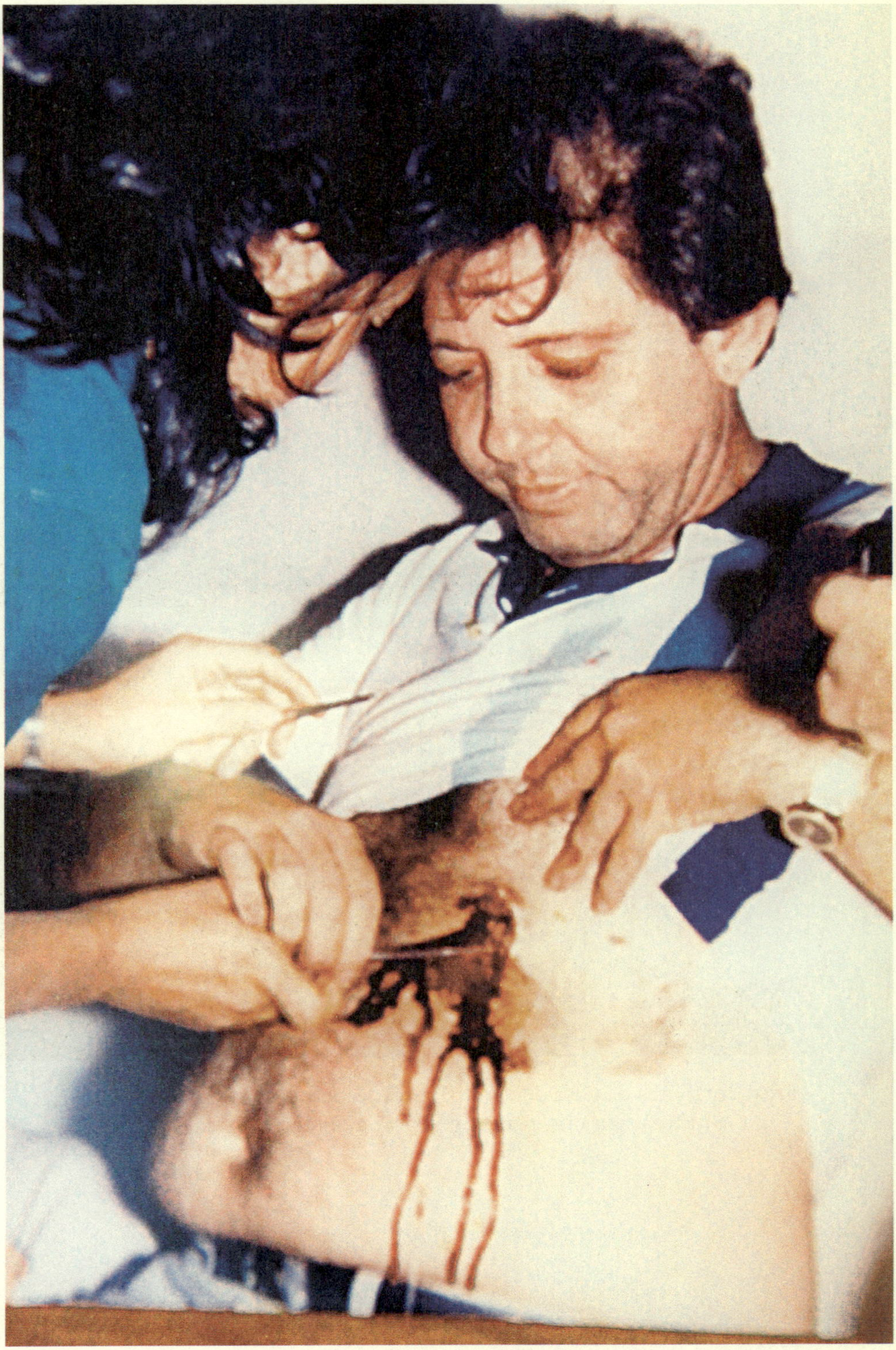

ACERVO CASA DOM INÁCIO DE LOYOLA

Depois de sofrer um derrame cerebral em 1987, o médium João realiza uma autocirurgia, com incisão no próprio abdome.

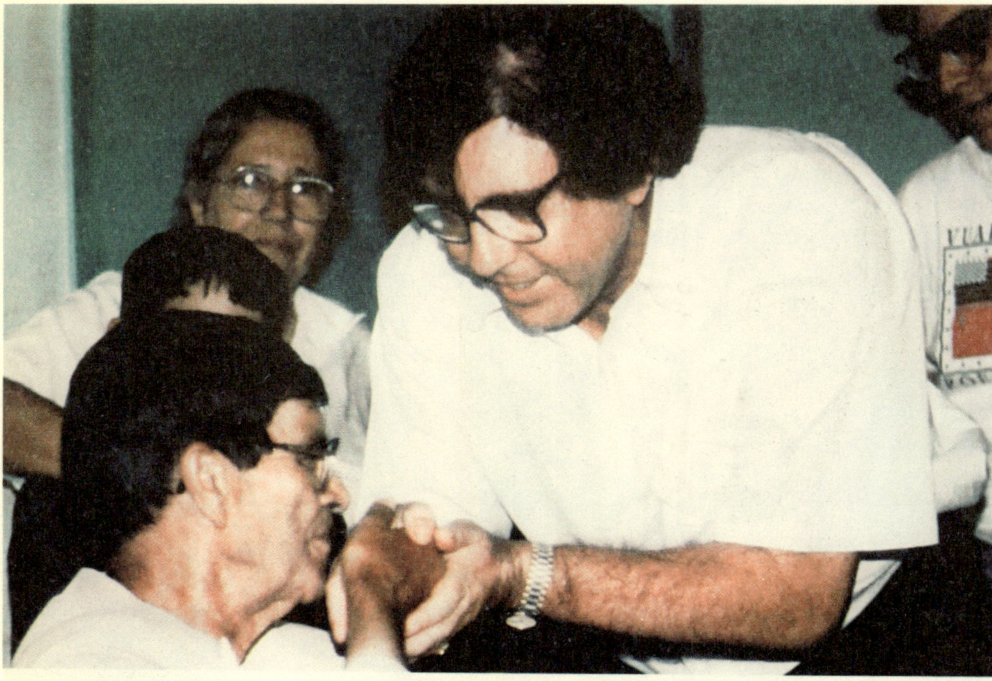

ACERVO CASA DOM INÁCIO DE LOYOLA

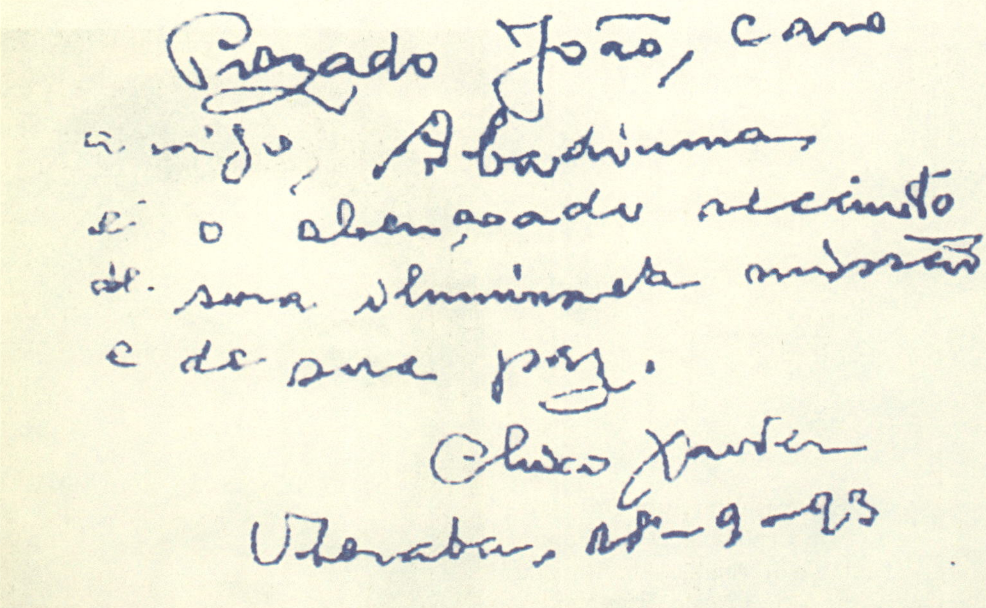

Prezado João, caro
amigo, Abadiânia
é o abençoado recinto
de sua iluminada missão
e de sua paz.

Chico Xavier
Uberaba, 18-9-93

Com o médium e amigo Chico Xavier, fundamental na trajetória de João de Deus, e o famoso bilhete que ele teria psicografado, indicando que Abadiânia era o seu lugar, quando o curador passava por muita pressão para abandonar a cidade.

Entre as diferentes entidades incorporadas pelo médium estão o dr. Augusto de Almeida (de barba e cavanhaque), médico português de temperamento austero e autoritário; e José Valdivino, de personalidade oposta, carinhosa e alegre.

O único remédio prescrito por João de Deus atualmente são as cápsulas de passiflora (ou maracujá, uma das mais antigas plantas medicinais do Brasil), que são energizadas pelo médium.

Entre os milhões de visitantes do centro há nomes bastante conhecidos, caso da artista sérvia Marina Abramović e da apresentadora americana Oprah Winfrey.

MONIQUE RENNE/ CB/ D.A. PRESS

O médium João em uma de suas viagens à Suíça, como se vê bordado em sua camisa.

peregrinou com quatrocentos adeptos do Rio de Janeiro ao planalto central em 1946, fundando a "Comunidade Eclética Nova Palestina". O movimento fundado pelo mestre, a Fraternidade Eclética Espiritual Universal, obteve grande impacto nas décadas de 1950 e 1960, capitaneando milhares de adeptos e simpatizantes. Em certo período da vida adulta, João de Deus frequentou a Nova Palestina em busca dos ensinamentos e conversas com o místico Yokaanam. O episódio a que nos referimos aqui teria se desenrolado em Itapaci, quando João era ainda criança, no início dos anos de 1950. Segundo consta, no decorrer do almoço, Joãozinho conversou com mestre Yokaanam que, impressionado por sua inteligência, pediu a d. Iuca que lhe desse o menino para criar, pois faria dele um "doutor". Ela respondeu simplesmente que "filho dela não era cachorro para ser doado".

Em outro episódio, um de seus amigos conta que João atirou uma pedra no padre da paróquia, maior autoridade local. Muito contrariado, o padre o excomungou, impondo-lhe assim o maior dos castigos em um meio católico tradicional. Assustado, o menino teria corrido para casa e contado para a mãe o que se passara. Dona Iuca não se abateu e ainda recomendou ao filho que não tivesse medo. Como era muito devota, ela se ajoelhou e rezou fervorosamente com ele para Nossa Senhora de Fátima. Enquanto rezavam, conta o amigo, d. Iuca e o filho puderam ver a imagem da santa se materializar, uma experiência inesquecível para aquele menino aterrorizado pelo temor de uma nova exclusão, agora a da Igreja católica. Em um meio fortemente hierarquizado como o da sociedade goiana daqueles anos, a Igreja surgia como único refúgio onde os desvalidos podiam alcançar os bem-nascidos, considerando que o julgamento de Deus e o acesso ao paraíso acabariam, por fim, igualando a todos na eternidade. A excomunhão, entretanto, condenaria o pequeno João ao inferno ou ao limbo eterno. Nada poderia ser mais aterrador para uma criança. No entanto, o apoio e o fervor daquela mulher forte, presente nos momentos mais amedrontadores, ficou na memória de João, que guardou consigo por toda a vida a oração criada pela mãe, intitulada "Pai nosso pequenino", como prova de que todas as dificuldades, mesmo as mais inauditas, podem ser remediadas.

Meu filho João,
Que Deus te ponha em bom caminho.
Sete anjos te acompanhem.
Sete luzes te iluminem.
Nossa Senhora é sua madrinha.
Nosso Senhor é teu padrinho.
Os doze apóstolos são teus irmãos.
Nossa Senhora das Virgens é tua irmã.
Nossa Senhora se ajoelhou em seus braços, te tomou e fez uma cruz adiante.
Você também faça uma cruz.
Arma de fogo contra você, meu filho, não vai detonar; faca vai virar a ponta para o cabo; porrete cairá das mãos que te ameaçam.
Teus inimigos não te enxergarão e, se tiverem pernas, não te alcançarão.
Mãos não te agarrarão.
Teus inimigos serão teus amigos.
Reze um pai-nosso.
Uma ave-maria e uma Santa Maria e ofereça a santa Rita de Cássia e a santa Luzia para iluminar o seu caminho e as vistas dos teus olhos.
Você está livre e guardado no ventre da Mãe Maria Santíssima, assim como guardou Jesus por nove meses.
Não verás teu corpo preso nem teu sangue derramado.
Amém.

SANTOS, INVOCAÇÕES E VISÕES

A oração de d. Iuca, em suas invocações, referências e imagens, ressoava séculos de devoção católica, pedindo a proteção de Nossa Senhora, Jesus, santa Rita de Cássia — cuja aparição, anos mais tarde, marcou definitivamente o ingresso de João de Deus na mediunidade — e santa Luzia, a protetora dos caminhos. No entanto, ela não se restringia a isso; a invocação de d. Iuca ecoava não apenas essa longa tradição de rezas retiradas da tradição de um catolicismo devocional, baseado em um contato personalizado com santos e santas, mas também apelava para invocações mágicas, provenientes tanto da tradição ibérica quanto dos cultos africanos e indígenas. Tais fórmulas serviam para assegurar a proteção daquele que orava ou a quem a reza se destinava e garantir aquilo que o mundo não garantia: equidade, estabilidade e previsibilidade das regras do jogo social.

Essas orações que visam "fechar o corpo" estão presentes na tradição brasileira desde o período colonial. Como notou a historiadora Laura de Mello e Souza, no Brasil, desde os primeiros tempos, calunduzeiros, catimbozeiros, rezadores, benzedores, manipuladores de bolsas de mandinga oraram, recitaram ou escreveram invocações similares. Evocando a lei dos contrários, essas rezas serviam para enfraquecer, debelar e amedrontar os muitos perigos iminentes e inimigos da instável sociedade das paragens remotas do país. "Teus inimigos não te enxergarão e, se tiverem pernas, não te alcançarão./ Mãos não te agarrarão./ Teus inimigos serão teus amigos [...] Não verás teu corpo preso nem teu sangue derramado." Se em termos materiais d. Iuca podia oferecer pouco ao filho, com a oração ela mostrava que, por meio da invocação do mundo espiritual, a realidade material podia ser vencida. E o menino João, com certeza, se agarrou às palavras da mãe.

O episódio, compartilhado por mãe e filho, da visão de Nossa Senhora materializada não foi a única das manifestações que João experimentou durante a infância. Há menções de que, embora católicos de formação, seus pais praticassem modalidades de cura ou de clarividência. Vizinhos, amigos e familiares lembram que, além de alfaiate, seu Juca era raizeiro — isto é, manipulava plantas curativas, elaborando garrafadas, que se caracterizam como poções produzidas a partir de plantas, minerais e partes de animais. Não se sabe se essa atividade servia para complementar os ganhos da família ou se seu Juca elaborava remédios de ervas para atender apenas os seus. No entanto, é fato que o pai de João de Deus foi um exímio conhecedor das plantas e de suas propriedades, tanto químicas como sagradas, pois ambas as esferas se encontram indissociavelmente unidas no saber tradicional.

D. Iuca, além de rezadora, "cortava baralho", isto é, lia a sorte por meio do jogo de cartas, uma prática presente no Brasil desde tempos remotos.

Não há registro de que d. Iuca tenha se dedicado profissionalmente a essa atividade, mas sabe-se que era procurada por muitos para a leitura de sorte. O fato é que ambos os pais de João de Deus estiveram envolvidos em modalidades de tratamento da realidade por meios não materiais. Sabemos, também, que um dos quatro irmãos homens de João — ele possuía ainda uma irmã — demonstrou dons de mediunidade, embora provavelmente não os tenha desenvolvido.

O PODER DAS PLANTAS E RAÍZES

Se, com a mãe, João aprendeu a acreditar na força da sua fé, do pai ele herdou o respeito pelo poder das plantas. Seu Juca era raizeiro, prescrevendo remédios naturais, as garrafadas, que ele mesmo fazia e vendia, atividade que o jovem João chegou também a exercer anos mais tarde. Mas, embora possamos concluir que ele tenha começado a instrução como raizeiro com o pai, suas declarações se encaminham para outra direção. Segundo conta, teria aprendido a reconhecer as plantas e suas qualidades por si mesmo.

Não temos, porém, indicações claras do período em que ele começou a manipular e prescrever suas garrafadas, apenas que foi ainda na sua juventude. Anos mais tarde, já adulto e independente, em uma fase em que vagava sozinho por diferentes locais e passava por dificuldades, sabemos que João se refugiou em um rancho afastado. Como forma de sobreviver, começou a tratar os doentes locais com garrafadas, sendo pago com ovos, galinhas e outros alimentos. Nessa fase, ele diz que quem o ensinava a coletar as plantas era um espírito benfazejo, o Caboclo Gentil, que o acompanhava em suas excursões de coleta nas matas. A entidade lhe mostrava as plantas corretas e explicava suas qualidades, tornando-se seu guia na aprendizagem desses mistérios. Não há como saber se João de Deus escutava a voz do caboclo ou se o incorporava, mas sua narrativa sugere que sim. Os tempos sob a orientação do Caboclo Gentil foram relembrados com grande emoção pelo médium, que considera esse um período muito feliz de sua vida.

No Brasil, o conhecimento profundo da natureza, dos animais, das plantas e dos minerais foi uma das mais importantes exigências para a sobrevivência das populações coloniais, que se embrenhavam em áreas distantes e tinham que se virar sem a ajuda da medicina. Isso sem esquecer dos nativos que viveram em equilíbrio com a natureza por muitos séculos. Em qualquer povoado, arraial, sertão ou caminho íngreme, sobreviver por meio da caça e da coleta, saber distinguir plantas sãs das venenosas, obter água em caminhos áridos, curar mordeduras de cobra e de outros bichos peçonhentos, e vencer as muitas moléstias e febres tropicais que atacavam homens, mulheres e crianças era fundamental. Essa rica tradição de conhecimento dos elementos naturais, que passava de geração em geração por meio de uma cultura oral, nem sempre foi bem reconhecida. No entanto, em cada pequeno povoado era comum encontrar um herborista prático, que saía a campo coletando plantas, minerais e mesmo animais, ou partes deles, para fazer remédios caseiros ou, como se dizia na época, mezinhas.

No século XIX, quando o Brasil foi devassado por viajantes naturalistas que buscavam avidamente conhecer e classificar uma porção ainda desconhecida e muitas vezes misteriosa da terra, eles se valiam dos conhecimentos desses herboristas locais para coletar plantas, minerais e animais considerados exóticos aos olhos dos estrangeiros. Sem esses práticos nativos, os sábios naturalistas não teriam "descoberto" nem uma ínfima fatia daquilo que eles descreveram como as grandes novidades da natureza tropical.

Para os nativos, a exploração das matas e florestas proporcionava o conhecimento profundo dos poderes curativos da natureza. Tais qualidades vinculavam-se tanto ao minucioso inventário das qualidades de cada planta ou mineral como se associavam ao conhecimento dos poderes espirituais e mágicos que elas representavam.

Na concepção desses sábios da natureza, tais elementos estavam carregados de significados ocultos que precisavam ser reconhecidos e acionados de forma a fazer com que as qualidades dos seres animados ou inanimados viessem à tona, de maneira a ser utilizadas pelos seres humanos. O sistema de diagnóstico de doenças também se relacionava a uma concepção de saúde mais global que, além do corpo, envolvia o espírito. Reconhecê-las e tratá-las implicava, portanto, uma análise ampla de mazelas espirituais, sociais e corporais que produziam a doença. Males tradicionalmente percebidos como provenientes de esferas além-corporais, causados por maus pensamentos, ciúmes, invejas e vinganças lançadas por terceiros, ou ainda produzidas por miasmas, maus ares e outras energias corruptoras do corpo, sempre foram enfrentados com rezas, benzeduras e garrafadas.

Quebranto, mau-olhado, susto, espinhela caída, vento cortado e cobreiro foram moléstias longamente reconhecidas pelo saber popular que exigiam a intervenção de um curador, por meio da manipulação de plantas e a utilização de gestos, palavras e bênçãos. Alguns desses males encontram paralelos em doenças reconhecidas pela medicina oficial, outros se remetem a um universo de significação espiritual e cultural, refletindo formas de diagnosticar e tratar mal-estares culturais, psicológicos e espirituais. Tais aflições seriam frutos de um conjunto de circunstâncias variadas que atingem o corpo, como produto da ação maléfica de terceiros, do funcionamento anômalo do organismo ou de situações de opressão social.

Estudiosos do tema, como Núbia Magalhães e Edimilson Pereira, notaram que os males tratados por benzedeiras e rezadores são amplos, respondendo a diferentes sistemas de diagnóstico e cura. Assim, por exemplo, quebranto, mau-olhado e susto descrevem condições mais psicológicas do que físicas, nas quais a pessoa atingida por inveja, maus pensamentos ou pragas rogadas apresenta sintomas múltiplos e difusos, como dores no corpo, excesso de sonolência e falta de ânimo. No caso das crianças pequenas, o excesso de choro e nervosismo é quase sempre diagnosticado como fruto de quebranto, muitas vezes lançado sem maldade, como pelo excesso de admiração, toques e carinhos, mesmo por parte de familiares. Finalmente, cobreiro (ou herpes-zóster) se caracteriza pela presença de erupções cutâneas e fístulas, cuja cura, acredita-se, depende especialmente da atividade de uma boa benzedeira.

Os princípios que regem a medicina popular no Brasil são derivados em geral de duas concepções de saúde e de doença e, portanto, duas abordagens a respeito do corpo. A primeira advém do sistema dos conceitos trazidos pelos ibéricos quando da colonização do Brasil, e a segunda é uma herança dos povos africanos trazidos durante o período de escravidão. A abordagem da medicina praticada pelos portugueses provinha de muitas contribuições, mas tinha sua base na concepção grega antiga de saúde e doença, na qual Hipócrates, Galeno e Avicena eram fundamentais. Baseando-se na concepção dos humores e das fleumas que habitam o corpo humano, e na necessidade do equilíbrio entre elementos que compõem o ambiente e o próprio corpo (ar, água, terra e fogo), a doutrina encontrava sua explicação na relação do micro e do macrocosmo. O corpo refletia o equilíbrio, ou a falta dele, em relação ao meio ambiente. Assim, a busca da saúde estava baseada na restauração desse equilíbrio. Ambientes miasmáticos poderiam ocasionar humores nefastos no corpo, que deveriam ser expelidos.

Já as concepções das diferentes nações africanas que desembarcaram nas terras brasileiras, devidamente retraduzidas pela experiência de extração indígena, concebiam a doença como causada pela ação de intervenções nefastas, fossem de outros seres humanos, fantasmas ou espíritos maléficos, ou ainda pela ação de entidades sobrenaturais de grande poder. O tratamento dependia da presença de um curador capaz de descobrir a origem da doença, e a cura estava sujeita à destreza desse curador, que precisava se mostrar capaz de arregimentar remédios, rezas e ações capazes de neutralizar os males.

As concepções de corpo, saúde e doença trazidas pelos africanos eram sobretudo inspiradas em um sistema denominado "ventura-desventura", no qual a desventura — surgida na forma de males diversos, que podem se manifestar na forma da opressão social, exploração econômica, catástrofes naturais, pragas, doenças e guerras — precisa ser corrigida pela realização de atos mágicos curativos diversos. Já a ventura seria o estado de equilíbrio natural entre essa esfera mundana e a outra, sobrenatural, no qual os homens e a natureza podem gozar de saúde e bem-estar.

Assim, a medicina popular no Brasil baseia-se no conhecimento fitoterápico das plantas e de sua associação com qualidades e virtudes sagradas associadas não só ao catolicismo, como a outras religiões.

Raizeiros como seu Juca e mais tarde seu filho João são, portanto, práticos que se dedicam à coleta de plantas em geral, minerais e animais, para confecção de remédios naturais — ciência que se encontra imersa em um universo de significações misteriosas e cujo conhecimento torna seu detentor uma pessoa de reconhecida autoridade. A coleta, manipulação e utilização de cada planta exige que o curador saiba respeitar as características de cada elemento utilizado: há plantas ligadas aos santos, outras conectadas às paixões humanas, algumas respondem pela similitude ao mau que servem para curar e outras ainda pelo seu contrário. Conhecer tudo isso significa dominar uma ciência muito prezada, mesmo nos meios urbanos brasileiros contemporâneos.

Ao contrário do que se poderia imaginar, as práticas de diagnóstico e de elaboração de fórmulas curativas fitoterápicas, embora não abandonem as visões de mundo e concepção de doença e saúde que lhe são subjacentes, vêm se transformando o tempo todo. Cada curador, atendendo à realidade do seu meio natural, à urbanização, à ampliação do comércio que coloca plantas variadas à disposição do público, adapta suas beberagens, dialogando, inclusive, com a evolução dos conhecimentos botânicos e bioquímicos dos elementos utilizados. O próprio João de Deus, enquanto produzia as garrafadas, alternou a coleta nas matas com a compra de ervas disponíveis no mercado.

Como observou a bióloga e estudiosa da medicina popular brasileira Maria Thereza Camargo, uma das dificuldades que os raizeiros e curadores tinham que enfrentar era a conservação de seus remédios, pois as fórmulas naturais se deterioravam rapidamente. Para evitar isso, os curadores precisaram desenvolver técnicas que permitissem a preservação das qualidades curativas das plantas utilizadas. Em resposta a esse desafio, há menções que, desde a Antiguidade clássica, o mel de abelha, o xarope de limão e o vinho tenham sido utilizados para dissolver e conservar remédios feitos à base de plantas, minerais e animais. Tais soluções possuíam fórmulas secretas, eram conservadas em garrafas e denominadas de "triagas". Garrafada é, portanto, o nome popular das antigas triagas.

No Brasil, desde os tempos coloniais, os jesuítas se encarregaram de descobrir fórmulas baseadas nos elementos locais, proporcionando remédios para as moléstias dos colonos, índios administrados e africanos escravizados. Respondendo ao desafio de oferecer uma fórmula curativa viável para quem vivia em isolamento, os jesuítas desenvolveram uma "triaga brasílica", de fórmula secreta. A partir de elementos nativos, eles criaram uma fórmula medicinal, curtida em vinho ou pinga, que permitia a manutenção da pureza da fórmula por largos períodos. Ela era conservada em garrafas e estocada por longos meses antes de ser considerada apta para utilização. Isso porque as fórmulas curativas, além de curtidas por períodos longos, deviam também ser expostas aos raios solares ou lunares, cujos eflúvios as potencializavam. Com a expulsão dos jesuítas, em 1760, as fórmulas antes monopolizadas pela Companhia de Jesus passaram a ser apropriadas e reelaboradas. Supõe-se que os primeiros a se denominar capazes de manipular ervas de forma segura foram os auxiliares dos padres, muitos deles encarregados de lavar as garrafas onde a triaga era estocada. Teria vindo daí, aliás, o nome garrafada.

Tal acepção atravessou séculos chegando aos dias de hoje. Portanto, a garrafada em sua origem é proveniente de uma cultura médica ibérica, ainda de perfil medieval, cujas raízes remontam à Antiguidade grega clássica. O tempo, porém, fez com que ela fosse adaptada a diversos contextos médicos, religiosos e espirituais, transformando-se em função de sua utilização por diferentes grupos.

Consta que já na fórmula dessa triaga brasílica, cuja primeira receita escrita localizada data de 1776, aparecia a referência a diversas plantas nativas, inclusive o maracujá (*Passiflora* sp), que nos dias atuais se tornou o único medicamento prescrito pelo médium João. A passiflora é, portanto, uma das mais antigas plantas medicinais conhecidas no Brasil, atravessando os séculos sempre em pleno uso por raizeiros e curadores. O reconhecimento das qualidades do maracujá não é nada novo, reflete a secular experiência de indígenas, jesuítas e curadores populares espalhados pelo Brasil. Hoje, em função das restrições impostas pelos serviços sanitários contemporâneos, João de Deus passou a utilizar apenas cápsulas de passiflora, manipuladas em um laboratório moderno e depois energizadas pelo médium incorporado.

AS ESQUISITICES DE JOÃO

Ao contrário do pai, seu Juca, que era avesso a se envolver com os aspectos mágicos ou ocultos dessa ocupação, João apresentava desde a infância sinais de acesso ao mundo do intangível, sendo chamado por alguns dos seus familiares de "bruxinho". João de Deus afirmou, no entanto, que ele próprio não apreciava suas "esquisitices" de infância. A ausência de informações a respeito de suas sensações internas e maneiras de agir inesperadas, que mais tarde viria a reconhecer como mediunidade, o incomodava. Não é difícil entender que, tendo que carregar o peso da pobreza que exigiu dele amadurecimento e capacidade de trabalho precoces, a mediunidade, misteriosa e inexplicável, significava um fardo a mais a ser suportado.

Um dia, na sala da corrente, João de Deus afirmou que a primeira intuição de que possuía aptidões diferenciadas ocorrera aos cinco anos de idade, quando passou inadvertidamente por cima de uma fogueira e não se queimou. Ele alegou ter percebido aquilo como um sinal de que algo ainda intangível o esperava.

Também consta que, com oito ou nove anos, foi visitar, em companhia da mãe, o povoado de Nova Ponte, a nove quilômetros de distância de sua casa. Os dois fizeram o caminho a pé, em um dia ensolarado e sem nuvens, com temperatura acima dos trinta graus centígrados. A certa altura, quando se encontravam na metade do caminho, ele avisou a mãe que uma grande tempestade, que destruiria a maior parte das casas do vilarejo, estava por vir. Incomodada com a insistência do filho, e provavelmente assustada com o vaticínio — afinal, segundo as concepções tradicionais, falar em desgraça é atraí-las —, d. Francisca ralhou com o menino. Ao alcançar o povoado, porém, João chegou inclusive a apontar as construções que seriam danificadas. Pouco depois, formou-se uma grande tromba-d'água que destruiu cerca de quarenta das cem casas do lugarejo. Nesse meio-tempo, João e a mãe se abrigaram em uma das poucas que foram poupadas.

Pouco depois, com cerca de dez anos, João já era capaz de se relacionar com pessoas que sofriam de doenças mentais, além de acalmá-las e trazê-las à razão. Certa vez, o menino foi chamado para visitar o parente de um político poderoso do estado de Goiás que residia em Itapaci. O desequilíbrio mental desse homem era tal que ele vivia trancado em um quarto, sujo e agressivo. Em sua visita, João abraçou o doente, que se acalmou e até permitiu que ele lhe cortasse o cabelo. O doente se afeiçoou ao garoto e eles passaram a trabalhar juntos em uma olaria. Assim, João, que já era engraxate, aprendiz de alfaiate e de tintureiro, carregador de areia e tijolos na olaria, também aprendeu a fazer lustres, arandelas e abajures.

MIGRANTES E ANDARILHOS

Itapaci, vilarejo onde residia a família de João de Deus, ficava a apenas quarenta quilômetros da principal iniciativa do governo Vargas no estado, que foi a fundação da Colônia Agrícola Nacional de Goiás, a famosa CANG, em 1941, no bojo da política de integração nacional. Em resposta a um programa oficial que prometia a posse de um lote de trinta hectares na região de Ceres, milhares de camponeses sem terra e provenientes de diferentes estados brasileiros para lá se dirigiram e acabaram por descobrir que a realidade era um pouco menos rósea do que a propaganda. As dificuldades na obtenção de títulos definitivos de propriedade, a existência de uma complexa burocracia, e a escassez de crédito e de escoamento foram logo percebidas pelos migrantes. Além do mais, muito rapidamente os lotes disponíveis escassearam. Esgotada a capacidade da CANG, milhares de famílias provenientes dos mais diversos quadrantes do país, que por gerações haviam sido submetidas às formas de meação, continuaram migrando para o centro-norte do estado. Assim, as imediações da própria Itapaci, Ceres e Uruaçu, entre outras, foram paulatinamente ocupadas por camponeses migrantes, que muitas vezes tinham percorrido milhares de quilômetros.

Os territórios localizados mais ao norte do estado, sobretudo na região denominada de Trombas e Formoso, formada por amplas extensões de terras férteis devolutas, também começaram a ser povoados, em um longo processo de assentamento espontâneo.

Ao mesmo tempo, outras iniciativas eram delineadas de forma a dinamizar a economia e integrar o estado. Os novos empreendimentos urbanísticos em curso provocavam mudanças. A construção de Brasília se alinhava, claramente, a interesses políticos e econômicos ligados aos grandes empreendimentos agrícolas, comerciais e industriais, que logo começaram a colidir com a manutenção das áreas de pequena propriedade. A construção de uma capital bem no centro do país, durante o governo desenvolvimentista de Juscelino Kubitschek (1956-61), promoveu uma série de empreendimentos paralelos, como a construção de estradas, que mudaram a face desse e de outros estados. A construção da estrada Belém-Brasília, principalmente, cujo trajeto atravessava o centro-norte de Goiás, iniciada ainda na década de 1950, geraria sérios conflitos. Ela é parte de um complexo rodoviário que em seu todo atravessa oito estados brasileiros e cobre, nesse trecho, a extensão de mais de 2 mil quilômetros, e se tornou o principal veio de conexão entre o Centro-Oeste e o Norte brasileiros.

Na verdade, a construção dessa estrada começou anos antes do empreendimento federal, em função da iniciativa privada, capitaneada pelo então dirigente da CANG, o engenheiro Bernardo Sayão. A essa altura, a partir de esforços particulares, um grupo de comerciantes e investidores goianos começou a construir a estrada por conta própria. Foi nessa primeira iniciativa que os particulares envolvidos na abertura dos caminhos iniciais da estrada perceberam que as terras de Formoso e Trombas, assim como suas adjacências, passariam por um rápido processo de valorização.

No entanto, contra todas as possibilidades, entre 1953 e 1958 — anos críticos dos embates entre essas duas forças desiguais —, os camponeses conseguiram se organizar e estabelecer uma resistência armada ante a invasão de suas terras. A resistência dos posseiros de Formoso e Trombas teve impacto nacional, ganhando destaque nos veículos de comunicação dos grandes centros urbanos do país.

A concentração de camponeses migrantes no centro-norte de Goiás também atraiu militantes do Partido Comunista Brasileiro (PCB), que passou a enviar emissários para visitar ou se fixar em diferentes áreas de recepção de posseiros, a fim de promover a conscientização política e organização deles em cooperativas. Assim, muitas dessas áreas, na década de 1950, receberam militantes que iniciaram a organização de grupos de discussão e de orientação política. De qualquer maneira, em razão da resistência encarniçada dos posseiros de Formoso e Trombas, em 1958, o estado reconheceu o direito de posse dos migrantes e prometeu emitir os títulos legais da terra que ocupavam.

Essas revoltas tornaram-se famosas na região, alcançando uma grande influência em áreas recuadas e entre os destituídos, que eram, em sua maioria, migrantes que não haviam conseguido conquistar lotes de terra e continuavam vagando à míngua pela região. Além disso, a organização dos camponeses de Formoso e Trombas trazia novidades inacreditáveis para uma região historicamente mergulhada em poder oligárquico, violência política, poder patriarcal e analfabetismo. Corriam notícias soltas de que, nas áreas revoltosas, camponeses iletrados eram capazes de vencer jagunços e capangas; e que as mulheres, que costumavam abaixar a cabeça para o marido na sociedade rural, deixadas sozinhas nas plantações — enquanto os maridos se internavam nas matas desenvolvendo táticas de guerrilha —, pegaram em armas.

Embora os motivos que tenham justificado a migração dos pais de João de Deus não sejam claros, sabemos que os deslocamentos populacionais do período estão ligados, de uma forma ou de outra, à questão da terra. Ao se mudarem para uma área de fronteira, seu Juca e d. Iuca esperavam ocupar um lote de terras ou se instalar em uma das cidadezinhas ao redor das áreas de ocupação nova, onde poderiam exercer seus ofícios beneficiando-se da dinamização econômica. Mas, se a família Nunes de Faria sonhava com a posse da terra, nunca a alcançou, tampouco conquistou o equilíbrio econômico. Os seis filhos do casal acompanharam em Itapaci, por pelo menos uma década, os efeitos desse movimento social de ampla envergadura.

Foi José Valdivino Nunes de Faria, um dos filhos mais velhos do casal, que teve a vida mais profundamente marcada por tais circunstâncias. Zezinho, como era apelidado, tornou-se delegado de polícia em Ceres, o distrito onde se localizava a famosa CANG. Nessas paragens distantes dos centros urbanos do país, devido à ausência de pessoas diplomadas em direito para ocupar cargos públicos, nomeava-se alguém do povo que apresentasse as condições mínimas de ocupar o cargo. Estes eram chamados de "delegados de calças curtas". Zezinho, em algum momento da década de 1960, tornou-se um deles. Interessou-se pelo movimento camponês, tornando-se seguidor de José Porfírio, e assim se manteve no período da ditadura militar.

Em 1964, após sua cassação política pelos militares e temendo por sua vida, José Porfírio fugiu de Goiás a barco, atravessando o rio Tocantins e escondendo-se no Maranhão. Por volta de 1968, voltou à vida pública, procurando refazer a organização política camponesa devastada pela repressão dos militares.

Segundo as memórias do irmão de João, José Valdivino se tornou comunista e, na década de 1970, em plena ditadura militar, enfrentou as autoridades, garantindo a distribuição de 130 títulos legais para posseiros de Ceres. O jovem João, que naquela época não se interessava por política, certamente não compreendia a luta do irmão mais velho. No entanto, já maduro, quando rememorou a vida de Valdivino, afirmou com admiração que seu irmão era comunista, mas "não no sentido pejorativo do termo". Disse ainda que apenas na idade madura tinha conseguido entender que ele possuía um alto senso de justiça social. As memórias de João de Deus sobre Zezinho sugerem que a militância do irmão pode ter gerado ainda maiores dificuldades para uma família que já passava necessidade. O sentido pejorativo de "comunista" deve ter pesado sobre todos os membros da família e gerado diversas perseguições. Mas a militância de José Valdivino foi só uma das consequências que esse longo processo de abertura de fronteiras a migrantes despossuídos em direção ao norte acarretou para a família Nunes de Faria.

Nas décadas seguintes, esgotada a fronteira de Goiás, os pobres e os sem-terra vão continuar migrando, se internando cada vez mais na região Norte do país, abrindo novas áreas e delas sendo expulsos quando da chegada de interesses econômicos mais substanciais. Regiões recuadas dos estados de Mato Grosso, Mato Grosso do Sul, Tocantins, Pará e Maranhão, Acre, Roraima e Rondônia tornaram-se, ao longo das décadas seguintes, a meca de deserdados que tentavam a sorte nas fronteiras, puxando os limites da ocupação do interior do Brasil. A última fronteira disponível, a Amazônia, passou a ser palco de terríveis conflitos de terra nos últimos trinta anos, envolvendo não apenas empresários do *agrobusiness* e posseiros, mas também mineradores e indígenas.

A DESAGREGAÇÃO FAMILIAR

Quando era adolescente, um grave problema se abateu sobre a família de João. Seu Juca passou a apresentar sintomas de desequilíbrio mental. Mais uma vez, o ocorrido aparece de passagem nas memórias do médium, sem muitos detalhes. Apenas se sabe que um dos sintomas dessa alienação era o hábito de comer pasta de dente. Ele acabou internado em Goiânia, a recém-inaugurada capital do estado, em um hospital psiquiátrico. Seu filho o visitava às vezes e conversava com outros internos, chegando a fazer amizade com um deles, conhecido como Jerominho, que, dizia-se, havia sido pistoleiro. João se dava bem com ele, inclusive saía à rua para comprar-lhe doces por encomenda. Não há menções posteriores ao destino de seu Juca.

Entre 1956 e 1957, quando tinha pouco mais de catorze anos, sua mãe, sem emprego e precisando ganhar a vida agora que o marido estava inválido e ela havia se tornado o arrimo da família, se integrou às turmas de trabalhadores que se internaram nas matas para abrir as picadas que mais tarde se incorporariam à estrada Belém-Brasília. Ela foi contratada como cozinheira da tropa, atividade que a obrigava a viver e trabalhar em acampamentos precários, tendo que cozinhar em fogueiras para grandes grupos de trabalhadores. Uma ocupação dura e perigosa para uma mulher já de meia-idade, com filhos adultos, que teve que deixar o caçula, ainda jovem, sob a responsabilidade de Francisco, o irmão mais velho, que era pedreiro.

De acordo com as memórias de João de Deus, uma vez sozinhos, os dois irmãos foram trabalhar na construção da igreja matriz da cidade. Um dia, quando trabalhava trepado em uma escada alta, João desmaiou e caiu. Apesar da falta de meios, Francisco levou o irmão mais novo ao médico da cidade, prometendo-lhe pagar a consulta mais tarde. Fez o mesmo com o farmacêutico local, para que ele aviasse a receita expedida pelo doutor. Aparentemente, o jovem João, que trabalhava duro desde a mais tenra infância, estava sofrendo de anemia. Depois do episódio, como forma de economia e, provavelmente, na tentativa de evitar que o irmão fizesse trabalhos pesados, Francisco mandou João passar a cozinhar para os dois e despediu a senhora encarregada de alimentá-los.

Foi nessa época que o adolescente pediu ajuda ao irmão para montar uma bancada de passar roupa, para ter um trabalho extra. Eles não tinham dinheiro suficiente para tal, mas Francisco encomendou a mesa comprometendo-se a pagá-la aos poucos. João logo arranjou alguns ajudantes, meninos locais que buscavam e entregavam as roupas nos hotéis e residências. E, embora o serviço de lavanderia tivesse começado a dar certo, ele logo resolveu transformar seu negócio em uma alfaiataria, profissão que conhecia desde a infância.

O ofício duraria pouco, por vontade do próprio João. Em 1958, ele vendeu a alfaiataria e, com a pequena soma que angariou, resolveu "dar uma rodada por aí", como ele próprio rememora. Pelo ângulo do jovem João, a resolução de cair no mundo vinha a reforçar a experiência de sua vida. Ademais, àquela época a família Nunes de Faria já havia se esfacelado: o pai estava internado em uma instituição asilar ou, talvez, já fosse falecido; a irmã, casada, tinha se mudado havia tempos; o irmão Valdivino estava em Ceres, na luta ingrata em prol dos posseiros; e d. Iuca havia partido em busca de trabalho. Para um jovem pobre, a migração surgia como uma das poucas alternativas. Empurrar as fronteiras cada vez mais para o norte, colonizar novas áreas, buscar a sorte em regiões novas, parecia a única chance de virar alguém.

Um dos últimos episódios conhecidos dessa fase de sua vida, antes de João deixar Itapaci e ganhar o mundo, foi sua participação como fiscal em uma eleição. Nessa época, o jovem já possuía um físico bem desenvolvido, aparentando ter mais idade. Por isso, os parentes de um político teriam aliciado o adolescente para atuar como fiscal do partido e, para tal, os interessados falsificaram a certidão de nascimento dele. No correr das eleições, João teria se desentendido com o juiz eleitoral e precisou fugir da cidade. De toda maneira, como reconhecimento do trabalho realizado, o jovem João ganhara uma camisa da marca Volta ao Mundo, feita de náilon. Embora o tecido sintético fosse totalmente inadequado ao clima tropical brasileiro, a peça tornou-se uma verdadeira febre nos anos 1960. João ficou muito feliz, pois acreditou que havia ganhado um presente muito especial como pagamento, já que apenas os "ricos" poderiam vestir tal tipo de roupa.

Embora as consequências de longo prazo desse ocorrido não tenham sido bem esclarecidas, a perseguição eleitoral incidiu sobre o jovem João, justificando sua saída da cidade. Fica a dúvida se a fuga foi o empurrão para que deixasse a família e ganhasse o mundo ou se essa evasão foi apenas temporária, tendo ele retornado à cidade para então deixá-la, definitivamente, pouco depois.

Como o próprio médium declarou na maturidade, deixar a família foi um acontecimento vivido com grande pesar. Jovem ambicioso e de iniciativa, durante toda a sua juventude João sentia uma inquietação interna, um desejo de movimento, que o arrastou para uma vida instável e incerta. E, embora de tempos em tempos ele voltasse para casa com o objetivo de visitar os seus, sua vida por ao menos uma década foi marcada por um constante ir e vir. Iniciava-se um longo período de errância na vida de João de Deus. Andando de lá para cá, ele enfrentou as dificuldades de um jovem migrante, mas também entrou mais profundamente em contato com a sua mediunidade. A história desse período de sua vida vale ser narrada.

5. A iniciação espiritual do médium João: errante, peregrino e visionário

Mas não era tudo. Entre os graus quinze e vinte, existia um seio de terra bastante largo e longo, que partia de um ponto onde se formava um lago. Quando vierem escavar os minerais ocultos no meio desses montes, surgirá aqui a Terra da Promissão, fluente de leite e mel. Será uma riqueza inconcebível.

Profecia de 1883 de são João Bosco para o Planalto Central do Brasil

A partir do momento que João de Deus abandona Itapaci, sua biografia torna-se nebulosa. Diversos fatores devem ser levados em conta. O primeiro é a pouca disposição dele em falar de si e de sua vida pessoal. Atendendo milhares de pessoas todas as semanas, o médium preserva sua intimidade e a da família de maneira muito ativa. Além disso, a convivência familiar é o único território no qual João pode literalmente ser ele mesmo: como passa horas por dia incorporado, abdicando de sua personalidade para permitir que um espírito se aposse de seu corpo e se expresse, o médium valoriza o pequeno espaço de tempo no qual, desincorporado, pode desfrutar de seus próprios gostos e hábitos.

Sempre lacônico em suas entrevistas, João de Deus responde a todos com duas ou três frases usuais. Nessas ocasiões, quando instado a explicar sua atuação, costuma afirmar que nunca curou ninguém, pois "quem realiza tudo é Deus e os bons espíritos".

Além da reserva com que João trata sua vida particular, há outra dificuldade em mapear suas andanças. Desde o momento em que começou a incorporar espíritos, ainda adolescente, passou a se relacionar com o material e o espiritual como duas realidades distintas. É frequente, portanto, que acontecimentos cotidianos não sejam percebidos por ele como marcos decisivos e encadeados de sua vida, que passou a ser guiada fundamentalmente pelas demandas da incorporação. Como experimenta tanto o tempo contínuo e progressivo dos vivos quanto a dimensão atemporal dos espíritos, é difícil para o médium manter uma memória clara da vida material incerta de João Teixeira de Faria.

Além disso, o próprio João de Deus não considera esse tipo de informação importante em seu trabalho. Como acredita firmemente na realidade da incorporação das entidades que se apossam de seu corpo produzindo as curas, o foco em sua pessoa mundana seria sempre um desvio na compreensão de seu trabalho espiritual. Na condição de migrante sem propriedade e praticamente analfabeto, João de Deus quase não deixou rastro em suas andanças por regiões novas de fronteira e povoamento, vilarejos recém-fundados, instáveis e quase sem lei, ou áreas de abertura de fazendas e de garimpo. Ainda assim, com algum esforço de pesquisa, podemos recuperar um quadro geral dessa fase de sua vida.

Sabe-se, com bastante certeza, que com dezesseis anos de idade o médium peregrinava sem emprego e sem pouso certo pelo estado de Mato Grosso do Sul. Tentara se fixar como alfaiate em Campo Grande apenas para descobrir que as temperaturas altíssimas da cidade não favoreciam o uso de ternos. Fechou, então, o seu negócio e ganhou a estrada, na crença de encontrar alguma atividade remunerada que pudesse salvá-lo das dificuldades. Trabalhou em uma olaria, porém logo acabou despedido, devido à falta de traquejo com o manuseio do barro. E foi quando se sentia mais desamparado e faminto que teve uma importante experiência espiritual. Ele conta que, certo dia, enquanto viajava a pé e já fraquejava de fome, resolveu banhar-se em um rio que passava por baixo de uma ponte. Ao chegar lá, encontrou com uma mulher de cabelos claros e muito gentil. Mais tarde, identificou a encantadora senhora como santa Rita de Cássia, de quem é devoto desde a infância. No dia seguinte, resolveu voltar ao mesmo local para encontrá-la, mas, em vez de revê-la, recebeu um aviso espiritual e foi guiado por uma luz em direção ao Centro Espírita Cristo Redentor, em Campo Grande. Lá, foi recebido pelo dirigente, que já o esperava. João foi convidado a entrar e sentar-se à mesa em que estavam reunidos os médiuns. Tratava-se de uma reunião de "mesa branca", para estabelecer contato com os espíritos. Tocado no braço pelo dirigente do centro, João se lembra apenas de ter dormido. Ele teria incorporado o rei Salomão naquela tarde e realizado dezenas de cirurgias físicas e espirituais no centro, curando muitas pessoas.

Em entrevista a Heather Cumming, ele afirma que essa foi a primeira vez que incorporou "pra valer", sugerindo assim que já tinha passado por momentos de incorporação tênue ou incompleta.

É importante notar, entretanto, que até essa época ele ainda não tinha tido contato com a doutrina espírita, ou a conhecia de maneira superficial. O fato é que ele era — e ainda é — católico fervoroso e devoto de santos e santas. Naquela época, João resistia a aceitar teorias ou ideias sobre espíritos e visões, e por muito tempo ele não se dispôs a realizar uma adesão interna e formal à mediunidade. Claro, para um jovem pobre e aventureiro errando sozinho pelo mundo, receber espíritos e ser compelido a curar quem quer que fosse era uma tarefa titânica, que atrapalhava seus planos de ganhar a vida e o expunha a todo tipo de incompreensão e perseguição. Somente anos depois do episódio da visão de santa Rita o médium teve a oportunidade de conviver com diferentes modalidades da doutrina espírita, que se tornou a base de sua atuação espiritual.

João rememora que, ao acordar da incorporação do rei Salomão, achou que tinha desmaiado de fome e não compreendeu a deferência com que as pessoas passaram a tratá-lo no centro. Estranhou também o fato de o dirigente o levar para casa, oferecer-lhe um lauto jantar, do qual, conta o médium, comeu além do que podia, acreditando que aquelas pessoas generosas logo iam descobrir seu erro e expulsá-lo. Ao contrário, a família ofereceu-lhe um quarto com colchão e ventilador, itens de luxo que o jovem jamais havia experimentado.

No dia seguinte, João foi novamente conduzido ao centro espírita para dar continuidade a suas curas. Chegou nervoso, pensando que nada sabia fazer e que, quando descobrissem a farsa, seria maltratado. No entanto, teria incorporado de novo o espírito do rei Salomão e promovido mais de cinquenta cirurgias físicas e espirituais.

Infelizmente, a boa acolhida que João de Deus recebeu em sua primeira experiência de incorporação completa não se perpetuaria nas próximas ocasiões, nas quais atuou sozinho. Isso porque ele optou por não permanecer sob a proteção do centro e retomar a estrada, seguindo seu caminho por conta própria. A essa altura, já enfrentava riscos e represálias, como perseguições de médicos e policiais revoltados com a atuação de um curador sem habilitação formal e que não cobrava pelos serviços.

A melhor maneira de entender o período que entremeia sua saída de Itapaci, em 1958, e sua fixação posterior em Abadiânia, em 1976, é conectar o jovem João a uma trajetória comum a outros místicos, curadores e visionários: a da peregrinação iniciática. Segundo muitas tradições filosóficas e religiosas, o trajeto solitário, marcado pela incompreensão, desamparo social e privação econômica, costuma iniciar a vida de grandes místicos. A peregrinação marca uma fase complexa na qual conflitos internos, desassossego, necessidade de traçar um caminho individual longe de pressões sociais e familiares são vividos por aqueles que procuram uma via espiritual própria, preparando-se para os desafios de uma prática não convencional ou nova. Profetas, líderes messiânicos e anunciadores de novas interpretações ou revelações espirituais tiveram sua biografia marcada pelo que alguns denominaram de "vagabundagem iniciática", um período de exílio voluntário ou involuntário ao qual se segue outro, de reintegração à sociedade sob nova perspectiva. Para muitos místicos, essa foi parte essencial do processo de renascimento e encontro de uma verdade ou de uma prática espiritual renovada.

No caso de João de Deus, essa circunstância torna-se bastante clara quando se observa sua fervorosa devoção, desde a juventude, a santo Inácio de Loyola, hoje não apenas o patrono de sua casa espiritual, mas também de uma série de obras ligadas ao médium. Fundador da Companhia de Jesus em 1539, santo Inácio abandonou sua vida de fidalgo dedicado às armas e retirou-se da sociedade, dedicando-se à peregrinação e à mendicância. Ao longo de mais de uma década, entremeou períodos de estudos espirituais com longas viagens, inclusive a Jerusalém. Em seu retorno da Terra Santa, iniciou os estudos teológicos nas universidades de Alcalá e Salamanca, na Espanha, ao mesmo tempo que formou um grupo de seguidores e passou a pregar nas ruas. Suas prédicas levantaram suspeitas de que ele fosse simpatizante dos iluminados, que professavam ideias hereges, como a de que podiam entrar em contato direto com Deus prescindindo da intermediação da Igreja. Em 1527, foi preso e interrogado pela Inquisição, mas conseguiu escapar com apenas uma advertência.

Do ponto de vista do catolicismo popular brasileiro, Inácio de Loyola figura como um santo marcado pela peregrinação e perseguição. Para João de Deus ele era um exemplo de abdicação dos confortos materiais da vida terrena, resiliência na busca da revelação e vitória contra os perseguidores, além de uma espécie de guia para as provações que o médium atravessou durante muito tempo.

Em termos sociais mais amplos, a peregrinação de João de Deus nesse período se insere no problema da mobilidade da fronteira e da migração. A pressão por abrir novos territórios levou ao povoamento de largas áreas dos estados de Maranhão, Pará e Goiás, por onde ele passou.

O primeiro problema que se apresentava era o da sobrevivência. Dada a sua educação precária, o jovem João tinha que se dedicar a trabalhos pesados e estafantes, que resultavam em ganhos pequenos. Entre 1958 e 1980, atuando como cisterneiro, pipeiro, candeeiro, alfaiate, tintureiro, pedreiro, barbeiro, toureiro e garimpeiro, João de Deus percorreu áreas de fronteira sobrevivendo de trabalhos ocasionais, entremeados com períodos de incorporação e de realização de curas. Para tanto, atuava ora como raizeiro, ora como médium, incorporando diferentes entidades, além de leitor de sortes. Nesse período, João ainda não havia firmado seu compromisso espiritual de curar sem receber nenhum honorário, e chegou a cobrar pelos trabalhos.

Às vezes, andava por estradas e vilas lendo a mão de quem quer que se dispusesse a pagar alguma coisa, se confundindo com os muitos charlatões que erravam pelas estradas poeirentas do interior do Brasil. Em algumas cidades da Bahia, como Barreiras, Canabrava e Água Boa,

João atuou como vidente e passou a organizar cultos ao ar livre, nas imediações da cidade, onde, sob o rótulo de sessões de umbanda e quimbanda — cultos ligados ao transe —, realizava suas próprias sessões de cura. Anos mais tarde, seu encontro com a umbanda iria ressoar na inserção de algumas práticas do culto nos procedimentos da Casa Dom Inácio de Loyola. Exemplo disso é a regra, seguida até hoje pelos frequentadores do centro, de não cruzar as pernas, braços ou pés para não cortar a corrente de energia no local.

Certa vez, quando vagava em Barreiras, no extremo oeste da Bahia, João foi preso e levado à presença da juíza local. Como forma de comprovar seus dotes mediúnicos, João de Deus discorreu sobre o passado da juíza, mencionando detalhes que só ela poderia saber. Assustada, mandou soltá-lo, embora o tenha obrigado a deixar a cidade.

João conta que também participava de sessões de cura com o objetivo de vender garrafadas. Com o dinheiro arrecadado, jogava sinuca; tornou-se, com o tempo, exímio jogador, apostando dinheiro e sempre ganhando. Ele ainda havia adquirido pouca consciência sobre o valor de sua mediunidade e não se sentia disposto a acatar o conselho de outros médiuns, que se dispunham a prepará-lo para melhor exercer seus dons. Apenas com muita insistência é que participava de sessões de cura, sem se comprometer profundamente.

É difícil determinar o momento em que João começou a atender pessoas; o que podemos dizer é que aos poucos ele foi começando a realizar intervenções físicas e espirituais e prescrever ervas ou medicamentos. Durante certo período, chegou a indicar medicamentos alopáticos, que podiam ser adquiridos em farmácias. Quando perambulava pelo Mato Grosso, João de Deus realizou sessões de cura atendendo muitas pessoas sem cobrar nada — colocava apenas uma caixinha ao lado para doações, fazendo assim um bom dinheiro. No entanto, ao término dos trabalhos foi obrigado pela entidade que havia incorporado a doar todo o valor arrecadado para o farmacêutico, de forma que pudesse entregar os remédios às pessoas necessitadas.

Nenhuma informação mais substanciosa aparece sobre a prescrição de remédios alopáticos, além do fato de que João não possuía nenhum treino em medicina e nada conhecia de ciência farmacêutica.

Isso é prática comum entre médiuns de cura, que no decorrer das incorporações usam da psicografia para prescrever fórmulas alopáticas, anotando apenas aquilo que as entidades ditam. José Arigó, quando incorporado, prescrevia medicamentos tão antigos que nem eram mais fabricados ao lado de fórmulas moderníssimas, que ainda nem estavam disponíveis nas farmácias de Congonhas do Campo.

Por largos períodos, o atendimento de João de Deus se deu de maneira instável e desorganizada. Viajando de cidade em cidade, ora o fazia em casas particulares, ora em praça pública, ora em campos abertos mais distantes. Seus trabalhos dependiam de que os interessados em receber seus passes e cirurgias organizassem as sessões e arranjassem um espaço para elas. A propaganda se dava sempre pelo boca a boca, mas muitas vezes era impossível proporcionar uma continuidade aos tratamentos, pois a notícia de suas consultas logo chegava às autoridades, que as proibiam. Médicos e até dentistas (já que ele também extraía dentes) revoltavam-se contra o fato de alguém atender e operar sem possuir habilitação legal. Policiais, a mando dos delegados de polícia e juízes locais ou por conta própria, por vezes perseguiam o curador de maneira truculenta. Preso, surrado e expulso de diversas localidades, João tinha que seguir seu caminho.

No cartório de Arapoema, em Goiás (hoje Tocantins), um documento datado de abril de 1976 dá notícia de que o médium se encontrava na cidade e havia atendido um grande número de pessoas numa casa. Aqueles que haviam passado por operações físicas e espirituais começaram a disseminar notícias sobre as curas obtidas, gerando hostilidade por parte dos médicos e autoridades locais. No dia 22 de abril, quando por volta de oitenta pessoas aguardavam sua vez, os atendimentos foram suspensos por meio judicial emitido pelo delegado da cidade, sob a justificativa de exercício ilegal da medicina.

Desde os finais do século XIX, o código penal brasileiro reconhece a existência de três tipos de crimes envolvendo práticas de cura espiritual: o exercício da medicina por aqueles que não possuem habilitação legal; o curandeirismo, descrito como a promessa de cura por meio da utilização de sortilégios e artimanhas; e o charlatanismo, caracterizado por lançar promessas falsas através de truques, angariando vantagens. Ao longo do século xx, porém, a jurisprudência e a prática jurídica no país têm discutido e se adaptado a uma sociedade historicamente compromissada com cultos de possessão, transe e incorporação, os quais, em alguma medida, envolvem a cura física, mental e espiritual. A discussão a respeito da legalidade e da legitimidade social de tais cultos sempre foi complexa, envolvendo não apenas o jurista, mas o médico, o psiquiatra e o teólogo. Tais debates redundaram em diferentes interpretações legais, que, paulatinamente, passaram a discriminar formas legítimas de acesso ao transe de formas ilegítimas, baixas ou socialmente perniciosas.

A compreensão desse intrincado contexto requer uma discussão mais ampla. Basta lembrar que, após um longo período de perseguições, as autoridades brasileiras passaram a reconhecer o espiritismo e a umbanda como práticas legítimas. Surgidas no século xx e baseadas em formas de transe, ambas as religiões se organizaram juridicamente em centros e federações, defenderam seus interesses e obtiveram importantes vitórias legais por meio das quais tiveram reconhecida a legitimidade de seus ritos. Por volta da década de 1940, a incorporação de espíritos e as práticas de cura a elas associadas, quando realizadas no âmbito dos centros espíritas ou umbandistas, passaram a ser consideradas socialmente aceitas.

Se a prática de cura se desse fora de um centro espírita ou umbandista reconhecido legalmente, os gestos, palavras e procedimentos externados por um curador podiam ser facilmente enquadrados como crime de exercício ilegal da medicina, curandeirismo ou charlatanismo e reprimidos. João de Deus, portanto, atuando de forma solitária, sofria seguidamente perseguições e prisões, dependendo cada vez mais de pessoas que o hospedassem em suas casas.

Contou ele que, em uma ocasião, foi preso, surrado de maneira especialmente violenta e jogado na prisão. Quando o delegado de polícia chegou para interrogá-lo, João incorporou uma entidade que se condoeu da situação miserável em que se encontrava. Imediatamente as dores que sentia cessaram e foram transferidas para a autoridade, que começou a gemer desesperadamente. Apavorado, o delegado mandou soltá-lo.

Em entrevista ao jornal *Correio Braziliense*, de Brasília, João de Deus recordou que, apenas um mês após a inauguração da cidade, em maio de 1960, ele havia mudado para o Núcleo Bandeirante, então chamado de Cidade Livre por estar fora da área planejada. O bairro era habitado pelos trabalhadores que construíram a cidade, os "candangos", palavra que exprimia seu caráter subalterno e migrante. João vendia laranja na rua e, ao longo dos anos, teve contato com autoridades políticas e militares, passando a atender discretamente apenas pessoas indicadas, que acabaram representando oportunidades importantes para a realização de seu trabalho mediúnico. Assim conheceu o presidente Juscelino Kubitschek, que sempre se interessou por tratamentos espirituais e o apresentou para autoridades e pessoas em posição social de relevo. O médium passou, então, a contar com alguma proteção, que lhe propiciou certa imunidade contra as acusações de exercício ilegal da medicina.

A PROTEÇÃO DO EXÉRCITO

Por volta de 1964, cansado de atender apenas de maneira ocasional, sem usufruir de um ganho certo, João se integrou ao Exército como calceiro — alfaiate especializado na confecção de calças —, estabelecendo-se nessa ocupação por nove anos. O contato com os militares se estabeleceu por acaso. Em determinada ocasião, passando por uma rua, ele viu uma mulher à janela de uma casa se debatendo, enquanto uma pequena multidão de curiosos assistia à cena paralisada. João a socorreu, colocando a mão em sua cabeça e a serenando imediatamente. Um militar que estava no local perguntou-lhe o que ocorrera. Ele explicou que tinha o dom de curar as pessoas. Naquele exato instante, João de Deus recebeu uma incorporação espontânea, diagnosticou que o militar sofria de um problema no joelho e o operou.

Impressionado, o oficial resolveu protegê-lo, oferecendo-lhe a oportunidade de trabalhar para a corporação e, paralelamente, atender pessoas indicadas. Devido a seus dotes profissionais, João de Deus chegou a ser mestre alfaiate e, nessa posição, viajou por muitos lugares, servindo aos quartéis de diversas regiões brasileiras. Por quatro anos, residiu em uma base militar em Marabá, no sudeste do Pará, que começava a ganhar importância política por sua riqueza mineral e pela localização estratégica para a doutrina de segurança nacional vigente nos anos da ditadura. Na época, pôde gozar de estabilidade e proteção constante pela primeira vez na vida.

No início dos anos 1970, o médium havia amadurecido o suficiente para saber que sua missão não podia se limitar ao atendimento de pessoas recomendadas. Com trinta anos, deixou o Exército e passou novamente a cuidar de quem quer que dele necessitasse.

João se mudou então para Anápolis, cidade goiana de médio porte, próxima à sua Itapaci da infância. Lá ele atendia aos que o procuravam, o que mais uma vez resultou em conflitos com a classe médica e ferrenha perseguição. Foi caluniado, denunciado e chegou a sofrer processos criminais, mas que foram logo arquivados por improcedência. Ele precisou descobrir como lidar com as autoridades para seguir atendendo.

João se beneficiou desse aprendizado pelo resto da vida. Até hoje, políticos locais e de estatura nacional, de partidos e colorações diversas, costumam comparecer às comemorações da Casa Dom Inácio de Loyola, emprestando seu apoio público e captando a popularidade do curador em seu próprio benefício. Naquela época, no entanto, sobretudo no interior do país, o apoio e a proteção de pessoas socialmente reconhecidas eram o que garantia a segurança e a liberdade dos atendimentos, já que a vida política e a distribuição do poder social eram pautadas por relações pessoais e laços de amizade. João, que havia crescido em área de fronteira aberta e intensa disputa política entre famílias oligárquicas e parcialidades políticas patrimonialistas, aprendeu desde cedo a se equilibrar nesse cenário.

Embora as associações médicas desenvolvessem severas campanhas de perseguição, procurando inviabilizar sobretudo a realização das operações físicas, João foi capaz de fazer frente à situação. Àquela altura, ele já havia percebido que para se manter minimamente resguardado deveria, em primeiro lugar, obter a anuência do delegado de polícia e de outras figuras importantes, como juízes, promotores e políticos em exercício. O médium fazia questão de demonstrar sua capacidade de atuação, colocando-se à disposição para atender essas pessoas e seus familiares, que se tornavam seus defensores depois dos bons resultados.

João se equilibrava muito precariamente nesse período em Anápolis. Em 1979, quando seu amigo Decil de Sá Abreu tornou-se prefeito, solicitou sua ajuda. As constantes perseguições da classe médica haviam tornado sua situação insustentável e ele temia ser preso a qualquer momento. Sensibilizado, o prefeito acionou o então promotor da cidade, Braz Gontijo, que já havia sido prefeito de Abadiânia. Juntos, decidiram que o melhor meio de contornar a situação seria transferir João para uma cidade menor, onde não houvesse tantos confrontos com os médicos que se opunham a seus tratamentos. Antes de planejar a mudança, a Associação Médica de Abadiânia foi de fato consultada a respeito da presença de João de Deus na cidade e prometeu não interferir.

Dessa maneira, João foi conversar com o então prefeito de Abadiânia, Hamilton Pereira, que logo o acolheu. Mais tarde, a partir de 2009, Hamilton se tornou administrador da Casa Dom Inácio de Loyola, posto que ocupa até hoje. No entanto, se os médicos resolveram tolerar as atividades do curador, a Igreja católica, por meio dos padres locais, não se mostrou simpática à sua permanência e faz até hoje uma dura campanha contra a Casa Dom Inácio de Loyola, de modo que, em 1993, João de Deus pensou em se mudar novamente. Foi àquela altura que Chico Xavier lhe enviou um famoso bilhete em epígrafe — na verdade, segundo conta-se, uma mensagem psicográfica enviada pelo pioneiro do espiritismo, Bezerra de Menezes — afirmando que o lugar de sua missão era realmente Abadiânia da seguinte maneira:

Prezado João, caro amigo,
Abadiânia é o abençoado recinto de sua
iluminada missão e de sua paz.

Conta Hamilton que desde que conheceu João de Deus percebeu que sua presença poderia trazer novas pessoas para a cidade, dinamizando a economia combalida. Até então, o lugar não passava de mais uma das cidadezinhas letárgicas que havia no estado, sem qualquer atrativo econômico. Com intenção de mantê-la viva, a antiga sede de Abadiânia já havia sido transferida para a beira do recém-asfaltado trecho da estrada Belém-Brasília, que ligava Anápolis à capital federal. Tal estratégia havia transformado Abadiânia em uma cidade-dormitório, que gravitava em torno de centros urbanos adjacentes. Possuía apenas duas pensões, que ofereciam não mais que vinte leitos, e era servida por dois únicos táxis, velhos e precários.

Com a ajuda de simpatizantes em meio à população local, João começou a se fixar. Seu primeiro salão de atendimento foi montado em uma sorveteria perto do centro da cidade. Para alugar o prédio, o proprietário exigiu que o médium adquirisse também o equipamento para fabricação do sorvete, e foi o que ele fez. Alugou também uma casinha nos arredores da cidade, onde realizava parte dos trabalhos, mas as acomodações precárias dificultavam o dia a dia dos atendimentos.

Em pouco tempo, centenas de visitantes começaram a afluir em Abadiânia em busca dos tratamentos. Hamilton Pereira recorda que, na frente da antiga sorveteria, em um espaço de estacionamento, surgiu de uma hora para outra um verdadeiro acampamento de barracas de lona preta improvisadas. Outra testemunha, referindo-se à casa alugada na periferia da cidade, narrou que o médium atendia em uma varanda exígua, em uma rua de terra, contando com poucos móveis e nenhuma comodidade. Os problemas mais agudos eram a falta de banheiros e a ausência de uma sala de repouso para os operados fisicamente.

Como recorda d. Divina, uma antiga trabalhadora rural e moradora da cidade que há quase quarenta anos se trata com o médium, nas primeiras etapas de implantação do centro de atendimento João enfrentava muitas dificuldades financeiras. Muitas vezes, ela observou o médium e d. Iuca, sua mãe, cozinhando em uma fogueira e usando uma lata de leite em pó vazia como panela.

Logo depois, João de Deus conseguiu se transferir para o terreno onde hoje fica a Casa Dom Inácio de Loyola. Para isso, foi auxiliado por um casal de moradores da cidade, que se tornaram seus auxiliares próximos, sr. Domary e d. Rosinha. Por falta de opções de hospedagem e alimentação na cidade, d. Rosinha abriu então uma pensão, preparando comida para parte dos visitantes e para o próprio João, que nesse período inicial continuava morando em Anápolis. Depois, o casal começou a acolher aqueles que se encontravam em estado mais crítico, alocando hóspedes até na sala da família e no quarto das crianças. Quando o sr. Domary adquiriu uma gleba na zona rural, no lado oposto à estrada da cidade, doou parte do terreno para João de Deus. Com suas próprias mãos, auxiliou na construção do primeiro salão da Casa Dom Inácio de Loyola e levantou a pioneira pousada voltada a hospedar especificamente os que procuravam tratamentos mediúnicos. Mais tarde, o próprio João de Deus adquiriu um terreno maior. Ao longo dos anos, no entanto, voltou a vender parte dele para custear a Casa, já que, por muito tempo, atendeu apenas a população carente, empenhando todo o seu dinheiro nisso.

A ALMEJADA ESTABILIDADE

No início dos anos 1980, João de Deus se lançou em uma última grande aventura para poder se fixar em Abadiânia: decidiu ir como garimpeiro para a famosa Serra Pelada, no estado do Pará. O episódio foi rememorado, em 2014, por um amigo do médium, de Tocantinópolis, que havia sido curado de um problema ocular. Ele se apresentou no palco do salão principal da Casa Dom Inácio de Loyola e deu seu testemunho público. Contou que a passagem do médium por Serra Pelada teria se transformado em sua primeira oportunidade de ganhar algum dinheiro e começar a se estabilizar na vida.

Localizada no sudeste do Pará, no município de Curionópolis, Serra Pelada emergiu em 1980 como o maior garimpo a céu aberto do mundo. Encrustado na Amazônia e conhecido como "formigueiro humano", chegou a ter entre 80 mil e 100 mil homens trabalhando em seus barrancos. Alojados precariamente em barracas no meio da mata, vivendo em circunstâncias insalubres e trabalhando em condições de total vulnerabilidade, estavam sujeitos a acidentes de trabalho. As escadas que os levavam da cava do garimpo às áreas de lavagem, conhecidas ironicamente como "Adeus, mamãe", são a icônica representação dos perigos e da morte que acompanhavam o cotidiano do garimpo.

Sem receber salário, tudo o que João de Deus e outros colegas ganhavam era um prato de comida por dia e a esperança de topar com uma boa jazida, da qual receberiam uma percentagem. Certa vez, localizou uma pepita de ouro utilizando sua mediunidade. Para obter o direito de minerá-la, trocou o prato de comida do dia pelo trabalho naquele pedaço da cava. Aquilo lhe permitiu recomeçar a vida como havia tantas vezes planejado.

João se tornou minerador, negociando a propriedade e explorando diversas minas de extração manual de pedras e cristais em diferentes áreas de Goiás, sempre com outros sócios. Embora continue trabalhando com pedras, não foi a mineração que lhe proporcionou a almejada estabilidade financeira e a possibilidade de se dedicar à cura de maneira autônoma, mas sim suas atividades como fazendeiro, às quais começou a se dedicar concomitantemente. Desde que se fixou em Abadiânia, passou a atender apenas três dias por semana — às quartas, quintas e sextas —, para trabalhar em seus negócios durante o resto do tempo, preservando assim a independência econômica necessária para o exercício mediúnico. Além disso, sua família cresceu ao longo dos anos, colocando sob seus ombros novas exigências.

Nessa época, João de Deus encontrou também estabilidade jurídica. A Constituição de 1988 reconheceu, de maneira incondicional, a liberdade de culto, determinando que "é inviolável a liberdade de consciência e de crença, sendo assegurado o livre exercício dos cultos religiosos e garantida, na forma da lei, a proteção aos locais de culto e a suas liturgias", ainda que os artigos relativos ao exercício ilegal da medicina, do curandeirismo e do charlatanismo continuem a vigorar.

Portanto, novos cultos ou mesmo práticas espirituais de caráter individual que não se adequem a nenhuma forma de culto religioso institucionalizado devem ser legalmente tolerados desde que não resultem em danos ou lesão a terceiros. É sob essa nova interpretação, por exemplo, que grupos ligados ao uso de ayahuasca, como o santo-daime e a União do Vegetal, obtiveram liberdade de funcionamento. Em 2006 o laudo do órgão fiscalizador do uso de entorpecentes (Conselho Nacional de Políticas sobre Drogas) retirou definitivamente a ayahuasca da lista das substâncias alucinógenas. No entanto, seu uso é legalizado apenas no âmbito religioso, como parte de cultos e práticas espirituais, sendo vedada sua administração em qualquer outro contexto, mesmo terapêutico.

Uma situação similar ocorre com a prática de cirurgias espirituais ou físicas, realizadas com instrumentos cirúrgicos. Foi apenas após o advento do novo artigo constitucional que João de Deus se livrou da constante ameaça de represália das autoridades, passando a exercer livremente seu trabalho de cura.

Como todos os relatos a respeito de João de Deus foram colhidos de maneira esparsa ou fragmentária, o único jeito que temos de reconstituir o andamento da Casa Dom Inácio de Loyola ao longo dos anos é lançando mão das memórias dos médiuns voluntários mais antigos. Leonor Rosa é uma dessas pessoas. Segundo suas memórias, no final dos anos 1980 a Casa Dom Inácio de Loyola era procurada por verdadeiras multidões, em sua maioria pessoas provenientes do interior do Brasil e portadoras de doenças graves. Muitas jamais haviam recebido tratamento médico, o que se manifestava na presença de feridas expostas e de sintomas visíveis, bem como de pessoas submetidas a dores excruciantes.

A mesma situação foi descrita pelo suíço Robert Pellegrino-Estrich, um dos primeiros estrangeiros a divulgar o trabalho do médium na Europa. Tendo aportado na Casa em 1996 e se impressionado profundamente com o que viu e experimentou, escreveu *The Miracle Man: The Life Story of João de Deus*, traduzido para o português como *João de Deus: O curador e seus milagres*, lançado em 1997. Além disso, em colaboração com sua mulher, Catherina, passou a levar grupos de europeus para se tratar em Abadiânia. Segundo ele, nos dias de atendimento, o pátio da Casa Dom Inácio de Loyola ficava lotado de ambulâncias vindas dos municípios vizinhos. Na ausência de recursos, os precários hospitais do interior concluíam que era melhor recorrer aos tratamentos espirituais do que deixar os pacientes sem assistência alguma. João de Deus operava no pátio da casa e nas ambulâncias, que em seguida iam embora.

Naquela época, João de Deus praticava cirurgias físicas significativas, seccionando extensas áreas do corpo dos doentes, retirando tumores benignos ou malignos de grande porte e operando partes sensíveis do corpo, como cabeça, nuca, cervical e órgãos internos. Fazia também as raspagens de olho e a exploração do nariz com a pinça cirúrgica. Hoje, embora mantenha as intervenções, elas se tornaram menos numerosas e, certamente, mais superficiais.

Em 1987, dois episódios do programa *Terceira Visão*, da Bandeirantes, registrando as curas de João de Deus foram gravados em Ituituba (MG) e em São Carlos (SP). A primeira parte, em Ituituba, mostrava uma das típicas excursões de cura que João organizava naquele período. O curador e seus auxiliares chegam a um sítio retirado, no qual já o esperavam cerca de 1200 pessoas dos entornos. São homens e mulheres de todas as idades, roceiros, sitiantes e moradores das pequenas vilas locais, que certamente viam a ocasião como oportunidade de obter assistência médica. Eles aparecem organizados em filas, sendo diagnosticados e enviados para cirurgias espirituais ou físicas. Ao final, recebem remédios complementares ao tratamento espiritual.

As instalações disponíveis eram características de um sítio modesto: uma casinha de aspecto caipira foi usada para a realização das intervenções espirituais; um pequeno paiol, que recebeu bancos de madeira, se tornou uma enfermaria e um quartinho transformou-se em farmácia. Já as cirurgias físicas foram realizadas na parte externa, ao ar livre, à vista de todos. O programa já menciona a presença da corrente mediúnica, que estava reunida no interior da casinhola para auxiliar na incorporação. Quando, em 2015, João de Deus atendeu 9 mil pessoas em apenas três dias no prestigioso Omega Institute, no estado de Nova York, usou a mesma estrutura.

No programa, pode-se observar o curador ainda bastante jovem, de cabelos compridos como ditava a moda, reunido à sua corrente e em processo de incorporação do espírito de santo Inácio de Loyola. Após invocar os mestres e a fonte cristalina de onde emana a chama violeta — que na concepção das tradições esotéricas é a cor da cura —, o rosto de João de Deus começa a se transformar. De mãos dadas com um de seus auxiliares, ele inicia a importante reza de cáritas enquanto lágrimas caem de seus olhos. Em seguida, incorporado, inicia as operações com cortes. O filme mostra inúmeras intervenções cirúrgicas de grande porte: uma operação para retirada de tumor no útero, muitas de catarata, a remoção de um lipoma extraído em pedaços do ombro de um rapaz. Ao longo do programa, somos informados de que um médico serve de instrumentador das cirurgias. Uma senhora, de aparência simples, recebe uma raspagem ocular e uma incisão abdominal. Em seguida, a câmera mostra que, no decorrer das intervenções, havia surgido espontaneamente um corte cirúrgico já suturado em suas costas.

Esse tipo de excursão no sítio em Minas Gerais não era uma exceção nos anos 1980 e 1990. Até hoje, João de Deus atende no Rio Grande do Sul, por exemplo, região que abrigou durante certo período uma filial da Casa. Tânia Apfel, nutricionista gaúcha e voluntária desde 1990, rememorou como conheceu João de Deus em uma dessas excursões curativas. Em 1989, ela compareceu a uma sessão de cura em Santo Ângelo, município a cerca de quatrocentos quilômetros de Porto Alegre. Acompanhada por sua mãe, que sofria de artrite reumatoide, e seu pai, médico, ambos espíritas kardecistas praticantes, ela não queria apenas conhecer o médium: buscava maneiras de minorar o quadro da mãe, que, àquela altura, sofria de terríveis dores. Ao amanhecer, a família se surpreendeu quando o ônibus no qual viajavam, especialmente fretado para conduzir um grupo de interessados em receber os tratamentos do curador, estacionou em campo aberto, onde começavam a ser organizadas as filas de atendimento, que acomodariam, segundo ela, cerca de 4 mil pessoas num único dia. Grupos inteiros cozinhavam em torno de fogareiros, partilhavam a comida e conversavam. Embora a cena lembrasse um piquenique ou uma multidão à espera de um festival de música, muitos estavam em cadeiras de rodas, se escoravam em muletas ou jaziam em macas, sofrendo dores e incômodos visíveis.

Como relembrou Tânia, o cenário inicial lhe pareceu estranho, sobretudo para quem estava acostumada a frequentar sessões espíritas, onde reina um silêncio circunspecto e uma organização minuciosa. Como a família se acomodou perto da casinhola em que ocorreriam os tratamentos, alocada nos fundos do terreno, Tânia pôde observar a chegada de João de Deus, que vestia uma calça colorida e exibia os longos cabelos presos em um rabo de cavalo. Logo no início dos trabalhos, Tânia foi procurada por um dos auxiliares, que solicitou que entrasse no local dos atendimentos. Ela concordou a contragosto. Lá dentro, João apenas disse: "Irmãzinha, sente neste banco e feche os olhos", indicando que ela deveria participar da corrente de cura. Tânia rememora sua surpresa inicial, já que a corrente de olhos fechados é estranha ao espiritismo. Em um segundo encontro, no entanto, ainda no Rio Grande do Sul, além de curar definitivamente a doença da mãe, o médium declarou que o lugar certo para Tânia era o Planalto Central. Em 1990, ela se mudou para Abadiânia, onde vive até hoje.

Nesse período, João de Deus ainda prescrevia garrafadas, acondicionadas em recipientes de vidro de difícil transporte. À medida que se tornava famoso, autoridades sanitárias passaram a fiscalizar e confiscar seus medicamentos, sob alegação de inadequação ao código sanitário. Foi esse motivo que levou João de Deus a abrir mão da confecção dos seus próprios remédios para prescrever apenas as cápsulas de passiflora produzidas por farmacêuticos profissionais no laboratório organizado pela própria Casa Dom Inácio de Loyola.

No entanto, Tânia ainda se recorda de ter auxiliado no preparo das garrafadas. Segundo ela, as ervas normalmente eram manipuladas e cozidas em grandes caldeirões em um local próximo às matas da cachoeira que existe nos domínios da Casa e preservadas em mel. Em situações de emergência, no entanto, podiam ser preparadas na cozinha do próprio centro. Ela se recorda da profusão de ervas que faziam parte da composição do remédio, muitas colhidas no cerrado, nas matas abertas dos entornos, juntamente com outras, de origem indiana, adquiridas em mercados. Cozidas por horas, as beberagens, depois de engarrafadas, adquiriam coloridos diversos. Tânia observou que agiam a partir dos mesmos princípios que hoje regem a prescrição da cápsula de passiflora, isto é, o mesmo remédio podia ser receitado para diferentes enfermidades, sendo a energização feita pelo curador na hora do atendimento a responsável por imbuir a bebida de suas qualidades curativas.

Os relatos das curas resultantes dos tratamentos de João de Deus, nesses anos e nos seguintes, são abundantes. Existem centenas de casos registrados em reportagens, livros, vídeos e testemunhos orais. Em 1991, a atriz Shirley MacLaine, que aparentemente sofria de um câncer estomacal, procurou os tratamentos do médium. Ela havia sido operada pelo famoso médium cirurgião filipino Alex Orbito, sem resultado. Chegou a Abadiânia discretamente, se fez consultar sem se identificar e recebeu uma cirurgia espiritual. Sebastião Lima, o Tião, um dos primeiros auxiliares da Casa, hoje aposentado, contou que MacLaine saiu pulando e cantando de alegria, porque de imediato deixara de sentir dores. Com a atriz estava uma ex-deputada norte-americana, Bella Abzug, que se submeteu a uma operação física. A passagem delas por Abadiânia resultou em ampla divulgação dos trabalhos de João de Deus no exterior.

O caso de Laura van Wagner, registrado em um documentário do Discovery Channel em 2005, é bem significativo de como a cura espiritual é jogada em um campo em que a superação da doença depende da vontade férrea do doente e de uma decisão profunda de obtê-la. Essa é a postura abraçada pela Casa, que declara que a recuperação é produto do merecimento de cada um, negando a existência de milagre ou de mágica. Laura viajou com o marido à Casa como última opção de tratamento. Ela sofria de um linfoma agressivo, que havia retornado após uma primeira remissão. Os médicos tinham prescrito quimioterapia, que poderia estancar o câncer por três ou quatro anos. Mas Laura havia decidido não se submeter aos tratamentos alopáticos, uma vez que a cura não parecia estar no horizonte. Ela surge no vídeo com rosto cansado e o pescoço inchado por muitos tumores, dizendo que se sentia exaurida e esperava vencer o câncer de uma vez ou se entregar ao que viesse. Ao lado, seu marido, Ray, afirmava sofrer de depressão e não esperar que nada de significativo ocorresse.

Depois de os dois passarem por intervenções espirituais, Ray aparece sorridente no vídeo, declarando ter dormido pela primeira vez em muitos meses. Diz que seu estado de ânimo se transformou e que adquiriu uma visão otimista do futuro. A situação de Laura, no entanto, havia se deteriorado: os tumores visíveis, já inicialmente bastante grandes, estavam ainda maiores. Pela primeira vez, ela confessou que temia as consequências da doença. João de Deus, que havia concordado em tratá-la, naquele mesmo dia mandara avisá-la de que deveria se dirigir imediatamente a um hospital de Brasília para receber quimioterapia, e assim ela o fez. A equipe do Discovery Channel a acompanhou. A certeza de que estava sendo cuidada por forças espirituais é repetida todo o tempo por Laura, emprestando-lhe o ânimo para persistir. Depois da primeira sessão, a situação médica dela, contra todas as expectativas, começou a melhorar de maneira significativa. O documentário continua seguindo o casal em sua volta para casa, em Maui, no Havaí. Nove meses mais tarde, Laura aparece no consultório médico, recebendo a notícia da remissão do câncer.

Fiz uma busca sobre Laura van Wagner na internet, na esperança de saber se ela havia conseguido permanecer saudável nos anos seguintes. Um vídeo de 2015 mostra Laura aparentemente muito bem, sendo entrevistada em um programa de televisão de interesse esotérico sobre suas atividades na área.

Outro caso de cura muito divulgado foi o do norte-americano Matthew Ireland, de trinta anos, que apareceu em outro programa de grande popularidade, o *ABC Prime Time*. Apesar de assumir, no decorrer de todo o episódio, um tom entre o sensacionalista e o cético, o programa seguia dirigindo sua atenção para casos específicos de curas por João de Deus. John Quiñones, o apresentador, entrevistava os pacientes, discutia a situação médica de cada um e mostrava os progressos obtidos — ou a ausência deles. As cenas que apresentavam as cirurgias físicas, filmadas de maneira muito realista, provocaram grande impacto, com o próprio apresentador advertindo, a cada passo, sobre seu conteúdo gráfico. O programa trazia também a opinião de médicos que estavam em Abadiânia acompanhando a equipe ou que se pronunciavam à distância após assistir aos vídeos. Um deles, o famoso dr. Mehmet Oz, causou controvérsia ao admitir a possibilidade de que algo mais do que um mero jogo de cena ou ilusão coletiva estivesse acontecendo ali. Toda essa situação altamente ambivalente e misteriosa aparecia moldurada por imagens da bela natureza do cerrado, com o céu aberto e tingido de vermelho no entardecer; paisagens exóticas emprestando à abordagem um tom apelativo.

O testemunho de Matthew, que havia chegado a Abadiânia em novembro de 2003, mostrou-se surpreendente, mesmo no contexto grandiloquente assumido pela reportagem. Seu câncer cerebral de estágio quatro crescia rápida e agressivamente, tendo sido diagnosticado como inoperável. As sessões de quimioterapia não foram suficientes para mudar o prognóstico pessimista dos especialistas, o que o levara a desistir da abordagem médica convencional. Em 2005, após se submeter aos tratamentos espirituais da Casa e tornar-se voluntário, auxiliando outros estrangeiros e participando da corrente, Matthew estava totalmente curado. Nos meses seguintes, ele se fortaleceu fisicamente e se casou com uma moça da região, que trabalhava como voluntária na farmácia da Casa. Mais tarde, divulgou depoimentos escritos e filmados sobre o incrível desaparecimento de sua doença.

Outro filme que causou grande impacto foi *Healing: Miracles, Mysteries and John of God* [Curando: milagres, mistérios e João de Deus], produzido em 2007 por uma equipe alemã dirigida por David Unterberg e Andrea Wolffer. Trata-se da mais extensa e compreensiva abordagem dos trabalhos da Casa Dom Inácio de Loyola em vídeo. Entre os casos apresentados, o de Henri Tjiong é um dos mais interessantes. Pesquisador de política energética da Universidade Stanford, nos Estados Unidos, Tijong havia começado a sofrer convulsões atípicas tão fortes que os médicos temeram a ocorrência de danos cerebrais. Sendo filho de médicos e ele próprio um cientista, Henri buscou todas as possibilidades de cura ou controle de sua condição no âmbito da medicina, sem sucesso. Somente então resolveu procurar curadores na esperança de obter algum tipo de alívio. Tjiong já estivera na Indonésia, Singapura, Espanha e Peru antes de chegar a Abadiânia — onde, finalmente, as convulsões pararam. No entanto, para sua surpresa, ele havia descoberto que, ao se afastar mais de um quilômetro da Casa, as convulsões retornavam imediatamente.

Em vista disso, teve que concordar com aquilo em que muitos que se encontram em Abadiânia acreditam: a de que existe um campo energético curativo e estabilizador em torno da Casa, mantendo as pessoas saudáveis e a salvo das consequências de quadros médicos graves. Nesse processo, Tjiong afirma ter descoberto que sua recuperação total demoraria muito mais do que havia previsto inicialmente, e que mais de 50% dela dependia de sua própria perseverança e decisão.

Depoimentos similares estão disponíveis em diversas mídias. Luiz Carlos Nunes, um senhor gaúcho que participa dos trabalhos da Casa há dezesseis anos e que, seguindo a orientação do próprio João, tornou-se guia de grupos de visitantes, pode ser visto em dois vídeos na internet. Em um deles, de 2013, oferece um depoimento a respeito de suas curas surpreendentes. O outro, de 2000, apresenta de forma gráfica a operação física a que se submeteu.

Luiz Nunes testemunha que, em 1996, João de Deus o havia curado de um câncer intestinal. Meses depois, em 1997, foi diagnosticado como portador de um câncer no cérebro, o qual os médicos temiam operar, não apenas por ser terminal, mas pelo risco de que a intervenção cirúrgica acarretasse lesões permanentes. De volta a Abadiânia, Nunes foi avisado por João de Deus incorporado que seria mais uma vez curado, sem, porém, receber nenhum outro esclarecimento com relação a tempo ou procedimentos a ser seguidos. Apesar da situação difícil em que se encontrava, Nunes persistiu, visitando a Casa seguidamente nos anos subsequentes e sempre recebendo tratamentos não cirúrgicos. Apesar dos prognósticos, conseguiu manter seu quadro médico estável e continuou trabalhando.

Em outubro de 2000, mais de três anos depois da promessa, Luiz se encontrava no salão da Casa quando foi chamado ao palco para receber uma operação visível. Em sete minutos, João de Deus seccionou seu crânio, introduziu uma pinça comprida e dali retirou um tumor de tamanho considerável. Em seguida, retirou outro tumor que havia se alojado ao lado do olho esquerdo. As imagens dessa intervenção impressionante estão disponíveis na internet.

E o que dizer do fantástico caso de ressurreição do dr. Roger, um médico de meia-idade que se apresentou no palco da Casa Dom Inácio de Loyola em 2012 de mãos dadas com a filha, relatando sua história pessoal? Segundo João de Deus, que o apresentou ao público, a mãe do dr. Roger (seu sobrenome não foi mencionado), que já era falecida, havia sido frequentadora fiel da Casa Dom Inácio de Loyola no início da década de 1980. Quem a levava de Brasília, onde morava, era o filho, então estudante de medicina e totalmente cético. Em 1995, quando já era um médico atuante, casado e pai de um bebê de seis meses, o dr. Roger teve que se submeter a uma cirurgia de revascularização cardíaca, que não foi bem-sucedida. Em 5 de março de 1995, exatamente às 10h45, os médicos declararam sua morte.

Ao receber a notícia, sua esposa, que também era frequentadora da Casa Dom Inácio de Loyola, imediatamente telefonou para lá explicando a situação dramática em que se encontrava. Recebeu a instrução de que o corpo deveria ficar intocado até as 15h15, quando algo aconteceria. Essa, obviamente, era uma condição muito difícil de ser cumprida, já que, em qualquer hospital, as UTIS estão sempre lotadas e há protocolos a ser seguidos nos casos de óbito. No entanto, naquele dia, um paciente havia sido transferido para um hospital privado, deixando um leito vago. Como o dr. Roger fora colega de profissão, permitiram que seu corpo permanecesse ali por algumas horas. Enquanto isso, era realizado um trabalho na Casa em prol do dr. Roger, com uma pessoa deitada e de olhos fechados o representando no centro de uma corrente energética.

Exatamente às 15h06, o dr. Roger levantou da cama e pediu um copo de água. Não entendeu por que as enfermeiras, em vez de atendê-lo, saíram correndo. Segundo relatou, naquelas horas em que foi considerado morto, havia passeado com um monge encapuzado por amplas e inusitadas dimensões do mundo dos espíritos, percorrendo tanto paisagens de grande iluminação e beleza quanto locais de onde emanavam sentimentos de opressão e angústia. Em todos eles fora acompanhado pela presença segura daquele que identificou como sendo santo Inácio, que o manteve calmo e relaxado. O momento mais difícil foi o da volta ao corpo — isso porque a sensação de leveza e liberdade que experimentara ali era absolutamente maravilhosa.

O dr. Roger terminou seu depoimento afirmando que aquela incrível experiência havia mudado completamente sua vida. Ele deixara de ser um médico arrogante e se convertera ao espiritismo, passando a atuar no mundo de forma muito mais humilde e despretensiosa.

O caso de Gisele Camargo também é digno de destaque. Em um vídeo gravado em 2013, ela relata, com um depoimento detalhado, no qual são apresentados diferentes exames datados e assinados pelos médicos que acompanharam o desenvolvimento de sua doença, como alcançou a quase total remissão de um câncer em estágio quatro. Tudo começara em 2011, com o diagnóstico de câncer de mama ductal invasivo, que a mastectomia radical de ambas as mamas e a quimioterapia não foram capazes de erradicar. A doença se espalhou ao longo da coluna, na forma de vários tumores, e penetrou nos ossos, incapacitando-a quase completamente. Quando Gisele já se via presa a uma cadeira de rodas e com um prognóstico de sobrevida de alguns meses, começou a tomar as cápsulas de passiflora que o médium havia receitado à distância. Aos poucos, ela conta, as dores excruciantes desapareceram e pôde voltar a andar, ainda que com dificuldade. No entanto, os exames mostraram que, apesar da aparente melhora, a doença continuava progredindo rapidamente. As sessões de quimioterapia foram então consideradas inúteis pelo médico responsável e, desse modo, suspensas. Após meses de tratamento presencial com João de Deus, Gisele aparece no vídeo com aparência saudável e já quase livre do câncer. Certamente sua situação continuou progredindo favoravelmente, uma vez que ela ainda hoje posta vídeos na rede sobre as curas ocorridas em Abadiânia e dando conselhos sobre alimentação natural. Também se tornou guia, levando grupos de pessoas para se tratar com o médium.

Larissa Megale, uma advogada de São Paulo, contou que conseguiu se curar de uma esclerose múltipla depois de se fixar em Abadiânia. Afirmou que jamais havia tomado os remédios alopáticos prescritos pelos médicos, optando apenas pelo uso da vitamina D. Em 2009, após alguns meses de permanência na Casa Dom Inácio de Loyola, recebeu alta e pôde comprovar por exames que sua doença havia desaparecido. Em 2011, no entanto, contraiu uma toxoplasmose que levou a uma uveíte, doença autoimune que comprometeu um de seus olhos. Larissa voltou a Abadiânia e pediu para receber uma cirurgia física, que se realizou na forma de raspagem ocular. Relata ela que, no decorrer da intervenção, mas sobretudo depois, se sentiu engolfada por uma sensação de alegria e liberdade intensa. Afirma ter voltado a enxergar após a cirurgia.

Sonia, uma ruralista de Bagé, contou que, em seu primeiro tratamento com João de Deus, fora curada de uma fístula cardíaca congênita que a estava incapacitando. Mais tarde, foi acometida por um câncer intestinal, o que a levou a se mudar para Abadiânia. Apesar de ter utilizado apenas água fluidificada, cápsulas de passiflora e cirurgias espirituais, já se encontrava em franca recuperação.

Maria Aparecida Fontes, proprietária de uma das lojas de pedras de Abadiânia, relatou que chegou à Casa em 1998, sofrendo de um câncer na boca dado como terminal. Ela já havia se submetido a cirurgias e quimioterapia sem obter evolução significativa. Depois de meses de tratamento e cinco intervenções espirituais, curou-se, sendo, porém, avisada por João de Deus que deveria permanecer morando na cidade.

Em janeiro de 2015, um alemão de 22 anos de idade, Loidl Jens Andrea, subiu ao palco do salão principal da Casa com passos hesitantes e empurrando uma cadeira de rodas. Embora apresentando uma dicção que denunciava comprometimento motor e com um inglês titubeante, Loidl fez questão de oferecer seu depoimento pessoal. Contou que sofreu um terrível acidente de motocicleta em 2008, que causou danos em ambos os hemisférios do cérebro e o deixou em coma por oito meses. Seu médico havia dito que não se recuperaria, estando condenado a uma vida vegetativa. No entanto, nem a mãe nem ele próprio eram do tipo que se conformava com um destino tão duro e resolveram tentar tudo o que fosse possível. Assim, nos anos seguintes, com muita fisioterapia, Loidl apresentou alguma melhora, embora muito preliminar.

A mãe descobrira João de Deus numa pesquisa na internet e, em 2012, resolvera aventurar-se na longa travessia de Freiburg a Abadiânia, na esperança de curar o filho. Após sete viagens, perseverantemente realizadas ao longo de quase três anos, Loidl declarava, alegremente, que já podia andar sozinho, por isso entregava publicamente sua cadeira de rodas. Além disso, ele articulava razoavelmente as palavras e apresentava um estado de ânimo muito positivo. Segundo o próprio rapaz, cada vez que voltava de Abadiânia sua fisioterapeuta notava uma evolução muito significativa. Por isso, ele tinha certeza de que quem o havia curado eram João de Deus e sua própria vontade profunda de viver. Loidl terminou seu depoimento afirmando que o acidente havia sido apenas um momento ruim em uma vida muito boa. Nos meses seguintes, encontrei-o passeando desenvolto pelas ruas da cidade, conversando descontraído com todos que encontrava.

Apesar de todos esses relatos impactantes, a obtenção da cura é uma questão complexa e deve ser avaliada a partir de contextos individuais. Embora existam depoimentos que aparentemente desafiam a lógica e as explicações médicas e científicas, eles continuam sendo episódicos. Até hoje, tanto no caso de João de Deus quanto no de outros curadores, todas as tentativas de controle em larga escala, que permitiriam determinar possíveis índices de cura, falharam.

São muitos os obstáculos para se obter amostragem nessas circunstâncias. A primeira é a pouca aderência por parte dos que buscam a intervenção espiritual a uma pesquisa que exige identificação, realização de exames e compartilhamento com médicos. A organização de uma equipe de especialistas e o levantamento de verba para realização de exames in loco e sequenciais aos atendimentos também dificultam esse tipo de abordagem. Por fim, há a questão da discrição: embora muitos busquem os recursos espirituais em momentos de aflição, poucos se dispõem a discutir abertamente o tema.

Além disso, conhecemos mais os casos notáveis do que os rotineiros — nem por isso menos significativos. É mais fácil vincular ao tratamento espiritual a cura de um câncer intratável, que a medicina convencional já havia abandonado, do que as doenças e enfermidades que são abordadas pelos dois meios. Nesse último caso, a medicina convencional é sempre responsabilizada pela superação da doença, não o curador. Muitas vezes o argumento do efeito placebo é apresentado para justificar a recuperação ou as melhoras alcançadas. É por isso que curadores como João valorizam a cirurgia física mediúnica porque ela permite a avaliação objetiva de ocorrências não explicáveis através dos argumentos usuais do efeito placebo, da ilusão ou da fraude.

A maioria das curas alcançadas por João de Deus — e pelos curadores espirituais em geral — se insere em uma zona nebulosa, na qual a superação tanto de doenças graves quanto de enfermidades crônicas, mal-estares, dores sem diagnóstico e outras situações deixa espaço para questionamentos. Apesar de a cirurgia física ser bem visível, ela não atua dentro da lógica médica, de intervir na parte doente, corrigindo-a ou extirpando-a. Um médium cirurgião como João de Deus muitas vezes realiza intervenções em partes do corpo diferentes daquela em que se aloja a doença ou enfermidade. Nesse caso, mesmo que ocorra uma cura surpreendente, a conclusão que vincula o ato da cirurgia mediúnica à cura se mantém incerta.

João de Deus entende que cada um tem seu carma pessoal a ser superado. O conceito provém da interpretação espírita e basicamente supõe que ao longo de encarnações somos chamados a cumprir uma missão voltada para a evolução espiritual. Quando falhamos em alcançá-la geramos carma, o que nos prejudica. A doença é uma das formas mais claras de manifestação cármica, assim sua superação depende de uma decisão pessoal profunda de nos livrarmos dela. O médium sempre declara que há várias soluções para isso, sendo uma delas a morte, que renova as energias e permite a reencarnação sob novos patamares. Para ele, o mais importante é que cada um evolua espiritualmente, sendo a boa saúde uma das provas de que se alcançaram patamares mais elevados.

Seria, então, a cura espiritual um efeito placebo capaz de desencadear uma reação de vontade daquele que busca esse tipo de tratamento? O relato de Luís Roberto Barroso, um dos atuais ministros do Supremo Tribunal Federal brasileiro, é, nesse ponto, muito significativo. Segundo afirmou, tanto em um programa de entrevistas conduzido pelo jornalista Mario Sergio Conti em 2014 como em depoimento público na Casa Dom Inácio de Loyola, após receber um diagnóstico de câncer agressivo no esôfago, com prognóstico de sobrevida de no máximo um ano, ele procurou inúmeros tratamentos alternativos além de se submeter à quimioterapia, entre eles os de João de Deus.

Em junho de 2015, quando se comemorava o aniversário do médium em uma grande festa em Abadiânia, o ministro subiu ao palanque e apresentou um depoimento pessoal comovente. Contou que a quimioterapia realizada no Hospital Sírio-Libanês em São Paulo não havia resultado em melhoras significativas e já não existia muita esperança no seu caso. Na época, João de Deus o visitara em casa, afirmando que podia curá-lo e que "não estava lá para perder". Poucos meses depois, ao reavaliar a situação, os médicos verificaram o desaparecimento completo da doença. Barroso afirmou ainda que, antes do câncer, era uma pessoa absolutamente cética. Porém, durante a luta contra a doença, percebeu que a cura provinha de uma força individual interna muito poderosa, que o médium havia sido capaz de ativar, fazendo-o acreditar que conseguiria alcançá-la.

Muitos se perguntam como comprovar que Luís Barroso ou qualquer outro doente, mesmo desenganado, tenha se curado graças à intervenção do médium. Alguns chegam a lembrar que, de fato, existem casos de tumores malignos com remissão espontânea. Essa questão, além de irrespondível, é irrelevante a todos aqueles que julgam ter recebido a cura espiritual. A vivência interna da cura, a aquisição de uma sensação de liberdade e poder são, acima de tudo, percebidas pelo interessado como prova da realidade da dimensão espiritual na qual a própria cura foi produzida. A aquisição de uma dimensão internalizada de cura é, por vezes, mais valorizada do que a superação desta ou daquela enfermidade, que, como vimos, pode ser avaliada em diferentes chaves e explicada de inúmeras maneiras. Assim, é na vivência espiritual que se localiza o universo da cura. Entendê-lo nos habilita a adquirir uma visão da profundidade desse processo.

6. Uma conversa entre mundos: João de Deus e o espiritismo

Deus,
Dai ao viajor a estrela guia,
Ao aflito, a consolação,
Ao doente, o repouso.
Trecho da prece de cáritas

Parte significativa das práticas adotadas por João de Deus — incluindo todo o processo de incorporação, sua dedicação à caridade e à cura — segue os ditames do espiritismo desenvolvido na França a partir de 1860. Nessa década, por meio da fusão de crenças e modalidades de atuação espirituais provenientes de correntes diversas, o espiritismo se desenvolveu como uma nova doutrina filosófica, propondo-se como uma nova ciência e uma nova religião.

Embora em seus princípios esteja a crença na possibilidade da interação dos vivos com os mortos, em seu berço o espiritismo se caracterizava como uma ciência que se propunha a adotar todos os procedimentos de pesquisa que outros ramos científicos adquiriam na época. Os propagadores da doutrina acreditavam que ela estava destinada a revolucionar os conhecimentos científicos, provando a existência de um mundo além da morte.

Foi só aos poucos que a doutrina adquiriu também uma feição religiosa — passando a ter enorme impacto na vida espiritual em todo o mundo ocidental e sobretudo no Brasil. Segundo seus principais líderes, o espiritismo se caracterizaria como um cristianismo renovado, baseado numa reinterpretação dos Evangelhos. Essa corrente religiosa desenvolveu uma atuação na área da saúde e do atendimento caritativo, com procedimentos baseados na interação com os mortos — espíritos nobres e elevados viriam à terra com o objetivo de curar os doentes e ajudar os necessitados a evoluir espiritualmente. O uso de passes magnéticos, de água fluidificada, de homeopatia e de remédios naturais, além da terapêutica da desobsessão, foram os principais procedimentos desenvolvidos pelos espíritas.

SONÂMBULOS, HIPNOTISTAS E MAGNETISMO ANIMAL

Em 18 de abril de 1857, o educador Denizard Rivail lançou o livro que o tornaria mundialmente conhecido e o consagraria como fundador da nova doutrina filosófica-científica-religiosa, o espiritismo. Pedagogo e tradutor de obras clássicas do alemão e do inglês, Rivail já havia publicado outros trabalhos em décadas anteriores que alcançaram impacto moderado. Seguidor de Johann Heinrich Pestalozzi (1746-1827), suíço idealizador de uma reforma educacional humanista e que por sua vez se declarava discípulo de Jean-Jacques Rousseau (1712-78), Rivail havia passado sua infância e juventude no Instituto Yverdon, na Suiça, fundado por Pestalozzi, tendo se tornado mais tarde professor dessa instituição.

O método Pestalozzi, denominado "progressivo", propunha que as crianças fossem amparadas em sua evolução por meio do estímulo a suas inclinações naturais e curiosidades. Os professores deveriam começar tratando das questões mais simples e ir avançando aos poucos, de forma que o aluno pudesse compreender as explicações do mestre, e não apenas decorá-las. Para obter sucesso, o método aconselhava que todo castigo corporal fosse abolido e que educar se tornasse um ato de amor, não de opressão — uma revolução à época. Além disso, Pestalozzi havia abraçado o pacifismo e os princípios de um cristianismo pouco dogmático que valorizava mais as virtudes da fraternidade, do amor ao próximo e da caridade do que os aspectos doutrinários ou a execução dos ritos religiosos. Em Yverdon, católicos conviviam com praticantes de diferentes denominações do protestantismo sem nenhum conflito.

Rivail foi profundamente influenciado por esses ensinamentos, e em seu retorno à França, em 1822, tornou-se divulgador do método, fundando uma escola. Em 1825, lançou seu primeiro livro, *Curso prático de aritmética*, tornando-se o principal divulgador das ideias do fundador da pedagogia moderna na França. O ideal de um ensino laico, para ambos os sexos, o levou a ministrar aulas gratuitas em sua casa e, mais tarde, a fundar com sua esposa — Amélie-Gabrielle Boudet (1795-1883) — uma escola voltada para a educação feminina.

Em 1857, porém, a carreira de Rivail passou por uma grande reviravolta, quando lançou uma obra que aparentemente nada tinha a ver com Pestalozzi e sua pedagogia humanista: *O livro dos espíritos*. Sob o pseudônimo Allan Kardec, Rivail apresentava um complexo conjunto de ideias e afirmações a respeito da natureza humana, dos espíritos e de como os seres humanos poderiam entrar em contato com eles para obter ensinamentos preciosos que facilitariam a evolução.

O livro de Kardec, nome que então adotou e pelo qual se tornou mundialmente conhecido, revelou-se um enorme sucesso, esgotando rapidamente. Daí em diante, as obras de Kardec se multiplicaram: a partir de 1858, sob sua direção, a *Revista Espírita* passou a ser oferecida ao público, contendo uma grande profusão de seus textos. Entre 1859 e 1868, ano de sua morte, provocada por um aneurisma cerebral, Kardec lançou catorze livros, além de uma segunda edição consideravelmente ampliada do primeiro, em 1860. Entre eles estão *O livro dos médiuns*, de 1861, que versa sobre a fenomenologia espírita, esmiuçando suas características; *O Evangelho segundo o espiritismo*, de 1864, que interpreta os ensinamentos de Jesus à luz da doutrina; *O céu e o inferno*, de 1865, no qual a teoria da causalidade é apresentada como fator condutor da vida humana, assim estabelecendo dois preceitos fundamentais à doutrina: o carma e o livre-arbítrio; e *A gênese*, de 1868, que contém uma síntese de todas as obras anteriores. Ainda hoje, os praticantes do espiritismo consideram esses textos básicos à educação dos neófitos. Rivail, no entanto, sempre insistiu ter sido apenas o codificador desses livros, afirmando que eram obras enviadas por espíritos, cujas mensagens haviam sido captadas e psicografadas por diversos médiuns — ou, no dizer da época, "sonâmbulos" — e depois apenas organizadas por ele para formar um todo orgânico.

A psicografia era uma derivação mais sofisticada das mesas girantes ou falantes, que haviam se tornado moda nos Estados Unidos e na Europa a partir da década de 1850. Tais reuniões, frequentadas por intelectuais e profissionais liberais, dedicavam-se a explorar aspectos de uma cultura fascinada pelo mistério e pelo sobrenatural, que se popularizou a partir dos finais do século XVIII como resposta à crise do Iluminismo racionalista.

As mesas giratórias se propunham a explorar o contato com o além-túmulo, embora nessas reuniões não houvesse objetivo definido de compreender ou explorar de maneira sistemática o fenômeno. O divertimento se resumia a sentar em torno de uma mesa e colocar as mãos espalmadas no tampo, fazendo com que ela se movesse. Às vezes se estabeleciam códigos que permitiam que os envolvidos apresentassem perguntas que pudessem ser respondidas com "sim" ou "não". O deslocamento do móvel para a direita significaria sim, e, em sentido contrário, não. A brincadeira podia se tornar mais complexa, possibilitando que o giro da mesa resultasse na redação de uma mensagem. Nesse caso, estabelecia-se a equivalência das posições da mesa com as letras do alfabeto.

A partir do último quarto do século XVIII, pelo menos três grandes linhas de exploração do sobrenatural alimentavam a imaginação e a curiosidade dos letrados das camadas médias e, no caso da França pré-revolucionária, da aristocracia: o mesmerismo, também denominado magnetismo animal, famoso devido à atuação de Franz Anton Mesmer (1734-1815), médico de origem bávara graduado pela Faculdade de Medicina de Viena; o sonambulismo, mais tarde denominado hipnotismo, desenvolvido inicialmente pelo médico escocês James Braid (1795-1860); e as mesas girantes ou falantes, que se popularizaram a partir do sucesso das irmãs Fox (Katherine, 1837-92, Leah, 1814-90, e Margareth, 1833-93) em seu contato com os espíritos.

Todos esses movimentos e práticas podem ser compreendidos no quadro de uma cultura fascinada pelo oculto, cujos mistérios simplesmente capturaram a mente ocidental da era vitoriana. Se populares, mágicos e saltimbancos abraçaram a moda do ocultismo como forma de ganhar a vida, divertindo ou enganando o público, os principais intelectuais do século XIX se voltaram seriamente ao seu estudo.

Os princípios do magnetismo animal desenvolvido por Mesmer repousam na ideia de que todo o universo, incluindo os seres humanos, seria portador de um fluxo vital ou de uma energia sutil que sustentaria toda a existência. Saúde e doença, nesse sentido, surgem como reflexo do seu equilíbrio ou desequilíbrio: um corpo saudável seria aquele no qual essa energia manteria uma circulação constante, enquanto a doença seria produzida por uma obstrução desse fluxo em determinadas zonas corporais. As ideias de Mesmer foram inspiradas pelos escritos do alquimista, astrólogo e ocultista suíço Paracelso (1493-1541), que havia proposto a manipulação do magnetismo dos metais com fins medicinais. Mesmer indicava que, por meio de gestos com as mãos ou utilizando objetos como uma varinha de metal ou a água, seria possível desobstruir as partes doentes do corpo, restaurando a saúde. Segundo esse princípio, a única maneira de recuperar a livre circulação da energia sutil era provocando uma crise física e emocional no paciente, fazendo com que a estagnação no fluxo que provocava a doença fosse rompida.

Embora Mesmer tenha reiteradamente reivindicado o caráter científico de sua descoberta, o historiador norte-americano Robert Darnton descreve a atuação do médico suíço como envolta em mistério e ocultismo. Atendendo em um palacete em Paris, em uma sala forrada de tapetes, coberta por símbolos ocultistas e mantida na penumbra, realizava sessões coletivas de magnetização, vestido com túnicas orientais e portando um bastão imantado. No centro do salão de atendimento, cubas cobertas de limalha de ferro e cercadas de garrafas de água magnetizada recebiam os pacientes, que, amarrados por uma corda e sentados em círculos em torno das banheiras, recebiam os fluidos "mesméricos", que provocavam a erupção de crises físicas e emocionais. Alguns relatavam sentir formigamentos, outros entravam em estado cataléptico, soltando urros e risos histéricos, e outros ainda mergulhavam em um transe e diziam falar com os mortos. Após os tratamentos, a maioria dos pacientes se declarava curada de doenças de toda a espécie. Apesar da descrição um tanto irônica do historiador, devemos tomar a cena como indício do surgimento de algo que ia além de mero modismo entre aristocratas entediados.

Na verdade, as sessões de Mesmer deram origem ao desenvolvimento do hipnotismo — então denominado sonambulismo —, cujos desdobramentos atingiram campos de atuação muito amplos. O que os seguidores do magnetismo animal perceberam foi que a mesmerização poderia levar ao que chamamos de estados alterados de consciência ou a formas variadas de transe, que resultavam em situações surpreendentes, sendo a cura de certas doenças apenas uma delas. Começava assim a exploração do vasto continente do inconsciente, cujo mapeamento exigiria os esforços de algumas das melhores mentes do fim do séculos XIX. Inicialmente desenvolvido pelo marquês de Puységur e pelo naturalista Joseph Philippe François Deleuze, ambos discípulos de Mesmer, mas em seguida assumido pelo médico escocês James Braid, que estabeleceu a utilidade do seu uso em cirurgias nos tempos que antecederam a descoberta da anestesia, o hipnotismo esteve na base dos primeiros estudos do inconsciente, servindo para o desenvolvimento das práticas do espiritismo.

Esse método foi adotado, por exemplo, por Jean-Martin Charcot (1825-93), famoso médico que atuava no Hospital Salpêtrière, em Paris. Em sessões públicas teatrais, ele submetia mulheres pobres às técnicas da hipnose. Por meio da análise dessas sessões, Charcot desenvolveu o conceito de histeria, atrelando-a ao suposto caráter dúbio e fraco da natureza feminina. Ao mesmo tempo, Hippolyte Bernheim (1840-1919), médico da Escola de Nancy, opondo-se às suas conclusões, desenvolveu técnicas terapêuticas que utilizavam o hipnotismo para tratar de moléstias diversas. A prática constante da abordagem para fins curativos fez com que Bernheim comprovasse que qualquer pessoa — e não apenas mulheres histéricas — poderia ser hipnotizada e que, se bem utilizada, essa técnica permitia o acesso a áreas pouco conhecidas da mente humana.

Bernheim sugeriu que a interação entre o médico hipnotista e o paciente era fundamental na construção da terapêutica. Ele havia sido influenciado pela prática do médico francês e filantropo Ambroise-Auguste Liébault (1823-1904), que, inspirado pelos princípios do magnetismo animal, passara a tratar crianças pobres gratuitamente por meio da imposição das mãos e da água magnetizada, obtendo bons resultados. Vale notar que a hipnose alcança seu mais profundo campo de interesse com sua introdução na psicanálise, desenvolvida por Sigmund Freud (1856-1939). Como notaram alguns estudiosos, foi o desenvolvimento do mesmerismo que propiciou o desenvolvimento de um novo paradigma psíquico, o inconsciente.

Foi a partir das experiências dos mesmeristas que os espíritas desenvolveram os passes magnéticos e a fluidificação da água. Os estados de transe obtidos por meio da magnetização mesmérica e pelo sonambulismo também foram, mais adiante, incorporados pelos espíritas, que passaram a interpretá-los como propiciadores do contato com o mundo dos desencarnados. Para Kardec, por exemplo, havia uma diferença sutil entre a mesmerização realizada por um médico qualquer daquela executada por um médium sonâmbulo. No último caso, a manipulação da energia sutil ou o transe que adviria dessa atividade seria direcionado por espíritos.

MESAS GIRANTES

Os países de língua inglesa tiveram papel preponderante no desenvolvimento dos espiritualistas e espíritas. Uma figura de destaque foi o pastor místico e teólogo Emanuel Swedenborg (1688-1772), que, embora suíço de origem, atuou a maior parte da vida na Inglaterra. Os escritos desse homem profundamente místico, que relatavam seus contatos com o mundo espiritual, tiveram grande impacto nos Estados Unidos. Conforme conta o escritor Arthur Conan Doyle (1859-1930), Swedenborg tinha visões do além, conversava com os mortos e estabelecia contato com anjos e espíritos. Ainda que complexas e nebulosas, suas visões estabeleceram princípios que foram confirmados por outras vertentes espiritualistas, inclusive pelos espíritas, como o de que a morte, efetivamente, não existe, é apenas o abandono do invólucro carnal e a aquisição de um corpo espiritual menos material ou denso, ainda que réplica dele. Swedenborg também dizia que o mundo dos mortos é similar ao dos vivos, embora formado por uma matéria mais sutil, e que as famílias ou pessoas que se amam se reencontram, mantendo-se ligadas pelos laços estabelecidos no mundo terreno — todas ideias compartilhadas por João de Deus.

Swedenborg ganhou seguidores tanto entre intelectuais quanto entre místicos e visionários nos Estados Unidos. Henry James (1811-82), pai do famoso romancista homônimo, desde a juventude se convertera ao swedenborgianismo, dedicando a vida a redigir, em recorridos estados de transe, livros espiritualistas e esotéricos. Seu filho William (1842-1910) foi influenciado pela perspectiva paterna, investindo anos de vida na pesquisa da vida após a morte e inserindo-se assim no grupo de cientistas que, na era da razão, não deixaram de explorar os territórios incertos e desconhecidos do mundo invisível.

Paralelamente, videntes e visionários passavam a despontar na sociedade americana das primeiras décadas do século XIX, como Andrew Jackson Davis (1826-1910), que anunciou as bases daquilo que os espiritualistas passaram a chamar de a Nova Revelação e os espíritas de Terceira Revelação, isto é, a descoberta da possibilidade de contato estruturado entre o mundo dos vivos e dos mortos. Davis clamava ver e conversar com o espírito de Swedenborg, que o orientava. Considerado um dos maiores videntes de todos os tempos, ele deixou muitos escritos nos quais relatava em minúcia seus diálogos com o outro mundo e suas visões.

Em 31 de março de 1848, Davis teria recebido uma mensagem dos espíritos dizendo que "o trabalho havia começado". Espiritualistas de toda espécie consideraram que esse era o anúncio profético de que uma nova era se instaurava. Na mesma data, duas irmãs da família Fox, que moravam com os pais em um modesto chalé de madeira antigo em Hydesville, no estado de Nova York, receberam a confirmação de que algo sobrenatural ocorria ali. Embora a família viesse escutando estranhos ruídos desde que se mudara, nesse dia as batidas nas paredes tornaram-se claramente audíveis e constantes. Kate Fox, com apenas onze anos, desafiou o que quer que estivesse provocando tais ruídos perturbadores a responder ao estalo de seus dedos com novas batidas. Imediatamente, houve ruídos de pancadas nas paredes. Surgia, então, um primeiro padrão de contato com os espíritos.

Aos poucos, a família percebeu que poderia fazer perguntas e receber respostas de quem quer que estivesse provocando os barulhos. De início, a comunicação era simples, e a resposta a qualquer pergunta se resumia a uma batida significando “sim” ou duas para o “não”. Paulatinamente, o diálogo se aprofundou, com o estabelecimento de um sistema de comunicação mais sofisticado, no qual o número de batidas na parede se conectava às diferentes letras do alfabeto. O estranho causador dos ruídos afirmou ter sido um caixeiro-viajante assassinado pelos antigos moradores da casa e enterrado no porão. Apavorados, os Fox chamaram os vizinhos para testemunhar o inusitado evento e comprovar que se podia dialogar com o espírito. O fenômeno se alastrou rapidamente e centenas de pessoas começaram a se aglomerar dentro e fora da casa, permanecendo ali por semanas, ávidas por comprovar o fenômeno.

Desde o início, espiritualistas e interessados nas ciências ocultas se mostraram preocupados em compreender esses incríveis fenômenos, mas a maioria do público descobriu que as mesas falantes ou girantes podiam ocupar um espaço de divertimento inocente. Não havia reunião ou sarau no qual um grupo de homens e mulheres deixasse de sentar em torno de uma mesa, ou de uma mesinha pé de galo, muito comum à época, e, utilizando um copo, um chapéu ou qualquer outro objeto capaz de se deslocar mais facilmente do que as mesas usadas nos estágios iniciais, passasse a propor perguntas triviais, como: “Quantos anos tenho?”, “Vou me casar?”, “Meu vizinho anda falando mal de mim pelas costas?”. O entretenimento, no entanto, podia ficar sério, penetrando em territórios nebulosos. Algumas pessoas, sobretudo mulheres, ao participar das reuniões de mesa falante, entravam em uma espécie de transe e obtinham respostas mais profundas, falando sobre o passado das pessoas presentes, diagnosticando doenças e relatando visões do mundo dos espíritos. Nessa fase inicial, no entanto, o médium não tinha um papel destacado. Ao contrário: considerava-se que quanto mais inocente ou despreparada intelectualmente a pessoa fosse, melhor se dariam as conexões entre os dois mundos.

Na França, populares e intelectuais participavam igualmente desse tipo de reunião. No entanto, nos salões de gente mais instruída, a experiência das mesas evoluiu para a exploração de territórios complexos, como foi o caso dos círculos de psicografia frequentados por Rivail, nos quais a magnetização e o sonambulismo já eram praticados havia muito tempo. Consta que ele era exímio magnetizador, modalidade que praticava desde 1823, e membro da Sociedade de Magnetismo de Paris. Conclui-se, assim, que os grupos franceses de exploradores dos efeitos da mesmerização e do transe hipnótico logo aderiram à modalidade de conversa com os espíritos, no modelo divulgado pelas irmãs Fox, o que fez com que suas experiências no território desconhecido do transe se tornassem mais complexas.

CONVERSANDO COM OS ESPÍRITOS

Se inicialmente Kardek não possuía objetivos bem definidos em sua exploração do oculto, aos poucos começou a perceber que o contato com os mortos iria além da mera distração de salão, uma vez que os espíritos comunicantes poderiam, por meio dos sonâmbulos, enviar mensagens valiosas. A partir dessa constatação, ele havia passado a propor aos médiuns, no decorrer das sessões de sonambulismo, que fizessem perguntas elaboradas acerca de temas filosóficos profundos. Para sua surpresa, as perguntas passaram a ser respondidas de forma igualmente sofisticada, demonstrando que, quando abordados de forma correta, os atuantes nas sessões de sonambulismo poderiam produzir ensinamentos valiosos.

Kardec não era médium e jamais recebeu pessoalmente mensagens de espíritos, apesar de ter relatado sonhos e intuições esclarecedores sobre problemas de difícil solução. A tarefa que se impôs foi a de organizar e codificar as mensagens emitidas nessas sessões, o que fez com longa dedicação e muita organização.

Conta ele, por exemplo, que as mensagens frequentemente chegavam em partes, por meio do transe de diferentes médiuns que nem se conheciam. Nesse caso, ele próprio tinha que buscar em meio a um número enorme de mensagens aquelas que dialogavam entre si, propondo uma sequência. Frequentando diferentes círculos de psicografia, Kardec fazia uma pergunta a um médium e guardava a resposta recebida. Para esclarecer dúvidas atinentes àquela resposta, ele utilizava outro médium psicográfico, que atuava em um círculo diferente e nunca havia encontrado o emissor da mensagem que gerara a questão inicial. Embora tenha se valido de diversos médiuns, as mais constantes na psicografia de seu primeiro livro foram as srtas. Baudin, irmãs de catorze e dezesseis anos que atuavam juntas e eram consideradas por Kardec excelentes médiuns, por serem muito jovens e ainda não terem ideias próprias. Vale lembrar que João de Deus, que é analfabeto funcional, não pratica a psicografia — ainda que a tenha utilizado raras vezes na juventude.

Tendo, por anos, analisado as mensagens recolhidas em sessões de psicografia, Kardec havia selecionado apenas as mais elevadas e sábias, descartando aquelas enviadas por espíritos de menor luz, que eventualmente também entravam em contato com os sonâmbulos em transe. Segundo ele, assim como havia pessoas que se encontravam em estágios de evolução diversos, algumas sensatas e sábias e outras desiquilibradas e confusas, os espíritos desencarnados também se apresentavam em diferentes níveis de evolução. Dessa forma, alguns possuíam mensagens de sabedoria a transmitir, enquanto outros podiam enviar ideias pouco confiáveis ou até traiçoeiras, de forma a causar danos às pessoas. Embora o espiritismo não acredite na existência do mal absoluto, a doutrina considera que pessoas e espíritos pouco evoluídos, envolvidos em pensamentos e atos lesivos, geram carma, ficando presos a repetidas situações de sofrimento e escuridão. Devido à dificuldade de encontrar o caminho luminoso, esses seres, encarnados ou não, permaneceriam vítimas da sua própria falta de discernimento.

Por acreditar que os espíritos, dado seu estágio imaturo, poderiam enviar mensagens fragmentadas ou apenas parcialmente verdadeiras, os espíritas aconselham que os vivos sempre mantenham uma postura crítica. Para Kardec, o que se estabelecia entre as duas dimensões devia ser compreendido como um diálogo. Quando espíritos sábios enviavam suas comunicações, os seres humanos se beneficiavam. Quando espíritos perdidos ou possuidores de menor evolução entravam em contato com os vivos, a situação deveria se inverter, com os encarnados educando os espíritos e aconselhando-os a buscar um caminho mais luminoso e seguro. Em geral, nessas ocasiões, instiga-se os espíritos perdidos a procurar seus mestres e mentores, que sempre estão à disposição em dimensões sutis ou elevadas. Quando um espírito perdido ou confuso invade o campo energético de alguém para se manter atado à vida terrena, causando distúrbios psíquicos ou físicos, os espíritas intervêm para educá-lo, fazendo uma desobsessão.

Conforme Kardec explicitou, a doutrina espírita está submetida à regra da progressividade, o que significa que os mundos do além-terra só vão ser desvelados pelos seres humanos quando a humanidade estiver preparada para absorver essa realidade. Assim, a Primeira Revelação teria ocorrido quando Deus ofereceu os Dez Mandamentos a Moisés e a Segunda Revelação seria personificada pela encarnação de Cristo. Já a Terceira Revelação resultaria da evolução da humanidade, agora pronta para obter um contato mais amplo e continuado com os espíritos, alcançando, de forma individualizada e progressiva, suas respostas espirituais.

Mais tarde, seguidores de Kardec ampliaram ou retificaram as visões do codificador inicial. Jean-Baptiste Roustaing (1805-1879), por exemplo, lançou em 1866 o livro *Os quatro evangelhos ou a revelação da revelação*, obra psicografada por médiuns e codificada por ele, que propunha novas interpretações das primeiras duas Revelações. Entre as novidades da interpretação roustainguista encontrava-se a crença de que Jesus jamais havia encarnado, mas sim se comunicado apenas espiritualmente com as pessoas, e que a gravidez de Maria havia sido apenas psicológica.

Para o espiritismo, o livre-arbítrio se encontra na base da trajetória de todos os seres, dos mais imaturos aos mais sábios. Ainda que os seres vivos e os espíritos se encontrem em situações muito distintas — alguns usufruindo de paz, tranquilidade e sabedoria, enquanto outros navegam em águas escuras, sofrendo doenças e angústias —, todos estão sob a orientação de seus mestres e mentores, que são espíritos evoluídos e luminosos, os quais estão sempre à disposição para auxiliar, conduzindo aqueles que assim o desejam ao caminho da superação. O espiritismo acredita que cada um deve vencer seus próprios desafios e problemas, que podem ter sido acumulados ao longo de muitas vidas, realizando sua missão. Pois, uma vez que os seres humanos, de forma individual ou coletiva, foram criados em estágio de imaturidade, sua missão maior é atingir a perfeição. É dessa maneira que o espiritismo combina a visão utópica da igualdade e fraternidade com uma perspectiva liberal, que valoriza o indivíduo. Assim, se à frente a humanidade se ombreará em um mundo perfeito, o caminho para sua realização deve ser encontrado individualmente.

A grande alavanca da evolução do ponto de vista do espiritismo seria a caridade, praticada pelos vivos e pelos mortos. Refazendo a máxima "Fora da Igreja não há salvação", Kardec cunhou: "Fora da caridade, não há salvação". A dedicação a ela, na forma de atendimento espiritual ou material ao próximo, tornou-se uma das marcas registradas da atuação espírita. O cuidado com os pobres, a distribuição de alimentos, a fundação de escolas, hospitais, sanatórios e orfanatos caracterizaram o espiritismo desde seus primórdios, sobretudo no Brasil. O atendimento médico por médiuns receitistas é um exemplo disso. E vale notar que entre os espíritas é generalizada a proibição de cobrar qualquer valor monetário pelos serviços oferecidos.

O espiritismo não acredita em involução: para a doutrina, todo o mal e o sofrimento a que a humanidade está submetida, por piores e longos que sejam, serão sempre temporários. Seguindo essa linha de raciocínio, um dos caminhos para facilitar a evolução seria o contato dos seres encarnados com os espíritos mais evoluídos, que se dispõem a voltar momentaneamente à Terra por meio do corpo dos médiuns para transmitir a sabedoria adquirida nos níveis mais sutis do reino dos espíritos. Esse é o princípio que subsidia todas as incorporações de João de Deus.

Para esses espíritos, entrar em contato com os seres encarnados através dos médiuns seria um ato de amor e generosidade. Estando estes já colocados em zonas mais sutis de existência do que aquela que caracteriza a Terra, esses espíritos luminosos e sábios se submeteriam voluntariamente a prestar serviços aos seres humanos. Assim fazendo, podem alcançar estágios ainda mais elevados. Já no caso dos espíritos menos evoluídos, a comunicação com seres humanos pode servir para que estes mantenham sua trajetória de pouca evolução, permitindo, inclusive, que se utilizem dessa comunicação para adquirir a energia mais densa — o ectoplasma —, por meio da qual restabelecem laços com a Terra, evitando enfrentar esferas mais sutis de existência. Essas dimensões mais fluidas, obviamente positivas, exigem que o espírito supere seus carmas, deixando para trás antigos conflitos, ressentimentos e ideias fixas causadas por sofrimentos profundos.

Para compreender exatamente como, segundo o ponto de vista do espiritismo, ocorreriam os contatos entre os vivos e os mortos, temos que considerar como a doutrina cunhou uma nova concepção de pessoa. Como explicitou a antropóloga Maria Laura Viveiros de Castro Cavalcanti, esse conceito resulta da combinação de três entidades: corpo, alma e perispírito, sendo que o último é formado por uma dimensão extracorpórea, na qual se encontra depositado o ectoplasma, ou fluido vital. Apesar de seu caráter sutil ou energético, o perispírito estaria ligado ao corpo, à identidade e às características da pessoa, inclusive preservando a memória daquela vida. O processo de morte faria com que os laços que mantinham atados o perispírito e o corpo fossem seccionados. Porém, o perispírito manteria gravadas as características da pessoa morta.

Assim, o perispírito permite que cada indivíduo seja capaz de preservar, no além-morte, uma projeção sutil de seu corpo terreno, com suas memórias e personalidade, e seres vivos e espíritos desencarnados se comunicariam por ele. Embora os espíritos encarnem e desencarnem em uma sucessão de vidas, o perispírito, individual, seria capaz de manter ativa a memória de todas as encarnações.

Embora Kardec tenha concebido o espiritismo basicamente como uma ciência, como dissemos, ele igualmente assumiu o Evangelho como uma narrativa espiritual de importância basilar para a humanidade — e a figura de Cristo como o maior mestre já encarnado. Dessa forma, o espiritismo perfilou-se como uma religião, apesar de ter propagado se constituir como uma doutrina laica, arredia ao dogma e despojada de rituais. Tal caracterização como religião se deu sobretudo no Brasil, onde a doutrina se alastrou de maneira marcante a partir de meados do século XX.

O espiritismo, no entanto, discorda de alguns dogmas do catolicismo, como o da Santíssima Trindade ou da natureza tripla de Deus — pai, filho e Espírito Santo. Além disso, segundo os kardecistas, a natureza essencial de Jesus seria similar àquela que caracteriza o resto da humanidade.

A DOUTRINA NO BRASIL

Desde sua chegada ao Brasil, em meados da década de 1860, o espiritismo assumiu entre nós características específicas que explicam seu enorme sucesso. Tendo aportado primeiramente nas cidades litorâneas, sobretudo Rio de Janeiro e Salvador, passou a se difundir para regiões do interior já no princípio do século XX. Dada a secular carência de assistência médica que castigava a todos, a doutrina assumiu desde o princípio a tarefa de prover atendimento curativo aos necessitados, independentemente de quem fossem, sem cobrar nada, tornando-se bastante popular.

Como notou a historiadora Sylvia Damazio, desde seus primeiros passos na França o espiritismo encontrou uma forte ligação com a medicina homeopática, uma vez que os princípios do médico saxão Christian Samuel Hahnemann (1755-1843) também se baseavam na ideia da existência de um fluido vital que une o corpo físico ao espiritual, num conceito muito próximo ao do perispírito. Foi essa ligação com a medicina homeopática, praticada no Brasil desde 1840, e a tradição de elaboração de remédios a partir de ervas nativas que impulsionou a difusão da doutrina de Kardec no país. Seguindo os princípios propostos pela doutrina, que valoriza acima de tudo o exercício da caridade, os médiuns receitistas não deveriam cobrar pelas consultas. Paralelamente às prescrições homeopáticas e herbalistas, eles ministravam também os passes magnéticos e a água fluidificada, que derivavam da crença de que os espíritos, em seu contato com a dimensão terrestre através dos médiuns, podiam transmitir energias curativas especiais que impregnavam a água, óleos ou remédios terrenos e podiam curar pessoas enfermas física e mentalmente.

O princípio de todas essas ações repousa na adesão à ideia da existência, no mundo dos espíritos, de uma energia amplificada — carregada de fluidos energéticos —, que seria captada na dimensão espiritual e transmitida aos humanos pelo médium incorporado.

Ao lado dos atendimentos médicos, surgiu, no princípio do século XX, o já mencionado tratamento de desobsessão, em que atuavam conjuntamente um médium em transe e um médium doutrinador.

Enquanto o primeiro incorporava o espírito obsessor que perturbava a saúde física e mental do obsediado, o segundo se dedicava a aconselhar o espírito de pouca luz a deixar a vítima. Tanto o atendimento curativo quanto a desobsessão são muito valorizados pelo público ainda hoje. Assim, esses atendimentos curativos, aliados aos passes magnéticos e à utilização da água fluidificada, vão se tornar as principais formas de atuação espírita no campo da saúde física e mental no Brasil.

Sendo uma doutrina desenvolvida por letrados, que preza a palavra escrita, inclusive considerando-a ferramenta de contato entre as dimensões dos vivos e dos mortos e caminho facilitador de toda a evolução, o espiritismo assumiu, em suas primeiras fases, características elitistas. Mas não demorou para que se popularizasse no Brasil, por meio da figura do receitista. Aqui, os espíritos passaram a falar, superando o problema da ausência de intimidade com a palavra escrita comum entre os médiuns, provenientes muitas vezes de camadas menos abastadas, nas quais o analfabetismo era comum até o avanço do século XX. É interessante notar que, apesar de o espiritismo assumir características muito específicas no Brasil — alguns chegaram a falar de um espiritismo à brasileira —, a marca do letramento permanece. É impressionante o número de publicações espíritas, em sua vasta maioria produtos da psicografia, no mercado editorial e em sites especializados. Grandes médiuns brasileiros, como Chico Xavier, comprovam isso. O mineiro publicou mais de 450 livros psicografados por personagens diversas, e seus proventos permitiram a organização de uma gigantesca operação filantrópica. Já o médium baiano Divaldo Franco, ainda atuante aos 87 anos de idade, já psicografou mais de trezentos livros, dedicando os direitos autorais à manutenção da Mansão do Caminho, obra filantrópica que atende cerca de 3 mil crianças carentes no bairro periférico de Pau de Lima, em Salvador.

O próprio Kardec notou que a doutrina espírita havia sido gestada no interior de grupos de letrados e profissionais liberais das camadas médias, pessoas que prezavam o conhecimento e a educação, nos moldes consagrados pela cultura ocidental. Seria inclusive tarefa do espiritismo educar as camadas mais baixas, elevando-as de forma que pudessem assumir no futuro o papel de liderança no processo de evolução da humanidade.

Um dos principais espíritas brasileiros da primeira fase, convertido ainda no século XIX, foi o médico, abolicionista, vereador, deputado e defensor da modernização da sociedade brasileira Bezerra de Menezes (1831-1900), figura notável nos rarefeitos meios intelectuais do Rio de Janeiro, nos quais atuava com grande vigor. Sua adesão pública ao espiritismo, à homeopatia e ao atendimento dos pacientes por meio da incorporação de espíritos — como médium receitista — serviu para divulgar a doutrina no final do século XIX e início do XX, mesmo em lugares ainda remotos do país. Até hoje, seu espírito não apenas assiste e protege os centros espíritas como continua se manifestando em grande parte deles — sua fotografia, aliás, pode ser encontrada na maioria das salas de atendimento. Na Casa Dom Inácio de Loyola, por exemplo, a figura barbada e de olhar plácido enfeita uma das paredes do salão aberto ao público. Além disso, de tempos em tempos, João de Deus incorpora seu espírito.

Outra personagem notável foi o educador, político e jornalista Eurípedes Barsanulfo (1880-1918), que atuou na pequena cidade de Sacramento, em Minas Gerais. Convertido pelo tio, que por sua vez havia sido doutrinado por um médico espanhol que passara pela cidade, Barsanulfo desenvolveu uma obra espírita de grande envergadura, que promoveu sua divulgação para o interior do país, sobretudo no Planalto Central. Considerado possuidor de uma elevada mediunidade, suas biografias sublinham que foi médium vidente, de audiência (escutava vozes dos espíritos), de psicografia e de efeitos físicos, sendo capaz de exercer a bicorporeidade (capacidade de estar em dois lugares ao mesmo tempo).

Antes da conversão, Barsanulfo, que era católico praticante e devoto de são Vicente de Paula, tratava dos pobres com homeopatia, embora não fosse médico. Essa era uma situação comum em muitos quadrantes do país, já que a medicina homeopática apresentava poucos riscos à saúde e acabava funcionando melhor que os tratamentos de alopatia baseados em métodos ultrapassados, como sangrias e sanguessugas. Ao tornar-se espírita, Barsanulfo não apenas ampliou seus atendimentos de cura como chegou a realizar operações cirúrgicas quando incorporado.

O médium de Sacramento dedicou-se a dois grandes empreendimentos: a fundação do Centro Espírita Esperança e Caridade, em 1905, e do Colégio Allan Kardec, em 1907. A escola, a primeira no mundo com base nas premissas da doutrina espírita, instituiu diversas novidades pedagógicas, surpreendentes no contexto da cidadezinha do interior no início do século XX, como o estudo da astronomia. E, apesar de combatida pela igreja católica local, sua excelência pedagógica atraiu muitos alunos, que não precisavam mais deixar a cidade de origem para ter acesso a estudo de qualidade na capital. João de Deus também recebe o espírito de Barsanulfo, além de guardar como lembrança uma xícara utilizada pelo médium de Sacramento.

Um dos mais dedicados estudantes do Colégio Kardec, que mais tarde se tornou assistente pedagógico de Barsanulfo, foi Jerônimo Cândido Gomide (1889-1981), ou Jerônimo Candinho. Na adolescência, ele se converteu ao espiritismo e passou a auxiliar o mestre não apenas nas tarefas pedagógicas do colégio, mas também nos atendimentos curativos, no papel de enfermeiro. Além disso, trabalhava como voluntário no sanatório local. Em 1919, após a morte de Barsanulfo, Jerônimo Candinho, já casado com Francisca Borges, uma ex-interna do sanatório que havia sido curada com tratamentos espíritas e se tornado médium, mudou-se para Goiandira, em Goiás, onde fundou o Centro Espírita Jardim da Luz. No entanto, o casal não pôde ficar ali por muito tempo, mudando-se logo para Caldas Novas, para fugir da perseguição jurídica de exercício ilegal da medicina.

A CIDADE DE PALMELO, A COLÔNIA NOVA ESPERANÇA E CHICO XAVIER

Em meados da década de 1920, Jerônimo e Francisca se mudaram mais uma vez, passando a atuar na localidade goiana de Palmelo, onde já existia um atuante grupo de espíritas. O núcleo havia sido fruto da iniciativa do fazendeiro paulista Francisco de Paula Souza, que, em

1909, mudara-se para a Fazenda Palmelo, localizada numa área remota do estado, em busca de segurança para exercer a crença espírita. As práticas da doutrina se desenvolveram por longos anos em torno da fazenda, e suas atividades de cura e doutrinação, embora realizadas em local de difícil acesso, começaram a atrair muitas pessoas. Em 1929, a cura de Dorcelino Damásio da Silva, que tinha a doença do fogo selvagem, o pênfigo, convenceu um grupo de dezoito pessoas a fundar o Centro Espírita Luz da Verdade. O casal Jerônimo e Francisca passou a atuar ali e, em 1936, se mudou em definitivo para a vila de Palmelo. Em 1953, o vilarejo foi promovido a cidade, sobretudo devido à iniciativa de Jerônimo, que se tornou seu primeiro prefeito. Desde então, Palmelo é conhecida por sua dedicação ao espiritismo, que se reflete na oferta de tratamentos mediúnicos.

Em 1958, a cidade receberia outra personagem fundamental à disseminação do espiritismo na região: o italiano Bortolo Damo. Ele chegou em São Paulo em 1949, aos 23 anos, e foi viver com seu tio. Suas visões e conversas com espíritos, que vinham desde a infância, o levaram a ser internado em um hospital para doentes mentais. Considerado incurável, passível de ser submetido a uma intervenção cirúrgica — provavelmente uma lobotomia —, Damo fugiu do hospital com ajuda de um enfermeiro espírita, que o enviou para atendimento na Federação Espírita do Estado de São Paulo. Foi então encaminhado para o mais conhecido médium brasileiro, Chico Xavier, que o aconselhou a partir para Palmelo.

Sua fixação na cidade goiana em 1958 marcou o início de uma longa e bem-sucedida atividade mediúnica, que durou mais de quarenta anos. Bortolo Damo revelou-se um médium clarividente e de audiência, tornando-se, após a morte de Jerônimo Candinho, presidente do Centro Espírita Luz da Verdade por 26 anos. Casou-se com Vânia Arantes, que ainda hoje é uma das médiuns atuantes na cidade.

O estado de Goiás ilustra a incrível história da disseminação do espiritismo pelo interior do país desde os princípios do século XX. Contra todas as possibilidades, suas remotas paragens recebiam grupos de praticantes desde 1909. O sucesso da iniciativa desses obreiros — como são chamados os adeptos dos trabalhos espíritas — no atendimento à população rural, na construção de centros e na disseminação dos atendimentos se refletiu no desenvolvimento da cidade de Palmelo. Localizada a 250 quilômetros de Brasília, ela possui apenas 2600 habitantes, mas um em cada sete moradores é médium, executando várias tarefas ligadas à cura física, mental e espiritual de seus visitantes em busca de tratamento.

Os espíritas acreditam que Palmelo está em contato com uma cidade astral denominada Colônia Nova Esperança, sob o comando de Maria Madalena, segundo afirma Vânia. Nela, há diferentes seções especializadas, capazes de localizar e contatar espíritos de pessoas desencarnadas. Por meio do nome e da data do falecimento, os médiuns entram em contato com a cidade astral, localizando em suas seções burocráticas o lugar a que o espírito foi enviado, segundo seu nível de evolução, causa da morte e personalidade em vida. E, utilizando-se da psicografia, são capazes de receber mensagens para os familiares, além de orações que beneficiam seu espírito em sua busca de elevação espiritual e paz.

A ideia da existência de colônias astrais que se comunicam com os vivos por meio da intermediação psicográfica dos médiuns foi pioneiramente divulgada por Chico Xavier. Nascido na pequena Pedro Leopoldo (Minas Gerais), em 1910, filho de pais agricultores e incultos, Chico foi um médium completo, possuidor de muitas habilidades. Escolheu a psicografia como sua principal forma de atuação, publicando centenas de livros, que se tornaram verdadeiros sucessos editoriais, e popularizando as visões da doutrina. A obra social e caridosa por ele desenvolvida em mais de oito décadas serviu para consolidar o espiritismo como parte da sociedade brasileira.

Um de seus livros mais populares é *Nosso lar*, de 1944, ditado por seu guia espiritual André Luiz. A obra trazia a descrição pormenorizada do mundo dos espíritos, começando pelo espaço angustioso do pós-morte, onde o próprio André Luiz, que havia morrido precocemente devido a uma vida de exageros e prazeres momentâneos, ficou por um tempo. Nessa dimensão, espíritos de pouca luz, que desencarnaram em situações trágicas ou que viveram incorretamente, permanecem em sofrimento, carentes de compreensão do significado da morte como uma mera transição para outro estágio de vida espiritual, muitos inclusive inconscientes do fato de que morreram. O livro se desloca então para espaços luminosos, no qual os espíritos vão atingindo estágios mais sutis e iluminados. Acompanhando a evolução de André Luiz, a obra traça um mundo pós-morte muito similar ao dos vivos: se inicialmente o espírito do recém-descarnado, em um corpo etéreo fraco e adoentado, se dilacerava em uma dimensão nebulosa e desencontrada, é logo abordado por um espírito luminoso que o encaminha a um "hospital", no qual começa seu processo de cura e evolução.

O mundo dos espíritos descrito em *Nosso lar* também possui casas, bairros ordenados, parques e repartições públicas — todas as instalações de uma cidade terrena, embora as que existem no mundo do além apresentem características claramente mais evoluídas e, em alguns aspectos, futuristas. Nessas cidades espirituais, os espíritos habitam casas e têm família. Aqueles que não as possuem ou não as encontraram naquela dimensão passam a viver com outros espíritos, formando novos laços de compreensão e ajuda mútua. Ainda que convivam harmoniosamente, cada espírito possui seu próprio caminho e missão, reflexo do estágio individual de desenvolvimento.

Recorrendo às repartições públicas e aos ministérios, localizados em prédios amplos, limpos e claros, os espíritos tratam de seus negócios e tomam decisões, optando por receber uma nova missão de encarnação ou aguardando decisões mais amadurecidas, enquanto prestam serviços aos vivos e aos espíritos. Tudo transcorre de maneira regrada, limpa, civilizada e silenciosa. Trânsito, sujeira, burocracia, calor ou frio, nada disso dificulta a vida dos espíritos que ali convivem. De certa forma, *Nosso lar* evoca os sonhos das cidades modernistas que se implantavam no Brasil da década de 1940: sua leitura parece nos transportar à utopia urbanista de Brasília. A cidade astral descrita por Chico Xavier se assemelha à Colônia Nova Esperança, ambas concebendo um mundo ordenado e isento de conflitos sociais, bem distinto do que acontece nas cidades brasileiras.

João de Deus é adepto dessa visão do mundo dos espíritos. Ele é capaz de localizar pessoas falecidas nas colônias espirituais e ver em que estágio estão em seu tratamento pós-morte. Quando um jovem lhe perguntou onde se encontrava seu pai, recém-falecido em trágico acidente, o médium respondeu que o espírito já havia se conscientizado da morte do corpo físico e estava em um hospital, onde era tratado de seus ferimentos.

Diversos indícios sugerem que a iniciação de João de Deus no espiritismo tenha sido realizada na cidade de Palmelo. Em primeiro lugar, como conta Ismar Garcia, amigo pessoal e um dos biógrafos que mais tiveram oportunidades de entrevistá-lo, entre os vinte e trinta anos João teria passado períodos nessa cidade, sendo orientado pelos médiuns experientes que ali atuavam. Como rememorou o médium em mais de uma entrevista, em certa ocasião, quando participava de uma festa em uma cidade vizinha, em companhia de um amigo com dons mediúnicos, os dois resolveram se divertir, confiscando o maior número possível de muletas e óculos dos transeuntes. Embora o objetivo de ambos fosse curar as pessoas, a atividade dos rapazes se desenvolvia em tom de brincadeira, até aparecer Jerônimo Cândido, que os repreendeu severamente sob o argumento de que a mediunidade devia ser encarada com seriedade e responsabilidade.

Outro aspecto que sugere a influência da cidade na formação de João de Deus é o fato de que parte das atividades curativas de lá é desenvolvida por meio de uma corrente magnética, à semelhança do que é prática hoje em Abadiânia. Dando-se as mãos, os médiuns incorporam e passam a vibrar em conjunto. Embora a corrente que assiste João de Deus atualmente tenha uma estrutura diferente, sem que os participantes fiquem de mãos dadas, é notável a importância adquirida por ambas no processo de cura.

MESTRE YOKAANAM E A CIDADE ECLÉTICA NOVA JERUSALÉM

Outra influência considerável no desenvolvimento espírita de João de Deus foi o mestre Yokaanam (1911-85) e sua comunidade utópica e messiânica, a Cidade Eclética Universal Espiritualista, também conhecida como Nova Jerusalém, fundada em 1956, em Santo Antônio do Descoberto, comarca de Luziânia (GO). Distante apenas sessenta quilômetros de onde seria construída Brasília, a comunidade era frequentada nos fins de semana por João. Lá, ele entabulava longas conversas com o mestre, conhecido por sua intimidade com muitas religiões e práticas espirituais e estudioso dos Evangelhos e de outros textos sagrados.

Nascido Oceano de Sá, Yokaanam provinha de uma família católica do Nordeste do país. No entanto, havia se tornado desde cedo estudante do espiritismo, tendo atuado como médium receitista ainda na infância. Na vida adulta, tornou-se piloto de avião e, entre 1933 e 1937, foi treinado pela Lufthansa para executar voos cegos e pousos sem visibilidade. Em seu retorno ao país, assumiu o posto de piloto de Getúlio Vargas, então presidente da República.

A virada em sua vida aconteceria em 1944, depois de um terrível acidente aéreo ocorrido durante um voo de instrução. O avião se espatifou no mar e o piloto morreu, mas Oceano, apesar de ter sofrido inúmeras lesões, inclusive um traumatismo craniano, conseguiu soltar o cinto de segurança, sair do avião e nadar em alto-mar até ser resgatado por um barco.

O acidente marcou uma virada radical na vida do piloto. Ele abandonou sua vida profissional, assumiu o nome Yokaanam — são João Batista em grego — e passou a se dedicar exclusivamente à vida espiritual. Em 1946, fundou, no Rio de Janeiro, a Fraternidade Espiritual Eclética Universal, que tinha por objetivo oferecer assistência espiritual e caridosa e disseminar um conjunto de crenças e práticas provenientes do cristianismo primitivo essênico, da maçonaria e do espiritismo. Mestre Yokaanam também propugnava a prática de uma umbanda eclética, dissociada daquilo a que ele se referia como "primitivismo africano", ligado aos sacrifícios de animais e ao clima festivo e mundano de seus rituais.

Em 1956, após mensagens recebidas pelo mestre e seus principais médiuns, a Fraternidade selecionou trezentas famílias e iniciou uma busca pelo local adequado para a fundação de uma comunidade onde se poderia recriar Jerusalém. Após longa peregrinação, Yokaanam e seus seguidores se estabeleceram na cidade goiana de Anápolis, o que lhes permitiu explorar os arredores e localizar as terras designadas para a fundação da comunidade.

A base para a determinação do local foi a seguinte profecia de são João Bosco para o Planalto Central, em 1883:

> *Mas não era tudo. Entre os graus quinze e vinte, existia um seio de terra bastante largo e longo, que partia de um ponto onde se formava um lago. Quando vierem escavar os minerais ocultos no meio destes montes, surgirá aqui a Terra da Promissão, fluente de leite e mel. Será uma riqueza inconcebível.*

As terras escolhidas foram adquiridas e Nova Jerusalém foi estabelecida em área carente de qualquer infraestrutura na então despovoada região. Como mostrou a antropóloga Gláucia Mello, nos primeiros estágios do assentamento, vigorava na comunidade uma crença milenarista que sugeria o fim eminente do mundo e a salvação da Fraternidade estabelecida nas terras do Planalto Central, onde os peregrinos deveriam levantar a Igreja Eclética da Religião Única da Verdade. A comunidade acreditava que, em 2003, ocorreria um desastre astrológico que colocaria a terra em perigo e iniciaria a Era de Aquários. Com o correr dos anos, o tom milenarista foi desaparecendo, sendo sobreposto pela organização de uma comunidade utópica, rural e religiosa. Embora mantivesse tom discreto, a Fraternidade acreditava na influência de um Comando Espiritual das Estrelas, composto por extraterrestres. Quando questionados a respeito, os obreiros da Comunidade Eclética argumentavam que todos os espíritos, por não possuir um corpo material ou telúrico, encontravam-se em alguma instância do universo, caracterizando-se, portanto, como extraterrestres.

É interessante sublinhar que os obreiros da Fraternidade, em consonância com outros grupos esotéricos, consideraram o Planalto Central fadado a cumprir um papel importante na Nova Era, que adviria quando seus eleitos (no caso, os seguidores de crenças milenaristas) se estabelecessem no coração do Brasil. Ao lado da profecia de são João Bosco, outras razões serviram para justificar o papel espiritualmente diferenciado da região. Ora surgiram argumentos sobre a similaridade climática e geográfica do sertão de Goiás com a terra santa onde se localiza a cidade sagrada da Palestina, ora o livro de Chico Xavier, *Brasil: Coração do mundo, pátria do Evangelho*, publicado em 1938, era lembrado como fiador do argumento de que o destino delineado pelos espíritos superiores para o Brasil era o de se transformar no grande divulgador do espiritismo, realizando assim a utopia espiritual de Kardec.

Também se aludia à possível similaridade entre as plantas arquitetônicas que subjaziam a construção de Brasília e aquelas concebidas pelo faraó egípcio Amenófis IV, Akenaton. Nessas mesmas interpretações, políticos que haviam desempenhado papéis decisivos na construção da nova capital foram considerados reencarnações de espíritos elevados, destinados a realizar a missão de transformar a região em sede de uma nova vida espiritual. O presidente Juscelino Kubitschek, por exemplo, foi tido como reencarnação do próprio Akenaton. Sua conhecida simpatia por médiuns e curadores espirituais ajudou a disseminar a crença.

Reforçando essas interpretações milenaristas surge o episódio relatado pela comunidade messiânica que teria tornado Yokaanam figura importante na delimitação do local preciso da fundação de Brasília. Em 18 de abril de 1956, o presidente viajava com sua equipe para Manaus com fins de finalizar o projeto da nova capital. No entanto, devido ao mau tempo, o avião em que estava ficou voando sem destino por mais de duas horas, até ser localizado pelo rádio de Anápolis. Na ausência de qualquer outro recurso, Yokaanam, que se encontrava acampado nos arredores da cidade buscando as terras para construção da Cidade Eclética, foi chamado para auxiliar, e o avião conseguiu rapidamente pousar na pista local. O presidente e Yokaanam passaram aquela noite conversando animadamente em um pequeno café dos arredores do aeroporto sobre o destino espiritual da região. Pela manhã, Kubitscheck divulgou a "mensagem de Anápolis", criando a companhia que se responsabilizou pela construção da cidade e nomeando-a Brasília.

O episódio, muito comentado e contestado pelos jornais da época, acabou sendo levado a sério quando Yokaanam apresentou um bilhete escrito por Juscelino, o qual sugeria a importância dos argumentos do mestre na delimitação geográfica precisa da área na qual ocorreu a construção da nova capital, que deveria seguir, de maneira mais fiel possível, as coordenadas da profecia do monge salesiano. Ao discursar na inauguração de Brasília, o presidente se referiu às revelações que o guiaram na tarefa de erguê-la e sua ânsia de realizar o sonho milenar da cidade do futuro, como fora a Akenaton em sua época, assim alimentando as interpretações esotéricas que circundavam o projeto. Além disso, os moradores de Nova Jerusalém, então em construção, auxiliaram os trabalhos de levantamento da nova capital. Uma pista de pouso aberta na comunidade, que estava a apenas sessenta quilômetros da futura capital, serviu de local para a chegada das autoridades e a descarga de materiais destinados a Brasília.

João de Deus foi muito influenciado pelo clima milenarista que envolveu a região nos anos de 1950 e 1960. Como um curador peregrino, acompanhou a construção da nova capital, podendo observar seu desenvolvimento inúmeras vezes quando se dirigia a povoados distantes para realizar curas. Ele também atravessou a região a pé, frequentou a Cidade Eclética e dialogou com Yokaanam. Na época, João chegou a atender uma das filhas do presidente Juscelino que sofria de um sério problema nos rins e já havia se tratado anteriormente com José Arigó. Nas memórias do curador, a construção de Brasília e o clima milenarista que a envolveu estão sempre presentes. No Planalto Central do Brasil das décadas de 1940 a 1960, migrações, conflitos sociais, cidades futuristas e mestres espirituais conviveram em clima de fronteira e promissão. João de Deus encontrou seu caminho na encruzilhada das possibilidades presentes naqueles campos abertos, e suas práticas espirituais apresentam, em certo sentido, uma síntese desse processo.

UMBANDA, QUIMBANDA E A MISTERIOSA IGREJA DA ÁGUA VERMELHA

Apesar da importante influência do catolicismo devocional, dos centros espíritas e das comunidades esotéricas que vicejaram em seu estado nativo, não se pode deixar de lado o impacto da umbanda sobre as práticas de João de Deus. O curador teve contato com essa religião e chegava a organizar sessões em paragens do interior do estado da Bahia. Embora se saiba que ele nunca foi praticante dos cultos de transe tipicamente brasileiros, como o candomblé e a macumba, dos quais a umbanda é parcialmente legatária, sabemos que, nos estágios iniciais de sua prática espiritual, o médium se utilizava dessa denominação talvez apenas para nomear suas práticas então desconhecidas, situação comum no cenário religioso brasileiro.

Derivada de muitas tradições, a umbanda já foi denominada uma síntese religiosa tipicamente nacional. No entanto, no contexto brasileiro, muitos curadores incorporando diferentes modalidades de transe e cultos produziram novas interpretações das tradições brasileiras. João de Deus foi um deles.

Segundo os estudiosos das religiões, a umbanda surgiu por volta de 1920, a partir do encontro de cultos derivados de tradições: o candomblé, de origem nagô-gege, prática em que os orixás, ou entidades deificadas, comandam diferentes elementos do mundo material e sob cujo pertencimento os fiéis tecem laços de parentesco; os cultos de pretos velhos e caboclos, também invocados nos candomblés; as práticas banto, provenientes da África Central e dedicadas ao culto dos antepassados e dos elementos naturais; e substratos do catolicismo devocional, com o vocabulário espírita. Não à toa, a origem desse culto é muito debatida entre especialistas.

Alguns afirmam que foram seguidores do espiritismo que criaram a nova religião, inconformados com a impossibilidade de invocar os espíritos brasileiros — de entidades populares nacionais, como os indígenas, pretos velhos, caboclos e outros —, considerados baixos e primitivos pelo espiritismo dos letrados. Outros afirmam que a umbanda é, na verdade, apenas uma nova denominação para descrever cultos preexistentes de origens diversas, que eram praticados, mais ou menos clandestinamente, por escravos, libertos e seus descendentes, e que, por volta das últimas décadas do século XIX, absorveram parte do vocabulário do espiritismo e se popularizaram assumindo formas públicas de culto.

Embora mantenha o culto aos orixás, que, em determinadas ocasiões, surgem paramentados e dançando conforme suas qualidades, a umbanda o combina com a incorporação de tipos populares e brasileiros, como pretos velhos, indígenas e caboclos. Na umbanda, os orixás apenas se apresentam exibindo suas qualidades, mas são esses tipos brasileiros que falam. E, embora essas entidades tenham nomes como Pai João, Caboclo Pena Branca ou Gentil, Índia Jurema etc., esses não são exatamente espíritos de pessoas desencarnadas, que gozaram de vidas individuais, como concebem os espíritas. Se no espiritismo figuras históricas notáveis como o rei Salomão, Sócrates ou cientistas famosos, como o brasileiro Oswaldo Cruz, podem entrar em contato com os vivos enviando recados, psicográficos ou orais, na umbanda tais figuras representam tipos sociais, arquétipos da sabedoria popular. Cada um deles pertenceria a uma falange ou linhagem de espíritos que possui cantos, signos, características corporais e formas de falar específicos.

Assim, pretos velhos representariam espíritos de escravos idosos e sofridos, que teriam desenvolvido uma grande paciência e sabedoria para lidar com a sociedade branca. Seus conselhos teriam o tom equilibrado e perspicaz de quem viveu todas as injustiças e aprendeu a superá-las sem rancor. Já os caboclos — mestiços de índios, negros e brancos, conhecedores dos segredos do mundo natural — seriam capazes de falar sobre as entidades que vivem nas matas, e ensinariam como lidar com plantas curativas, conversar com os animais e sobreviver em um meio perigoso. Os índios, por sua vez, surgiriam com seu espírito bravio e valente, servindo para aconselhar aqueles que necessitam de coragem para se tornar independentes. Um pouco mais tarde, começou a aparecer nos terreiros de umbanda uma nova linhagem de espíritos, não tipicamente brasileira, mas ainda assim muito popular: a falange do Oriente, composta por ciganos, os únicos espíritos de pessoas brancas incorporados na umbanda.

Em suas fases iniciais, João de Deus por vezes incorporava espíritos populares, como o do Caboclo Gentil, que o acompanhava na coleta de plantas para a confecção das garrafadas. Hoje, no entanto, a predileção do curador é pela falange do Oriente, com a invocação dos espíritos de ciganos para auxiliar os trabalhos de cura.

Diferentemente do espiritismo, a umbanda não pratica a psicografia. Não é difícil compreender o motivo: nesse culto, os espíritos são provenientes de sociedades ágrafas ou apenas parcialmente letradas. Além do mais, o tipo de sabedoria que manifestam estaria voltada para a resolução de problemas práticos, imprimindo à religião uma visão de mundo bem mais terrena que aquela do espiritismo. Em geral, os espíritos que incorporam na umbanda, embora utilizem alguns conceitos similares aos de suas contrapartes letradas — como o de obsessão causado por um espírito de pouca luz —, apresentam uma filosofia de vida próxima à das concepções africanas derivadas, voltando-se mais para a realização dos desejos e das ambições de seus consulentes do que para a obtenção da conscientização dos carmas provenientes de outras vidas.

Embora a umbanda surja como o exemplo mais notável dessa penetração do paradigma espírita no seio de práticas de transe populares, há ainda outras correntes surgidas no Brasil que assumiram o diálogo com os espíritos, produzindo novas modalidades religiosas. Um exemplo é a Misteriosa Igreja da Água Vermelha, que se organizou em torno do curador João de Camargo em princípios do século XX em Sorocaba.

Camargo nasceu entre o fim da década de 1850 e início da de 1860, nos arredores dessa mesma cidade, a cem quilômetros de São Paulo, que na época concentrava feiras de tropas que abasteciam a região. Filho de uma escrava conhecedora de ervas e mezinhas, nasceu cativo e passou a juventude como escravo doméstico e do eito provavelmente até a Abolição. Ele teria, desde cedo, aprendido as artes curativas com a mãe. Nos anos que se seguiram à sua libertação, mudou-se para a cidade, casou-se com uma mulher branca e atuou em diferentes ofícios e ocupações. No entanto, só conseguiu empregos precários, foi abandonado pela mulher e se afundou no alcoolismo.

Seus biógrafos relatam que, nessa fase, João de Camargo já atuava como curandeiro e se dedicava a uma modalidade de culto aos mortos derivada de um catolicismo devocional e rural. Ao que parece, tinha especial predileção pelo culto às cruzes colocadas nos caminhos em memória dos mortos locais, especialmente às dedicadas ao menino Alfredinho e ao negro André, diante das quais sempre orava. Ele tinha visões e escutava vozes, sem, no entanto, atinar para o que isso significava.

A fase errática começou a ser superada quando Camargo foi "profetizado". Certa noite, quando se encontrava próximo à cruz de Alfredinho, teve uma visão que lhe mandou a um encontro no alto de um morro ali perto. Lá estavam três figuras, uma branca — o próprio Alfredinho, que havia morrido tragicamente —, uma parda — que se revelou Nossa Senhora Aparecida — e uma negra — que se identificou como são Benedito. Nesse encontro, João recebeu a missão de construir sua igreja — a Capela das Águas Vermelhas ou do Senhor do Bonfim —, que foi iniciada em 1906 e demorou décadas para ser concretizada.

Desde a noite iniciática, João de Camargo passou a incorporar espíritos de brancos, pardos e negros. Sua capela reflete a mesma cosmovisão: em seu interior encontra-se uma variedade enorme de santos das mais variadas denominações, fotografias de personagens históricas — como dos operários anarquistas italianos Sacco e Vanzetti —, alguidares com louças decorativas, pedras e muitos outros objetos. E, embora os estudiosos que se interessaram pelo culto da Água Vermelha (sendo o mais notável deles o sociólogo Florestan Fernandes) tenham buscado raízes africanas nas práticas de Camargo, todos os ritos públicos exercidos pelo curador eram provenientes do catolicismo, combinados com a incorporação de entidades que hoje figuram na umbanda.

Em sua atuação, Camargo curava as pessoas com a água santa que jorrava de um poço existente no interior do templo, e com óleos santos e plantas que eram espiritualmente potencializadas por ele. Além disso, possuía forte clarividência, cuja base era a conversa que mantinha com os espíritos, sobretudo com o do monsenhor João Soares do Amaral, que havia falecido na cidade enquanto atendia as vítimas de uma epidemia e era tido como um exemplo de cristandade. Anos mais tarde, quando a Capela do Bonfim já se tornara um local de peregrinação e Nhô João, um beato, um curador e um santo prezado em toda a região, ele passou a receber as comunicações de uma entidade ainda mais avançada, que chamava de "a Igreja". Por seu caráter abstrato e elevado, essa entidade pode ser comparada aos espíritos muito evoluídos recebidos por João de Deus, que sequer se identificam.

Por volta da década de 1910, espíritas socialistas, em sua maioria estrangeiros, que haviam se radicado em Sorocaba em resposta à nascente industrialização da cidade, começaram a se aproximar de João de Camargo. Em 1913, quando o curador respondeu processo por curandeirismo, seu advogado, Juvenal Parada, que seguia o espiritismo, defendeu-o utilizando-se de todo o vocabulário kardecista para defender a legitimidade dos espíritos de luz que conversavam com Camargo. Ele citou também o uso da água fluidificada e dos óleos energizados. Com base nesse vocabulário aceitável para as autoridades judiciárias, que consideravam o espiritismo uma doutrina de letrados, João de Camargo foi absolvido. A partir daí ele consolidou seus laços com os espíritas, explicitamente incorporando seu vocabulário. Em 1921, a Capela da Água Vermelha tornou-se Associação Espírita e Beneficente Capela do Senhor do Bonfim, ganhando, dessa forma, uma figura jurídica legal.

O culto da Água Vermelha, portanto, embora se assemelhe em alguns aspectos à umbanda, precede seu aparecimento formal nos anos 1920. Promovendo uma incorporação similar, a religião de João de Camargo realizou sua própria leitura de elementos diversos, propondo uma doutrina e uma prática específicas. Incorporando os cultos das almas e das cruzes, ele apresentou sua visão de uma religião brasileira, criativa e antropofágica. O curador combatia as feitiçarias e macumbas, seus auxiliares eram jovens imigrantes, sua linguagem era espírita, seus ritos eram católicos e suas práticas eram um misto de catolicismo devocional com incorporação de espíritos letrados e populares. Falecido em 1942, a Capela da Água Vermelha permanece intocada, sob administração de um grupo de espíritas.

João de Camargo foi, muito provavelmente, o primeiro homem negro a receber espíritos de brancos letrados e fundar um centro espírita. Trajetórias similares, de outros místicos, beatos e curadores, surgiram no Brasil do século xx, e continuam surgindo. João de Deus também foi capaz de executar uma síntese pessoal dessas diferentes modalidades de prática espiritual. Sua visão, que reflete diferentes vocabulários espirituais disponíveis na sociedade brasileira, promoveu uma abordagem nova, criativa e capaz de se adequar às grandes mudanças de contexto das últimas décadas. Ele absorveu a doutrina espírita popularizada no interior do país pela figura do médium receitista e a ela adicionou o clima milenarista de Goiás dos anos 1950 e 1960, que permitiu a todos sonhar com uma Nova Era. Finalmente, os cultos populares de transe, tanto a umbanda quanto as práticas personalizadas por curadores, que propunham diferentes modalidades de síntese dos elementos da diáspora negra, somadas ao catolicismo e ao espiritismo, também se revelaram decisivos. O uso das águas de uma cachoeira para limpeza espiritual e a realização de trabalhos de cura por meio da utilização de fotografias ou outros objetos de identificação apontam para a conexão de suas práticas aos cultos populares de umbanda. A partir do vocabulário umbandista, o médium elaborou sua própria síntese, à maneira de João Camargo.

A RELIGIÃO DO MÉDIUM

Em muitas entrevistas, João de Deus é instado a declarar se é espírita. Ele responde ter tido a honra de conhecer Chico Xavier, Jerônimo Candinho e Bortolo Damo, que foram "os papas do espiritismo". João acrescenta que é um homem feliz por acreditar em Deus, na vida eterna e nos bons espíritos. Afirma que, exercendo sua missão há muitas décadas, sabe que "Deus não quer que nenhum filho se perca". Quando questionado de maneira mais genérica sobre religião, costuma responder que, em sua opinião, todas são boas, embora, às vezes, seus dirigentes ajam de forma incorreta. Atrelar-se a uma religião não parece ser importante para ele, que afirma ir aonde se sente bem, sem se importar com denominações.

Muitos moradores de Abadiânia relatam ter visto João de Deus, aos domingos, sentado na porta de sua casa, acompanhando os hinos que ecoam dos cultos de uma igreja vizinha, a Assembleia de Deus, bem como esperando o final dos serviços para abraçar os fiéis em retirada. Essa atitude simpática a todas as práticas religiosas pode ser confirmada por seu apoio ao santo-daime — culto fundado em meados do século XX nas matas do Acre por mestre Irineu Evangelista, cujos rituais se assentam na utilização de ayahuasca e na prática de cânticos e outras atividades derivadas do catolicismo popular e outras tradições. Quando fiéis ao culto fundaram sua sede no município de Abadiânia, a Igreja Céu de Abadia, João de Deus apoiou a iniciativa e lhes ofereceu ajuda.

Entretanto, o médium costuma declarar que é católico praticante e devoto de santa Rita e santo Inácio, por opção e tradição familiar. Frente às perguntas sobre filiação religiosa, a Casa Dom Inácio de Loyola sempre se declara como local de culto ecumênico, de base espiritualista, voltado para o atendimento de todos que a procuram, sejam religiosos, ateus ou agnósticos. Além disso, cabe notar que, embora grande parte dos ritos e práticas exercidos na Casa Dom Inácio de Loyola provenham do espiritismo, João de Deus manteve sempre uma atuação independente. Quando jovem, antes da fundação da Casa Dom Inácio de Loyola, ele atendia em casas particulares, locais públicos e até nas ruas, sem se vincular a qualquer centro. Algumas de suas práticas curativas seguem o padrão espírita, outras são produtos de uma síntese original, criada pelo próprio curador.

OS ESPÍRITOS INCORPORADOS

Desde cedo, João de Deus se dedicou prioritariamente à linha do atendimento médico e espiritual, também preconizada pelos espíritas. Considerado portador de uma abertura espiritual avançada, o curador de Abadiânia incorpora apenas espíritos evoluídos, capazes de verdadeiramente auxiliar os vivos em suas muitas dificuldades de maneira abnegada e generosa. Por ser capaz de estabelecer um contato tão avançado, ele protege a Casa Dom Inácio de Loyola de espíritos de pouca sabedoria. Eles poderiam chegar a esse espaço atraídos por sua energia luminosa e causar danos aos que procuram atendimento. É importante lembrar que, segundo o entendimento da doutrina, espíritos de pouca sabedoria buscam a energia dos vivos para se manter atados à dimensão terrena. Por isso, pessoas encarnadas portadoras de discernimento e sabedoria devem aproveitar essa oportunidade para ajudar os espíritos a se desvincular desta dimensão e achar o caminho da luz.

Quando o médium de Abadiânia recebe espíritos, sua postura corporal, seu olhar, seu gesto e sua voz se transformam. Ele é conhecido pela facilidade com que incorpora, necessitando de apenas alguns segundos para permitir que o espírito se apodere de seu "aparelho", que é como parte dos praticantes de transe se refere ao corpo daquele que incorpora. Para facilitar o processo, no momento da incorporação, João de Deus pode dar as mãos a algum de seus auxiliares ou solicitar que se faça uma oração, em geral a de cáritas. Nesse momento, após passar por um leve tremor corporal, João já se encontra inconsciente ou dormindo, como ele descreve, com seu corpo tomado por um espírito.

É preciso compreender, no entanto, que a incorporação ocorre em graus variados. Em incorporações mais leves, a troca entre a personalidade individual e a entidade ocorre de forma muito rápida e quase imperceptível. Nessas situações, muitas vezes o médium incorpora e desincorpora inúmeras vezes. No entanto, quando necessita enfrentar o tratamento de muitas pessoas ao mesmo tempo, como vem ocorrendo com cada vez mais frequência, ou quando tem que defrontar cirurgias complicadas ou pessoas em estado grave, sua incorporação é mais profunda e a alternância entre os estados de transe e de consciência ocorrem de forma lenta, permitindo aos presentes acompanhar o processo.

João de Deus pode incorporar espíritos em público porque se prepara horas antes para tal. Esse estado é denominado pelos espíritas de "irradiação". Isolado em seus aposentos, ele ora e se concentra, paulatinamente alcançando estágios de contato com as entidades. Dessa forma, a incorporação final, cujo sinal é o tremor do corpo do médium, se caracteriza apenas como último passo do processo. Se a incorporação pode ser realizada publicamente, a desincorporação costuma ser um processo privativo, a menos que seja leve e o médium possa recobrar a consciência de maneira discreta. Em geral, quando os atendimentos do dia terminam, João de Deus deixa a sala da corrente enquanto os participantes se mantêm concentrados e de olhos fechados para ir desincorporar lentamente em seus aposentos. Enquanto o processo de desincorporação está em curso, os responsáveis naquele dia por conduzir a corrente permanecem para encerrar os trabalhos, solicitando que as entidades ainda presentes realizem uma ampla limpeza energética e espiritual que permita que aqueles para quem doaram suas energias pessoais saiam dali renovados. Da mesma forma, nessas ocasiões, toda a Casa passa por um processo de renovação energética, de forma que os espíritos e energias invasoras que estiveram sendo tratados no decorrer do dia sejam encaminhados para instâncias superiores, onde vão ser dissipados.

Segundo consta, o curador de Abadiânia incorpora mais de 35 diferentes entidades. Além dos já mencionados rei Salomão, santo Inácio de Loyola, são Francisco Xavier, dr. Bezerra de Menezes e dr. Oswaldo Cruz, João de Deus recebe o espírito de Emmanuel e André Luiz, mentores ou guias espirituais de Chico Xavier, a quem João de Deus incorpora também. Ele também pode incorporar Zé Arigó e o dr. Fritz.

Médiuns famosos tornaram as entidades por eles incorporadas tão conhecidas quanto eles próprios. O dr. Fritz, por exemplo, adquiriu tanta notoriedade que foram escritos livros sobre sua provável identidade e vida terrena.

Todo ano, quando a Casa comemora o aniversário de seu patrono santo Inácio de Loyola, João o incorpora, o que exige dele considerável esforço físico. Isso porque santo Inácio possui uma alma antiga e muito evoluída, exigindo grande concentração de energia da parte do médium para acolhê-lo. Embora João receba esse espírito apenas por curtos períodos, nessa data comemorativa ele o incorpora por horas seguidas — ocasião em que, para manter a incorporação por mais tempo, permanece sentado, sem desempenhar nenhuma de suas atividades cotidianas, apenas oferecendo bênçãos aos presentes. Muitos reportam ter alcançado curas nessas ocasiões, sem que nenhum ato específico tenha sido realizado.

Além dessas personalidades, o médium incorpora espíritos dos quais não se encontrou qualquer registro histórico. Entre eles está o dr. Augusto de Almeida, entidade que João incorpora quase diariamente. Segundo o médium, ele teria sido um médico português de grande autoridade científica e, em uma vida posterior, militar e minerador no Norte do Brasil, provavelmente no início do século xx. Essas experiências teriam produzido nele uma atitude decidida, reservada e, às vezes, ríspida. Suas interações com o público são, no mais das vezes, monossilábicas: ele fala pouco e age de maneira rápida e decisiva. Embora opere física e espiritualmente verdadeiras multidões, ele consegue manter a ordem no recinto exigindo silêncio e circunspecção.

Outra entidade frequentemente incorporada por João de Deus é José Valdivino. Embora pouco se saiba de sua vida pregressa, ele se apresenta de maneira quase oposta ao dr. Augusto, com uma atitude muito mais franca e risonha, chegando a demonstrar grande carinho pelos consulentes. Não é raro ver a entidade incorporada parar a longa fila do atendimento do dia apenas para conversar calmamente com alguém.

O médium de Abadiânia costuma incorporar espíritos de homens. No entanto, sabe-se que já incorporou entidades femininas como santa Rita de Cássia e irmã Sheila. Esta última ficou conhecida devido às experiências de materialização realizadas na década de 1960 por uma médium mineira sob o comando de Chico Xavier.

João também recebe espíritos tão evoluídos que já perderam sua conexão com vidas passadas. Quando se fazem presentes, eles nada falam. Sua descida para o plano material exige muita energia da parte do médium, chegando a colocar a vida dele em risco. São espíritos portadores de cargas energéticas muito sutis, etéreas, cujas qualidades se chocam com as energias mais densas — ou materiais — do corpo do médium. Quando João de Deus incorpora entidades dessa envergadura, passa a se mover muito lentamente e seu semblante se transforma de maneira marcante. A simples presença desse tipo de espírito faz emanar uma atmosfera de calma e profundidade, como descrevem aqueles que já o presenciaram. No entanto, após um curto período, o médium começa a sentir em seu corpo os efeitos dessa energia, sofrendo às vezes sangramentos por nariz, olhos e boca, e tornando a desincorporação urgente.

CÁRITAS

Outra característica marcante da religiosidade de João de Deus é a oração. Reza-se em todas as dependências da Casa, repetidamente, o pai-nosso, a ave-maria e a de cáritas, que é estranha ao repertório cristão, mas com o qual o médium tem especial ligação. No momento em que incorpora alguma das muitas entidades, João de Deus, assim como as pessoas ao seu redor, sempre evoca essa prece.

Composta por imagens simples, trata-se de uma prece de caráter fraterno, cujo tema central se encontra na solicitação de ajuda divina para oferecer ânimo, consolo, guia ou repouso a todos os necessitados. Ela se inicia pedindo que um Deus misericordioso provenha aquilo que homens e mulheres carecem para alcançar a superação do sofrimento ou das limitações que afetam a condição humana.

Deus, nosso pai, que sois todo poder e bondade,
Dai força àqueles que passam pela provação,
Dai luz àqueles que procuram a verdade,
E ponde no coração do homem a compaixão e a caridade.
Deus,
Dai ao viajor a estrela guia,
Ao aflito, a consolação,
Ao doente, o repouso.
Pai,
Dai ao culpado o arrependimento,
Ao espírito, a verdade,
À criança, o guia,
Ao órfão, o pai.

Em cáritas não se encontra nenhuma menção a pecados, faltas a ser punidas ou castigos a ser enfrentados, nem a divindade evocada surge como um Deus vingativo. Pelo contrário, na sequência, aludindo às muitas fragilidades intrínsecas à condição humana, a oração solicita a piedade e a compreensão, para que as benesses cheguem aos necessitados por meio da ajuda de espíritos consoladores.

Que a vossa bondade se estenda sobre tudo o que criastes.
Piedade, Senhor, para aqueles que não vos conhecem,
E esperança para aqueles que sofrem.
Que a vossa bondade permita aos espíritos consoladores
Derramarem por toda a parte a paz, a esperança e a fé.

A paz, a esperança e a fé trazidas pelos espíritos benfazejos seriam as qualidades que sustentariam a jornada da humanidade em direção aos recursos da bondade de Deus, cujas emanações curariam as feridas da condição humana. Como Moisés na montanha, uma humanidade elevada por bons propósitos encontraria a fonte divina, permitindo, assim, que o desejo e a vocação de perfeição presentes na humanidade pudessem ser alcançados.

Deus,
Um raio, uma faísca de seu divino amor pode abrasar a terra,
Deixai-nos beber na fonte dessa bondade fecunda e infinita e
Todas as lágrimas secarão,
Todas as dores acalmar-se-ão,
Um só coração, um só pensamento subirá até vós,
Como um grito de reconhecimento e de amor.
Como Moisés sobre a montanha,
Nós vos esperamos de braços abertos.
Oh, bondade! Oh, poder! Oh, perfeição!
Queremos de alguma sorte merecer vossa misericórdia.

A prece termina invocando as virtudes necessárias para a concretização da utopia da perfeição, cuja realização dependeria simplesmente da vontade humana. Ânimo para sustentar o progresso, a caridade, a fé e a razão para perseverar no intento são as qualidades lembradas. Deus, colocado em posição de espera paciente, aguarda que a humanidade, por seu livre-arbítrio e consciência, seja capaz de achar o caminho para unir-se à divindade, desfrutando, finalmente, da perfeição que lhe é imanente. Nenhum julgamento divino, demônio, inferno ou punição aguardam essa humanidade, nem em seu estado imperfeito nem quando redimida de suas fraquezas. Apenas a ignorância, a imaturidade e a falta de percepção podem obstar a elevação progressiva dos seres no caminho da perfectibilidade.

Segundo a evocação de cáritas, a humanidade, entendida como um conjunto composto por indivíduos portadores de livre-arbítrio, dispõe do potencial natural para desenvolver todas essas qualidades.

Nessa visão, ela seria formada por seres cujos espíritos se encontram em diferentes estágios de evolução, que refletem o caminho já palmilhado em uma sucessão de vida e morte.

A prece de cáritas segue assim:

Deus,
Dai-nos a força do progresso para subirmos até vós,
Dai-nos a caridade pura,
Dai-nos a fé e a razão,
Dai-nos a simplicidade que fará das nossas almas
O espelho onde refletirá um dia a vossa santíssima imagem.

À primeira vista poderíamos tomar esta como mais uma das muitas preces cristãs de que dispomos. Nesse caso, porém, sua originalidade nos escaparia. Em seu apelo universalista, reivindica não apenas Deus, mas a razão, sugerindo que as benesses divinas virão com a luz do progresso humano. A oração transcende, portanto, os reclamos de uma humanidade passivamente sofredora, que só pode ser salva pelo milagre. Ela apela que Deus, com a ajuda de espíritos consoladores, auxilie os homens a encontrar sua própria salvação. Razão e fé parecem, aqui, dar as mãos, sugerindo um encontro novo entre o racional e o religioso. Não sendo nem uma prece tradicional nem uma invocação ao racionalismo, somos levados a perguntar: Qual é o real significado dessa invocação? Quem a escreveu? E quem é Cáritas?

Essa questão nos transporta para o Círculo Espírita de Lyon, na França, no dia 25 de dezembro de 1873. Naquela tarde, como de costume, um grupo estudioso de uma nova doutrina filosófica e de uma ciência recém-surgida se reuniu. No correr da assembleia, como sempre fazia, madame W. Krell incorporou diferentes espíritos e passou a psicografar textos por eles enviados.

O 25 de dezembro era especial também para os espíritas, que se mantinham seguidores de um Evangelho reinterpretado. Nesse dia, um espírito de luz incorporado por madame Krell se apresentou pelo nome de Cáritas e ditou a famosa prece. Desde então ela passou a ser constantemente evocada pelos praticantes do espiritismo, onde quer que se reúnam.

Essa oração vem se popularizando e é hoje recitada por outros grupos espiritualistas ou religiosos, da umbanda à Nova Era. Na Casa de João de Deus, suas palavras são diuturnamente evocadas, sustentando inúmeras vezes a incorporação e os trabalhos do médium que lá atende.

O ESPIRITISMO NO BRASIL DE HOJE

Se o espiritismo na França entra em declínio já na década de 1870, foi na América Latina, sobretudo no Brasil, que ele veio assumir a dimensão esperada pelos seus fundadores. Por aqui, podemos dizer que a doutrina adquiriu uma força social de peso, uma estrutura organizativa e corporativa profissionalizada e uma projeção marcante na sociedade. Como religião, porém, nunca se tornou majoritária, ainda que formas derivadas da crença permaneçam em expansão, gerando movimentos espiritualistas e religiosos ricos e variados.

O Censo de 2010 computou apenas 3,1% da população brasileira, isto é, 2,5 milhões de pessoas, que se identificam como seguidoras do espiritismo. Apesar de pequenas, essas cifras colocam a doutrina como a terceira em número de adeptos no Brasil. Índices que, no entanto, foram contestados pela Federação Espírita Brasileira (FEB), que afirma que o número real de brasileiros que de alguma forma praticam o espiritismo ou frequentam suas reuniões poderia atingir 20 milhões. Os espíritas lembram ainda que, além do grande público que procura os centros e instituições de caridade dessa denominação religiosa, qualquer filme ou programa de televisão que apresente o espiritismo torna-se logo um sucesso retumbante, realidade da qual ninguém discorda. Mesmo a estimativa conservadora de 2,5 milhões de seguidores situa o Brasil como o país com o maior número de espíritas do mundo.

Um aspecto interessante do Censo de 2010 foi mostrar que o espiritismo, após certo decréscimo, voltou a desenhar uma curva ascendente no Brasil. Além disso, o conjunto de seus adeptos, na comparação com todas as outras religiões, é o que apresenta o maior número de alfabetizados (98%) e de possuidores de diploma de curso universitário (31,5%) — um perfil que casa perfeitamente com o professado por Kardec: apego à palavra escrita e valorização dos ensinamentos de espíritos sábios. Mas será essa a única realidade da trajetória da doutrina no Brasil?

Certamente não. O espiritismo teve e tem aqui um impacto multifacetado e muito mais amplo que aquele desenhado pelos números oficiais. Uma das razões repousa na maneira de agir dos brasileiros em relação à adesão religiosa. Com uma população majoritariamente cristã, sendo os católicos, embora em decréscimo, ainda os mais numerosos, estimados em 64,4% da população, seguidos dos evangélicos, 22%, o país parece manter seu comportamento religioso característico, marcado pela flexibilidade de pertencimento e simpatias. O fato de alguém se declarar católico, por exemplo, não significa que frequente apenas os cultos dessa religião. Frente a demandas e dificuldades específicas, os brasileiros, em geral, sentem-se livres para buscar caminhos espirituais diversos. Doenças, mortes, perdas de emprego, falências financeiras, dificuldades econômicas e familiares em geral costumam motivar a procura, ainda que temporária, por um dos cultos de acesso e manipulação do mundo do imaterial, entendidos como meios legítimos de resolução de conflitos e/ou problemas materiais. No campo da saúde, isso fica bastante claro: brasileiros de todas as religiões ou mesmo sem religião procuraram ajuda de entidades espirituais como forma principal ou auxiliar na resolução desses problemas.

A Casa Dom Inácio de Loyola está registrada legalmente como centro espírita — o que não significa uma adesão estrita à doutrina. Trata-se apenas do expediente usual para obter o necessário registro legal de funcionamento. Assim, seus seguidores não são computados em separado nos censos religiosos nacionais, o que não permite que se saiba ao certo quantos são. A Casa Dom Inácio de Loyola tem divulgado, no entanto, que o curador de Abadiânia já atendeu mais de 10 milhões de pessoas em suas seis décadas de trabalho. Apesar da imprecisão dos números, podemos afirmar que a lógica que comanda os que a procuram é similar: em situação de doença, dificuldades emocionais, afetivas, conflito familiar, perda financeira e desafios diversos, ou ainda na procura de si mesmo e da experiência espiritual, o brasileiro — e, nos últimos anos, milhares de estrangeiros de todas as nacionalidades — acorre a Abadiânia em busca do acolhimento proporcionado pelo médium João e suas trinta e tantas entidades espirituais.

O legado de João de Deus

Embora grande parte das bases de atuação de João de Deus provenha do espiritismo, a verdade é que sua personalidade não se encaixa no modelo difundido pelos grandes médiuns espíritas, como Chico Xavier, cujas características eram a humildade, o desapego e a vida monástica. João Teixeira de Faria é um homem de personalidade forte e gênio explosivo, que adora receber amigos, cozinhar e dançar. Casou-se diversas vezes e teve dez filhos — a caçula, Mariana Francisca, nasceu quando ele tinha 72 anos. João também prosperou muito financeiramente e atende em Abadiânia apenas três dias por semana, para preservar um tempo livre para cuidar de seus negócios pessoais, que muito preza. Todos os que o cercam sabem exatamente a diferença entre sua personalidade e a que assume quando incorpora uma entidade. Incorporado, atende a todos com energia e paciência infatigáveis. Desincorporado, pode ser personalista, exigente e, às vezes, errático. Ele já afirmou ser uma pessoa muito sensível e que pequenos incidentes do dia a dia podem angustiá-lo muito. O contraste entre a personalidade de João Teixeira de Faria e sua atuação como médium é um dos temas constantemente abordados pelos que o conhecem bem.

Apesar dessa aparente contradição, a diferença entre ambas as posições de João de Deus impõe que as pessoas desenvolvam uma compreensão mais sutil da vida espiritual, concedendo certo espaço para a humanidade de todos. Embora João de Deus seja muito admirado e amado, suas idiossincrasias impedem um excessivo endeusamento de sua pessoa.

Da mesma maneira que o médium desfruta de uma vida privada, assim o fazem aqueles que atuam em torno da Casa, que, embora seja um local capaz de congregar centenas de pessoas dispostas a doar seu tempo e sua energia para a manutenção dos trabalhos diários, permite que todos continuem usufruindo de sua independência psíquica, afetiva e familiar. Viver a vida da melhor forma, com saúde física, mental, social e espiritual, é a estratégia adotada ali para superar o carma — algo que difere sutilmente do que é praticado pelos seguidores do kardecismo.

Outra característica notável é que na Casa Dom Inácio de Loyola ninguém está autorizado a falar em nome de João de Deus nem incorporar entidades. Embora os voluntários tenham capacidade mediúnica em graus variáveis, o único médium de incorporação no centro é ele. Os voluntários têm liberdade para expor ao público — nos salões da Casa ou na abertura e fechamento dos trabalhos da corrente — suas próprias convicções e crenças, mas apenas o médium pode falar em nome da Casa, tomando as decisões espirituais, administrativas e financeiras.

Uma das questões mais delicadas que rondam a Casa Dom Inácio de Loyola é a da sucessão. Em 2016, João de Deus completou 74 anos, algo raro entre médiuns que mantêm esse padrão de dedicação aos atendimentos. É preciso lembrar que ele já passou por duas doenças graves: um derrame nos anos de 1980 e um infarto em 2011, ambos superados com rapidez surpreendente.

O derrame cerebral, em 1987, provocou a paralisia do lado esquerdo do corpo do médium. Ele foi hospitalizado, mas não se deixou operar, abandonando o tratamento proposto pelos médicos. No dia seguinte, apesar das sequelas, voltou a atender normalmente. Contam os que na época estavam em Abadiânia que, incorporado, seu corpo voltava a funcionar como se nada tivesse acontecido. Quando a entidade o deixava, porém, a paralisia retornava. Depois de alguns meses, João de Deus foi avisado pela entidade que deveria se auto-operar e fez isso publicamente, como mostra uma fotografia feita na época. Após a intervenção, as sequelas do derrame desapareceram.

No final de 2011, João teve um infarto quando voltava de uma viagem ao exterior. Ele foi enviado primeiramente ao Hospital de Base de Brasília, onde lhe colocaram dois *stents* cardíacos. Mais tarde, internou-se no Hospital Sírio-Libanês, em São Paulo, onde seu médico particular, dr. Roberto Kalil, lhe introduziu mais quatro. No fim de 2012, João de Deus anunciou que, ao se submeter a um check-up no mesmo hospital, verificou-se que quatro *stents* haviam desaparecido. Muito satisfeito, o médium anunciava a todos os presentes na Casa Dom Inácio de Loyola que, segundo o dr. Kalil, sua saúde coronária estava excelente.

Em 2015, no entanto, pela primeira vez em quase sessenta anos de atendimento, ele precisou se manter afastado da Casa por mais de um mês, devido a uma cirurgia abdominal para retirada de um tumor cancerígeno, o que gerou novas especulações sobre o futuro.

João é um homem idoso, que passa grande parte do tempo cuidando de milhares de pessoas, o que gera apreensão em todos os que o cercam. O fato de incorporar espíritos que, alegadamente, já curaram inúmeras pessoas não significa que seja objeto de qualquer privilégio por parte deles, como João de Deus faz questão de afirmar. Segundo as crenças que subjazem a esse processo, os espíritos apenas usam do corpo do médium para canalizar para esta dimensão suas habilidades curativas e auxiliar os vivos. Para se curar, assim como acontece com os outros de quem cuida, é preciso que as entidades entendam que João de Deus está pronto para receber tal dom e que sua hora de partir pode ser adiada. Seguindo a linha de compreensão na qual se baseia a incorporação de espíritos, não cabe a ele, como indivíduo, controlar o processo que emana de planos imateriais. Essa lição de humildade é básica na cultura espírita, que considera que todos devem enfrentar seus desafios cármicos no plano terreno.

Apesar do temor que a fragilidade da saúde de João de Deus provocou no decorrer de sua ausência, o centro continuou funcionando e mantendo a rotina dos trabalhos. Todas as semanas, às quartas, quintas e sextas, a corrente se reuniu, os visitantes foram organizados em filas de atendimentos e levados a circular pelo mesmo trajeto interno, passando em frente à cadeira do médium João. Aqueles que participaram da formação da corrente nessas ocasiões atestaram que os trabalhos foram realizados com normalidade, sugerindo a possibilidade de funcionamento da Casa em qualquer circunstância. No entanto, foi com grande alívio que se assistiu ao retorno do médium aos atendimentos — ainda que mais magro e um pouco mais contido.

Grande parte das atividades econômicas de Abadiânia depende de que o centro se mantenha em funcionamento, de modo que há uma óbvia preocupação com o tempo em que ainda será possível contar com a presença física do seu fundador e condutor. Isso é mais importante ainda para aqueles que depositam suas esperanças nos tratamentos ministrados por ele. Afinal, o que acontecerá quando João de Deus não estiver mais presente?

Por ser um médium carismático, que, ao longo de décadas, estabeleceu uma prática muito pessoal, com dedicação absoluta, e consolidou-se como possuidor de habilidades excepcionais, seria inútil pensar em sucessores. No entanto, como catalisador de um movimento espiritual de cura que concebeu uma prática tão eclética como a corrente, talvez ele próprio tenha planejado uma forma de preservar seu trabalho. Quando lhe perguntaram sobre o que aconteceria quando tivesse que partir, João de Deus respondeu que tinha certeza de que a Casa Dom Inácio de Loyola sobreviveria, embora não soubesse exatamente de que maneira.

Como todo praticante convicto da incorporação de espíritos, o médium sabe que terá que deixar sua amada Casa mais cedo ou mais tarde, mas sabe também que esse não será o fim de sua missão. Ele espera que, depois que deixar o corpo material, possa retornar muitas vezes a Abadiânia em nova condição, continuando a atender, diagnosticar, operar e curar todos que o procurem. Nesse caso, embora ressurja com uma nova roupagem, os espíritos das entidades e do próprio João de Deus deverão continuar presentes, mantendo o trabalho diário sem grandes transformações. O que nos leva a pensar tanto na descontinuidade da vida quanto na continuidade da morte — e, mais ainda, nas continuidades entre ambas.

No correr de 2015, João de Deus se submeteu a sessões de quimioterapia em São Paulo, seguindo todas as prescrições de seus médicos, como qualquer paciente portador de uma doença tão grave o faria. Assim agindo, João demonstrou com seu próprio exemplo o lema sempre repetido na Casa, de que todos devem manter seus tratamentos convencionais. A cura por meio dos espíritos viria a complementar — ou, quem sabe, se sobrepor — os tratamentos dos "médicos da terra" ou dos "casacas brancas", sem nunca se opor a eles. Pessoalmente, ele ainda demonstrou a sua humildade frente aos limites da condição humana, atravessada pela doença e pela morte. Isso enquanto aguardava um sinal dos espíritos: o de que poderia estender sua estadia por mais um pouco.

Segundo se comentou em Abadiânia, a boa-nova teria surgido em janeiro de 2016, quando as entidades teriam avisado João de Deus que ele já estaria na rota da cura. Impressionante pensar que aos 73 anos, carregando uma carga de trabalho tão pesada quanto ele, e ainda sofrendo de um câncer gravíssimo, João de Deus manteve uma rotina quase normal e ainda se curou em apenas cinco meses. Toda a situação nos leva a refletir a respeito da equação irrespondível entre a medicina e a cura espiritual, ou em outras palavras, entre a razão e a fé. Lembremos, no entanto, que para os espíritas o mundo imaterial das entidades é apenas uma das dimensões de um território ainda desconhecido. O mundo dos espíritos não se opõe ao da ciência. Pelo contrário, ele dá sentido a uma realidade mais ampla do que podemos reconhecer.

Assim, em fevereiro de 2016, quando este livro já estava em revisão, João de Deus ressurgiu, em um piscar de olhos, mais disposto e fortalecido, garantindo que manterá seus atendimentos por muitos anos. Em seguida, foi assistir aos desfiles das escolas de samba no Rio de Janeiro.

Parece que a superação de mais uma doença, agora em idade já avançada, despertou nele um novo apetite pela vida. O médium parece andar mais tranquilo e paciente, conversando e sorrindo com maior frequência, usufruindo a superação do difícil momento que enfrentou. Ele tem dito que as entidades lhe avisaram que ainda terá pela frente o tempo suficiente para aprofundar sua missão.

Sem dúvida, João de Deus pretende aproveitar cada minuto da nova chance que lhe foi oferecida. Recebendo os espíritos, curando a si próprio e aos outros, tem exemplificado, com sua própria vida, a fé nas entidades e na capacidade de cada um traçar o caminho de sua cura pessoal.

Agradecimentos

João de Deus: Um médium no coração do Brasil é resultado da colaboração generosa, do apoio e da ajuda de muitos. Foi incrível ver como tantos amigos e amigas, antigos e novos, se mobilizaram para me auxiliar a realizar este projeto desafiador. Como este livro não teria sido escrito se eu não contasse com a solidariedade de tantos, preciso expressar meus mais sinceros agradecimentos a todos aqueles que acreditaram nele e no meu talento para concretizá-lo.

Em primeiro lugar, preciso agradecer a João de Deus, pela inabalável dedicação à sua missão e por ter, generosamente, permitido a elaboração deste livro. Ao sr. Hamilton Pereira, que sempre apoiou o projeto, mesmo quando ele parecia distante, reafirmo aqui que sua atitude foi estratégica. Quero agradecer igualmente a todos os voluntários, colaboradores e funcionários da Casa Dom Inácio de Loyola que, a cada dia, se dedicam a acolher os visitantes.

Preciso agradecer também a todas as pessoas que se dispuseram a conversar comigo em Abadiânia, compartilhando histórias de vida, crenças, depoimentos pessoais, trabalhos e memórias. Sem vocês, este livro não existiria. Lembro especialmente de Sonia Shiguetaka, Leonor Vervloet Feu Rosa, Heather Cumming, Tânia Apfel, Clarissa Vanazzi Pinto, Celeste Vannazzi, Grainne McEntee, Daniela Mazzariol, Felipe Klein, Larissa Megale, Isaíra Alves da Silva, Angela Homercher, Lidia Paraskeva, Silver Bear e Candé Salles.

Agradeço de maneira especial o apoio do pessoal da Pousada Irmão Sol, Irmã Lua, que sempre me acolheu com especial carinho: Fernanda e Martin Mosquera, Péricles e Elisy Montalvão, Bibiana Rodrigues e, sobretudo, Gisele Montalvão (in memoriam).

Na editora recebi o incentivo e o apoio que todo autor deseja. Minha querida amiga, Lili Schwarcz, de quem partiu a ideia do livro e acreditou nele todo o tempo, mesmo nos momentos mais difíceis, foi presença fundamental. Sem seu estímulo não haveria livro. Preciso agradecer também a Luiz Schwarcz pela sabedoria editorial e a Júlia Schwarcz pela alegria, inteligência e elegância no tratamento do livro. Júlia Bussius foi um apoio constante e amigo. Ivan Marsiglia foi um leitor excepcionalmente arguto do texto.

Muitos amigos e amigas de diferentes países e continentes apoiaram o projeto e com ele colaboraram de muitas maneiras, se envolvendo com o tema, escutando minhas ideias, lendo partes do livro, dando dicas ou desculpando meus atrasos e desaparecimentos momentâneos nas muitas viagens que fiz enquanto escrevia. Lembro especialmente de Dardo (Negro) Castro, Tereza Aline Pereira de Queiroz, Flávio Gomes, Elizabeth Cancelli, Keila Grinberg, Bebete Martins, Sueann Caulfield, Ana Lúcia Araújo, Diana Paton, Emily West, James Woodard, Brodwyn Fisher, Luiz Carlos Soares, Joana Pedro, Lúcia Guimarães, Wlamyra Albuquerque, Lígia Ferreira, Luiz Felipe Alencastro e Beatriz Mamigonian e Fernanda Tabata.

Preciso agradecer também aos meus alunos e alunas de pós-graduação (que são também grandes amigos) Alexandre Otsuka, Alexandre Cardoso, Clícea Miranda, Maíra Chinelatto Alves e Maria Clara Carneiro Sampaio, que incentivaram, ajudaram e compartilharam a elaboração do livro enquanto escreviam seu próprio trabalho. Agradeço especialmente a Lorena Telles e Marília Ariza, que colaboraram em etapas do livro.

Dida Machado continuou interessada e apoiando meus projetos. Willie Monteiro me incentivou a abraçar o desafio. Everly Nascimento compartilhou viagens e descobertas. Finalmente Álvaro Dias e Thomas Monteiro se envolveram no dia a dia da elaboração, me ajudando a manter o otimismo na vida e nas minhas possibilidades.

Referências bibliográficas

ARTIGOS ACADÊMICOS, DISSERTAÇÕES E TESES

ALMEIDA, Alexandre Moreira; ALMEIDA, Tatiana Moreira; GOLLNER, Angela Maria. "Cirurgia espiritual: Uma investigação". *Revista da Associação Médica Brasileira*, São Paulo, v. 46, n. 3, pp. 194-200, jul.-set. 2000.

________; ________; ________; KRIPPNER, Stanley. "A Study of the Mediumistic Surgery of John of God". *The Journal of Shamanic Practice*, v. 2, n. 1, pp. 21-31, mar. 2009.

ALVARADO, Carlos S. et al. "Perspectivas históricas da influência da mediunidade na construção de ideias psicológicas e psiquiátricas". *Revista de Psiquiatria Clínica*, n. 34, supl. 1, pp. 42-53, 2007.

AMADO, Janaína. "Eu quero ser uma pessoa: Revolta camponesa e política no Brasil". *Resgate Revista de Cultura*, Campinas, v. 4, n. 5, pp. 47-69, 1993.

ARAUJO, Daniela Nunes de. *Fraternidade eclética: Compondo memórias e construindo identidades*. Brasília: UnB, 2011. 159 f. Dissertação (Mestrado em História da Cultura).

ARRIBAS, Célia da Graça. *Afinal, espiritismo é religião? A doutrina espírita na formação da diversidade religiosa brasileira*. São Paulo: USP, 2008. 226 f. Dissertação (Mestrado em Sociologia).

________. "Kardecismo e umbanda: Duas religiões do Brasil". *Horizontes Antropológicos*, Porto Alegre, ano 19, n. 40, pp. 466-70, jul.-dez. 2013.

________. *No princípio era o verbo: Espíritas e espiritismo na modernidade religiosa brasileira*. São Paulo: USP, 2014. 255 f. Tese (Doutorado em Sociologia).

AZEVEDO, Luana Oliveira de. *Um império e duas medicinas: A introdução da homeopatia no Brasil na década de 1840.* Rio de Janeiro: PUC, 2008. 54 p. Monografia (Bacharelado em História).

BRASILEIRO, Beatriz Gonçalves; PIZZIOLO, Virginia Ramos; MATOS, Danilo Santos; GERMANO, Ana Maria; JAMAL, Cláudia Masrouah. "Plantas medicinais utilizadas pela população atendida pelo programa 'Saúde da Família', Governador Valadares, MG". *Revista Brasileira de Ciências Farmacêuticas*, São Paulo, v. 44, n. 4, pp. 629-36, out.-dez. 2008.

BRITO, Ivanildes Bergamelli de. *Políticas públicas de apoio às famílias impactadas pela crise mineradora em Santa Terezinha de Goiás.* Goiânia: Faculdades Alves Faria, 2012. 79 f. Dissertação (Mestrado em Desenvolvimento Regional).

CAMARGO, Maria Thereza Lemos de Arruda. "A garrafada na medicina popular: Uma revisão historiográfica". *Dominguezia*, Buenos Aires, v. 27, n. 1, 2011.

CAVALHEIRO, Carlos Carvalho. "João de Camargo e a formação de uma territorialidade negra". Disponível em: <www.historiaehistoria.com.br/materia.cfm?tb=artigos&id=163#_ftn2>.

CHAUL, Nasr Fayad. *Coronelismo em Goiás: Estudo de casos e famílias.* Goiânia: UFG, 1998. Dissertação (Mestrado em História).

CIPRIANO, Juraci da Rocha. *Cidade eclética: Messianismo, carisma e rotinização.* Goiânia: Universidade Católica de Goiás, 2005. 97 f. Dissertação (Mestrado em Ciências da Religião).

COSTA, Valdeli Carvalho. "Cabula e macumba". *Síntese Revista de Filosofia*, Belo Horizonte, v. 14, n. 41, pp. 66-85, 1987.

CRUZ, Regina Coeli Gonçalves da Cruz. *Relatos de uso de* Passiflora alata curtis *no tratamento de câncer de mama pela Casa Dom Inácio de Loyola.* Curitiba: Faculdades Integradas Espíritas, 2005. Monografia (Pós-graduação em Fitoterapia).

DIBO, Monalisa. "Quem é João de Deus?". *Último Andar*, São Paulo, n. 22, pp. 63-82, out. 2013.

ESTEVES, Carlos Leandro da Silva. *Nas trincheiras: Luta pela terra dos posseiros de Formoso e Trombas (1948-1964), uma resistência ampliada.* Niterói: UFF, 2007. 162 f. Dissertação (Mestrado em História Social/Contemporânea).

FERNANDES, Paulo César da Conceição. *As origens do espiritismo no Brasil: Razão, cultura e resistência no início de uma experiência (1850-1914).* Brasília: UnB. 139 f. Dissertação (Mestrado em Sociologia) — Departamento de Sociologia. Brasília, 2008.

GOMES, Adriana. "A criminalização do espiritismo no Código Penal de 1890: As discussões nos periódicos do Rio de Janeiro". *Revista Ágora*, Vitória, n. 17, pp. 62-76, 2013.

GRINBERG-ZYLBERBAUM, J. "The Retrieval of Learned Information — A Neuropsychological Convergence-Divergence Theory. *Journal of Theoretical Biology*, n. 56, pp. 95-110, 1976.

JENSEN, Tina Gudrun. "Discursos sobre as religiões brasileiras: Da desafricanização para a reafricanização". *REVER*, São Paulo, ano 1, n. 1, p. 200. Disponível em: <www.pucsp.br/rever/rv1_2001/t_jensen.htm>.

LEWGOY, Bernardo. "Chico Xavier e a cultura brasileira". *Revista de Antropologia*, São Paulo, v. 44, n. 1, pp. 53-116, 2001.

________. "Etnografia da leitura num grupo de estudos espírita". *Horizontes Antropológicos*, Porto Alegre, ano 10, n. 22, pp. 255-82, jul.-dez. 2004.

________. "A transnacionalização do espiritismo brasileiro: Uma discussão inicial". *Religião e Sociedade*, Rio de Janeiro, ano 1, 28, pp. 84-108, 2008.

LUCCHETTI, Alessandra Lamas Granero. *Descrição da terapia complementar religiosa em centros espíritas da cidade de São Paulo com ênfase na abordagem sobre problemas de saúde mental*. São Paulo: USP, 2013. 178 f. Dissertação (Mestrado em Ciências).

MAIA, Cláudio Lopes. *Os donos da terra: A disputa pela propriedade e pelo destino da fronteira — a luta dos posseiros em Trombas e Formoso 1950/1960*. Goiânia: UFG, 2008. 275 f. Tese (Doutorado em História).

MARALDI, Ewerton de Oliveira. *Metamorfoses do espírito: Usos e sentidos das crenças e experiências paranormais na construção da identidade de médiuns espíritas*. São Paulo: USP, 2011. 788 f. Dissertação (Mestrado em Psicologia).

MARIANO, Ricardo. "Mudanças no campo religioso no censo de 2010". *Debates do NER*, Porto Alegre, ano 14, n. 24, pp. 119-24, jul.-dez. 2013.

MELLO, Glaucia Buratto Rodrigues de. "Os peregrinos ecléticos cristãos". *Cadernos de Campo*, São Paulo, n. 12, pp. 25-40, 2004.

MONTENEGRO, Antônio Torres. "As ligas camponesas às vésperas do golpe de 1964". *Projeto História*, São Paulo, n. 29, t. 2, pp. 391-416, dez. 2004.

NASCIMENTO, Isaura Barbosa do. *Problemáticas socioambientais e implicações à saúde do trabalhador: O caso do garimpo de esmeraldas em Campos Verdes-GO*. Brasília: UnB, 2009. 169 f. Dissertação (Mestrado em Geografia).

NEGRÃO, Lísias Nogueira. *Umbanda e questão moral: Formação e atualidade no campo umbandista em São Paulo*. São Paulo: USP, 1993. Tese (Doutorado).

OLIVEIRA, Elda Rizzo de. *Doença, cura e benzedura: Um estudo sobre o ofício das benzedeiras em Campinas*. Campinas: Unicamp, 1983. 511 p. Dissertação (Mestrado em Antropologia Social).

PIMENTA, Tânia Salgado. *O exercício das artes de curar no Rio de Janeiro (1828 a 1855)*. Campinas: Unicamp, 2003. 263 f. Tese (Doutorado em História).

PÔRTO, Ângela. "O sistema de saúde do escravo no Brasil do século XIX: Doenças, instituições e práticas terapêuticas". *História, Ciências, Saúde — Manguinhos*, Rio de Janeiro, v. 13, n. 4, pp. 1019-27, out.-dez. 2006.

PRANDI, Reginaldo. "Modernidade com feitiçaria: Candomblé e umbanda no Brasil do século XX". *Tempo Social*, São Paulo, v. 2, n. 1, pp. 49-74, 1º semestre 1990.

________. "O Brasil com axé: Candomblé e umbanda no mercado religioso". *Estudos Avançados*, São Paulo, ano 18, n. 54, pp. 223-38, 2004.

________. "Coração de pombagira". *Revista Esboços*, Florianópolis, v. 17, c. 23, pp. 141-9, 2010.

QUEIROZ, Marcos de Souza; CANESQUI, Ana Maria. "Contribuições da antropologia à medicina: uma revisão de estudos no Brasil". *Revista Saúde Pública*, São Paulo, v. 29, n. 9, pp. 141-51, 1986.

QUEIROZ, Renato da Silva. "Mobilizações sociorreligiosas do Brasil: Os surtos messiânico-milenaristas". *Revista USP*, São Paulo, n. 67, pp. 132-49, set.-nov. 2005.

REIS, Marcelo Rodrigues dos. *Tia Neiva: A trajetória de uma líder religiosa e sua obra, o Vale do Amanhecer (1925-2008)*. Brasília: UnB, 2008. 301 f. Dissertação (Mestrado em História da Cultura).

RIBEIRO FILHO, Ariovaldo. "A institucionalização da homeopatia no Brasil". *Revista de Homeopatia*, São Paulo, n. 71, pp. 70-3, 2008.

RODRIGUES, Antonio Greco. "Buscando raízes". *Horizontes Antropológicos*, Porto Alegre, ano 7, n. 16, pp. 131-44, dez. 2001.

SÁEZ, Óscar Calavia. "João de Camargo: Sincretismo e identidades". *Revista de Ciências Humanas*, Florianópolis, v. 16, n. 24, pp. 138-53, out. 1998.

SAVARIS. Alfredina Arlete. *Curas paranormais realizadas por João Teixeira de Faria*. Curitiba: Faculdades Integradas Espíritas, 1997. Dissertação (Pós-graduação).

SCOFANO, Denise; LUZ, Madel T. "Vitalism and Normativeness: Hahnemann and Canguilhem". *International Journal of High Dilution Research*, Guaratinguetá, v. 7, n. 24, pp. 140-6, 2008.

SIQUEIRA, Eurípedes Bastos. "O desenvolvimento do estado de Goiás sob a ótica do planejamento territorial". *Revista CEPG*, Goiânia, n. 20, pp. 103-14, jan. 2009.

Souza, Juvanir Borges de. “Escorço histórico da Federação Espírita Brasileira”, folheto, FEB, s/d.

STOLL, Sandra Jaqueline. “Religião, ciência ou autoajuda? Trajetos do espiritismo no Brasil”. *Revista de Antropologia*, São Paulo, v. 45, n. 2, pp. 361-402, 2002.

________. “O espiritismo na encruzilhada: Mediunidade com fins lucrativos?”. *Revista de Antropologia*, São Paulo, n. 67, pp. 176-185, set.-nov. 2005.

TONIOL, Rodrigo. “O censo de 2010: Religiões em movimento, perspectivas em diálogo”. *Religião e Sociedade*, Rio de Janeiro, n. 34, pp. 193-203, 2014.

ARTIGOS EM REVISTAS DE DIVULGAÇÃO CIENTÍFICA

ANDRADE, Rodrigo de Oliveira. “Laboratório a céu aberto”. *Revista Fapesp*, São Paulo, n. 208, jun. 2003. Disponível em: <revistapesquisa.fapesp.br/2013/06/05/laboratorio-a-ceu-aberto>.

ARTIGOS EM REVISTAS NÃO ACADÊMICAS

ADAMS, Celeste Aleegrea. “John of God: The Story of Modern Pilgrimage”. *The Spirit of Ma'at*. Disponível em: <www.spiritofmaat.com/archive/sep4/joaodeus.htm>.

BALLOUSSIER, Anna Virginia. “Cineasta Anna Muylaert vai do quarto de empregada ao tapete vermelho”. *Revista Serafina*, out. 2015. Disponível em: <www1.folha.uol.com.br/serafina/2015/11/1697710-cineasta-anna-muylaert-vai-do-quarto-de-empregada-ao-tapete-vermelho.shtml>.

FONSECA, Artur. “Os bastidores do *Livro dos Espíritos*”. *Superinteressante*, jul. 2008. Disponível em: <super.abril.com.br/historia/os-bastidores-do-livro-dos-espiritos>.

NICKELL, Joe. “‘John of God’: Healing by Entities?”. *Skeptical Inquirer*, set.-out. 2007. Disponível em: <www.csicop.org/si/show/john_of_god_healings_by_entities/>.

NOGUEIRA, Pablo. “O homem de Abadiânia”. *Revista Galileu*, dez. 2008. Disponível em: <revistagalileu.globo.com/Revista/Galileu/0,,EDR85321-7943,00.html>.

VILLAMÉA, Luiza. "A dupla face de Abadiânia". *Revista Brasileiros*, jul. 2013. Disponível em: <brasileiros.com.br/2013/07/a-dupla-face-de-abadiania/>.

LIVROS

ALVES, Carlos Joel Castro. *Uma missão de amor: João Teixeira de Faria*. 2. ed. Uberaba: Múltipla, 1995.

________. *João de Deus: A serviço da luz*. 2. ed. Uberaba: edição do autor, 2012.

ANDERSON, Robert; DJITE-BRUCE, Fideline (Orgs.). *The Puzzle of Pain. East Roseville*. East Roseville: G+B Arts International, 1994.

ARAIA, Eduardo. *Espiritismo: Doutrina, fé e ciência*. São Paulo: Ática, 1996.

AUBRÉE, Marion; LAPLANTINE, François. *La Table, le livre et les espirits*. Paris: Lattès, 1990.

BASTIDE, Roger. *Estudos afro-brasileiros*. São Paulo: Perspectiva, 1983.

________; FERNANDES, Florestan. *Brancos e negros em São Paulo*. São Paulo: Global, 2008.

BELTRAN, Paulo. *História da terra e do homem no Planalto Central*. Brasília: Solo, 1994.

BIANCHI, Ney. *A verdade sobre dr. Fritz*. Rio de Janeiro: Nova Era, 1996.

BLUM, Deborah. *Ghost Hunters: William James and the Search for Scientific Proof of Life After Death*. Nova York: Penguin, 2006.

BRAGDON, Emma. *Spiritual Alliances: Discovering the Roots of Health at the Casa Dom Inácio*. Woodstock: Lightining Up, 2002.

BRODSKY, Barbara. *Cosmic Healing: A Spiritual Journey with Aaron and John of God*. Berkley: North Atlantic, 2011.

BROWN, Diana. *Umbanda: Religion and Politics in Urban Brazil*. Nova York: Columbia University Press, 1994.

CÂMARA CASCUDO, Luiz. *Dicionário de folclore brasileiro*. 12. ed. São Paulo: Global, 2012.

CAMARGO, Maria Thereza Lemos de Arruda. *Medicina popular*. São Paulo: Almed, 1985.

CAMPOS, Carlos de; FRIOLI, Adolfo. *João de Camargo: O nascimento de uma religião*. São Paulo: Ed. Senac, 1999.

CAVALCANTI, Maria Laura Viveiros de Castro. *O mundo invisível: Cosmologia, sistema ritual e pessoa no espiritismo.* Rio de Janeiro: Biblioteca Virtual de Ciências Humanas do Centro Edelstein de Pesquisas Sociais, 2008.

CHAVEIRO, Eguimar F.; CALAÇA, Manoel; REZENDE, Mónica Cristina da Silva. *A dinâmica demográfica de Goiás.* Goiânia: Ellos, 2009.

COMENALE, Reinaldo. *Zé Arigó: A oitava maravilha.* Belo Horizonte: Boa Imagem, s/d.

CROCE, Paul Jerome. *Science and Religion in the Era of William James.* Chapel Hill: The University of Carolina Press, 1995.

CUMMING, Heather; LEFFLER, Karen. *João de Deus: O médium de cura brasileiro que transformou a vida de milhões.* São Paulo: Pensamento, 2007.

CUNHA, Paulo Ribeiro da. *Aconteceu longe demais: A luta dos posseiros de Formoso e Trombas e a revolução brasileira, 1950-1964.* São Paulo: Ed. Unesp, 2007.

DAMAZIO, Sylvia F. *Da elite ao povo: Advento e expansão do espiritismo no Rio de Janeiro.* Rio de Janeiro: Bertrand Russell, 1994.

DASS, Ram. *Be Here Now.* San Cristobal: Lama Foundation, 1978.

DIDI-HUBERMAN, Georges. *Invention de l'Hysterie.* Paris: Macula, 1982.

DOYLE, Arthur Conan. *A história do espiritualismo: De Swedenborg ao início do século XX.* Brasília: FEB, 2013.

FEINSTEIN, Howard M. *Becoming William James.* Ithaca: Cornell University Press, 1984.

FERNANDES, Florestan. *Leituras e legados.* São Paulo: Global, 2012.

FULLER, John. *Arigó: The Surgeon of Rusty Knife.* Nova York: Thomas Y Crowell, 1974.

GARCIA, Ismar Estulano. *Curas espirituais.* 3. ed. Goiânia: Abeditora, 2009.

________. *João de Deus (Abadiânia): Vida e mediunidade.* Goiânia: Abeditora, 2013.

GREENFIELD, Sidney. "The Best of Two Worlds: Spiritist Healing in Brazil". In: RETEL-LAURENTIN, A. *Etiologie et Perception de la Maladie.* Paris: L'Harmattan, 1987.

________. "O corpo como uma casca descartável: o médium-curador e seus críticos". In: CAVALCANTE, A. M. (Org.). *Corpo de saúde: Corpo de fé.* Fortaleza: Fundetec, 1986.

________. *Cirurgias do além: Pesquisas antropológicas sobre curas espirituais.* Petrópolis: Vozes, 1999.

GRINBERG-ZYLBERBAUM, Jacobo. *Curaciones chamánicas: Pachita, el milagro de México.* Madri: América Ibérica; Año Cero, 1994.

________. *Al lado de d. Pachita.* Cidade do México: Ingramex, 1987.

HARRIS, Ruth. *Assassinato e loucura: Medicina, leis e sociedade no Fin de Siècle.* Rio de Janeiro: Rocco, 1993.

HIEDERICK, Indoval Morelli. *Refletindo sobre a obsessão.* Vitória: Centro Espírita Irmã Clotilde, s/d.

ISAIA, Artur Cesar; MANOEL, Ivan Aparecido (Orgs.). *Espiritismo e religiões afro-brasileiras.* São Paulo: Ed. Unesp, 2011.

KARDEC, Allan. *O evangelho segundo o espiritismo.* Araras: IDE, 2004.

________. *O livro dos espíritos.* Araras: IDE, 2008.

________. *O céu e o inferno.* Rio de Janeiro: FEB, 2005.

________. *A gênese: Os milagres e as predições segundo o espiritismo.* Rio de Janeiro: FEB, 2013.

________. *O livro dos médiuns.* Araras: IDE, 2008.

________. *L'Espiritisme: est-il une Religion?* In: *Revue Spirite*, dez. 1868, pp. 204-9. Disponível em: <www.cslak.fr/images/cslak/bibliotheque/livres/Allan_Kardec/revuespirite68.pdf>. [Todos os acessos foram realizados em 21 jul. 2016].

________. *Qu'est-ce que L'Espiritisme?* Lyon: Centre Spirite Lyonnais Allan Kardec, 1859.

KEHL, Luíza (pelo espírito Joyce Grossmann). *A morte não existe.* 4. ed. Porto Alegre: edição do autor, 2014.

KOGURUMA, Paulo. *Conflitos do imaginário: A reelaboração das práticas e crenças afro-brasileiras na "Metrópole do Café", 1890-1920.* São Paulo: Annablume, 2001.

KRELL, W. *Rayonnements de la vie spirituelle: science et morale de la philosophie spirite.* Estados Unidos: Amazon Digital Services, 2012.

LANDI, Ana. *Divaldo Franco: A trajetória de um dos maiores médiuns de todos os tempos.* São Paulo: Bella, 2015.

LEWGOY, Bernardo. *O grande mediador: Chico Xavier e a cultura brasileira.* Bauru: Edusc, 2004.

LOMBROSO, Cesare. *Hypnotisme et spiritisme.* Paris: Ernest Flammarion, 1910.

LOYOLA, Maria Andréa. *Médicos e curandeiros: Conflito social e saúde.* São Paulo: Difel, 1984.

MACHADO, Maria Helena P. T. "Introdução". In: MAGALHÃES, José Vieira Couto de. *Diário íntimo*. São Paulo: Companhia das Letras, 1994.

________. "An American Adam in the Amazonian Garden of Eden". In: *Brazil Through the Eyes of William James: Letters, Diaries, and Drawings, 1865-1866*. Cambridge, MA: Harvard University Press; David Rockefeller Center for Latin American Studies, 2006.

MAFFESOLI, Michel. *El nomadismo: vagabundeos iniciáticos*. Cidade de México: Fondo de Cultura Económica, 2004.

MAGGIE, Yvone. *Medo do feitiço: Relações entre magia e poder no Brasil*. Rio de Janeiro: Arquivo Nacional, 1992.

MALZONI, Antonio Paulo. *João de Camargo de Barros na vida do povo*. Sorocaba: edição do autor, 2008.

MCKINNEY, Kelsie. *John of God: Journey to the Spirit World*. Boulder: Roots and Wings, 2012.

MCREERY, David. *Frontier: Goiás, 1822-1889*. Stanford: Stanford University Press, 2006.

MENAND, Louis. *The Metaphysical Club*. Nova York: Farrar, Straus, and Giroux, 2001.

MENEZES, Bezerra. *A loucura sob novo prisma*. Rio de Janeiro: FEB, 2012.

MESMER, Franz Anton. "Physical-Medical Treatise on the Influence of the Planets". In: BLOCH, G. (Org.) *Mesmerism*. Los Altos: William Kaufmann, 1980.

MONTEIRO, Douglas Teixeira. *Os errantes do novo século*. São Paulo: Duas Cidades, 1974.

O'CONNOR, J. F. X. (Org.). *The Authobiography of Saint Ignatius*. Nova York: Bezinger Brothers, 1900.

ORTIZ, Renato. *A morte branca do feiticeiro negro: Umbanda e sociedade brasileira*. São Paulo: Brasiliense, 1991.

PALACÍN, Luis. *Coronelismo no extremo norte de Goiás: O padre João e as três revoluções de Boa Vista*. São Paulo: Loyola, 1990.

PELLEGRINO-ESTRICH, Robert. *João de Deus: O curador e seus milagres*. Anápolis: edição do autor, s/d.

PIRES, J. Herculano. *Mediunidade: Vida e comunicação. Conceituação da mediunidade e análise geral dos seus problemas atuais*. São Paulo: Edicel, 1984.

________. *Arigó: Vida, mediunidade e martírio*. 4. ed. São Paulo: Paideia, 2008.

PÓVOA, Liberato. *João de Deus: O fenômeno de Abadiânia*. Belo Horizonte: Personal, 1994.

PRANDI, Reginaldo. *Os mortos e os vivos: Uma introdução ao espiritismo*. São Paulo: Três Estrelas, 2012.

QUEIROZ, Maria Isaura Pereira de. *O mandonismo local na vida política brasileira*. São Paulo: Alfa-Omega, 1976.

RAMOS, Artur. *As culturas negras no Novo Mundo*. 4. ed. São Paulo: Companhia Editora Nacional, 1979.

________. *O negro brasileiro*. Recife: Fundaj; Massangana, 1988.

RANDI, James. *Flim-Flam: Psychics, ESP, Unicorns and Other Delusions*. Falls Church: James Randi Educational Foundation, 1982.

________. *Encyclopedia of Claims, Frauds, and Hoaxes of the Occult and Supernatural*. Falls Church: James Randi Educational Foundation, 1995.

RANIERI, R. A. (pelo espírito André Luiz). *Sexo depois da morte*. Guaratinguetá: Edifrater, 1991.

REIS, João José. *Domingos Pereira Sodré: Escravidão, liberdade e candomblé na Bahia do século XIX*. São Paulo: Companhia das Letras, 2008.

RIO, João do. *As religiões no Rio*. Rio de Janeiro: José Olympio, 2015.

RIOS, Antônio de Oliveira (pelo espírito Biluana). *Uma flor em meu caminho*. Goiânia: Templo da Regeneração Espiritual, 1988.

RIZZINI, Jorge. *O caso Arigó (e outros temas doutrinários)*. São Paulo: Supertipo, 1963.

ROQUE, Paulo (Org.) *A colonização do cerrado: Savana e celeiro do mundo*. São Paulo: Prêmio, 2006.

SAMPAIO, Gabriela Reis. *Juca Rosa: Um pai de santo na Corte imperial*. Rio de Janeiro: Arquivo Nacional, 2009.

SCHRITZMEYER, Ana Lúcia Pastore. *Sortilégio de saberes: Curandeiros e juízes nos tribunais brasileiros (1900-1990)*. São Paulo: IBCCRIM, 2004.

SCHWARCZ, Lilia M.; STARLING, Heloísa M. *Brasil: Uma biografia*. São Paulo: Companhia das Letras, 2015.

SERVIÇO DE DOCUMENTAÇÃO DA PRESIDÊNCIA. *Brasília: História de uma ideia*. Rio de Janeiro: Presidência da República, 1960.

SHOWALTER, Elaine. *Anarquia sexual: Sexo e cultura no Fin de Siècle*. Rio de Janeiro: Rocco, 1993.

SILVA, Fábio Luiz da. *Espiritismo: História e poder.* Londrina: Eduel, 2005.

SILVA, Vagner Gonçalves. *Candomblé e umbanda: Caminhos da devoção brasileira.* São Paulo: Ática, 2000.

SOARES, Luiz Carlos. *O "povo de Caam" na capital do Brasil: A escravidão urbana do Rio de Janeiro do século XIX.* Rio de Janeiro: 7 Letras, 2007.

SOUZA, Dalva Borges de (Org.). *Goiás: Sociedade e Estado.* Goiás: Cânone, 2004.

SOUZA, Laura de Mello. *O diabo e a Terra de Santa Cruz.* São Paulo: Companhia das Letras, 1986.

________. *Inferno atlântico: Demonologia e colonização dos séculos XVI-XVIII.* São Paulo: Companhia das Letras, 1993.

ST. CLAIR, David. *Drum and Candle.* Londres: Macdonald, 1971.

STOLL, Sandra Jacqueline. *Espiritismo à brasileira.* São Paulo: Edusp, 2003.

TEIXEIRA, Faustino; MENEZES, Renata. *Religiões em movimento: O Censo de 2010.* Petrópolis: Vozes, 2013.

THACKERAY, Gail. *John of God: Just a man.* La Cañada: Indian Springs, s/d.

VOGHT, Carlos; FRY, Peter. *Cafundó: A África no Brasil.* São Paulo: Ed. Unicamp; Companhia das Letras, 1996.

WALLACE, Sir Alfred Russel. *Les miracles et le moderne spiritualisme.* França: JGM, 2016.

WANTUIL, Zeus; THIESEN, Francisco. *Allan Kardec.* v. 1. Rio de Janeiro: FEB, 1979.

________; ________. *Allan Kardec: Pesquisa bibliográfica e ensaio de interpretação.* Rio de Janeiro: FEB, 1980.

XAVIER, Chico (pelo espírito Humberto de Campos). *Brasil: Coração do mundo, pátria do Evangelho.* 33. ed. Rio de Janeiro: FEB, 2008.

________ (pelo espírito André Luiz). *Nosso lar.* Rio de Janeiro: FEB, s/d.

YAPACANY, Mestre (W. W. da Matta e Silva). *Doutrina secreta da umbanda.* 6. ed. São Paulo: Ícone, 2011.

YOKAANAM, o Solitário. *Evangelho de umbanda eclética.* 5. ed. Cidade Eclética: Academia Eclética Esotérica do 1º Santuário Essênio do Brasil, s/d.

ZIMERMANN, Zalmino. *Teoria da mediunidade.* Campinas: Allan Kardec, 2011.

SITES E BLOGS

Abadiânia Web Portal. Disponível em: <www.abadianiaportal.com>.

Casa Dom Inácio de Loyola. Disponível em: <joaodedeus.com.br>.

Fraternidade Espírita Jerônimo Mendonça. Disponível em: <jeronimomendonca.net>.

Gisele Camargo: Você está convidado a visitar o João de Deus, o homem dos milagres para uma jornada de cura espiritual. Disponível em: <giselecamargo.com.br>.

Guided Journey's to João de Deus. Disponível em: <joaodedeus.info/En/joaodedeus-index2.html>.

Instituto André Luiz. Disponível em: <www.institutoandreluiz.org>.

Jorge Rizzini: Vida e obras. Disponível em: <jorge-rizzini.blogspot.com.br>.

Revista Auta de Souza Espiritismo em Ação. Disponível em: <www.revistaautadesouza.com>.

Viagens João de Deus. Disponível em: <soniashiguetaka.lwsite.com.br>.

OUTRAS PUBLICAÇÕES NA INTERNET

Com autoria

CASEY, Susan. "Leap of Faith: Meet John of God". Out. 2000. Disponível em: <www.oprah.com/spirit/Spiritual-Healer-John-of-God-Susan-Casey>.

CUNHA, Lidiane Alves da. "Saberes e religiosidades das benzedeiras". Disponível em: <www.abhr.org.br/plura/ojs/index.php/anais/article/viewFile/565/423>.

DYER, Wayne W. "My Meeting with a Spiritual Healer". Disponível em: <www.drwaynedyer.com/blog/meeting-spiritual-healer/>.

FENGA, Valentina. "Recherche d'un nouveau paradigme psychique du 1755 jusq' à 1900". Seminaire d'Histoire de Idées, Inconscient: Histoire d'un concept. Disponível em: <www2.lingue.unibo.it/dese/didactique/travaux/Fenga/HistoireIdees%20Fenga.pdf>.

FERREIRA, Viviane. "Experiência com João de Deus". 21 nov. 2014. Disponível em: <vivianeferreira.com/site/experiencia-com-joao-de-deus/>.

HEIDERICK, Indoval Moreli. "Refletindo sobre a obsessão". Disponível em: <www.espirito.org.br/portal/artigos/diversos/obsessao/refletindo-sobre.html>.

MELLO, Glaucia Buratto Rodrigues de. "Cristãos ecléticos e a Nova Jerusalém no planalto goiano". 2008. Disponível em <www.antropologia.com.br/tribo/glauciamello/livro.pdf>.

NERY, Vanda Cunha Albieri. "Rezas, crenças, simpatias e benzeções: Costumes e tradições do ritual de curar pela fé". Disponível em: <www.portcom.intercom.org.br/pdfs/120415399193864084132347838529996558992.pdf>.

OLIVEIRA, Waldir de. "A feitura do livro dos espíritos". Disponível em: <www.aeradoespirito.net/Livros1/FeituradoOLivrodosEspiritos.pdf>.

ROSENBAUM, Paulo. "Mure, o visionário que nos trouxe a homeopatia". 2002. Disponível em: <homeoint.org/articles/portugues/mure.htm>.

SALLES, Renato. "Abadiânia: Um encontro com João de Deus". 13 jul. 2015. Disponível em: <chickenorpasta.com.br/2015/abadiania-um-encontro-com-joao-de-deus/>.

SOBEL, Eliezer. "Be Love Now: A Visit with Ram Dass". set. 2011. Disponível em: <www.psychologytoday.com/blog/the-99th-monkey/201109/be-love-now-visit-ram-dass>.

SOBRINHO, Paulo da Silva Neto. "Possessão: Há posse física do encarnado?" jul. 2004. Disponível em: <www.espirito.org.br/portal/artigos/paulosns/possessao.html>.

STACY, Dennis. "Fritz Healing." Disponível em: <www.anomalist.com/reports/healing.html>.

TREZZI, Humberto. "Médium arrasta multidões com promessa de cura para os mais diversos males". ago. 2010. Disponível em: <zh.clicrbs.com.br/rs/noticias/noticia/2010/08/medium-arrasta-multidao-com-promessa-de-cura-para-os-mais-diversos-males-3021835.html>.

WINFREY, Oprah. "Oprah's Visit with John of God: You Are Exactly Where You Need to Be". jun. 2012. Disponível em: <www.oprah.com/spirit/Oprahs-Experience-with-John-of-God-Oprah-on-Lifes-Journey>.

ZORZANELLI, Marcelo. "O curandeiro globalizado". 25 fev. 2011. Disponível em: <hospitalespiritualdomundo.blogspot.com.br/2011/02/o-curandeiro-globalizado.html>.

Sem autoria

"5 Psychic Surgeons". K.O. Jewel. 3 maio 2012. Disponível em: <www.kojewel.com/odd/5-psychic-surgeons.htm>.

"50 fatos interessantes sobre o espiritismo". Disponível em: <www.maiscuriosidade.com.br/50-interessantes-fatos-sobre-o-espiritismo/>.

"Adolph Fritz". Fórum Espírita. Disponível em: <www.forumespirita.net/fe/biografias-espiritas/adolph-fritz/#.Vr4EpfkrLIV>.

"Biografia de Allan Kardec". Allan Kardec.com. Disponível em: <www.allan-kardec.com/Allan_Kardec/Biographie_d_allan_kardec/kard_br.pdf>.

"Diferenças entre umbanda, candomblé e quimbanda". Umbanda-Candomblé. Disponível em: <umbanda-candomble.comunidades.net/diferencas-entre-umbanda-candomble-e-quimbanda>.

"Esforço histórico da Federação Espírita Brasileira: Aspectos marcantes de sua trajetória". FEB. Disponível em: <www.febnet.org.br/wp-content/uploads/2012/07/126.pdf>.

"Eurípedes Barsanulfo alia a corrente magnética à desobsessão". Editora Auta de Souza. Disponível em: <www.ocentroespirita.com/centroespirita/download/corrente-magnetica/CM-2a_Aula-Euripedes_Barsanulfo_alia_a_CM_a_desobsessao.pdf>.

"Francisco Lins Peixoto, o Peixotinho, o grande médium brasileiro de efeitos físicos (1905-1966)". Biblioteca Virtual Autores Espíritas Clássicos. Disponível em: <www.autoresespiritasclassicos.com/Autores%20Espiritas%20Classicos%20%20Diversos/Mediuns/Peixotinho/Francisco%20Peixoto%20Lins%20%28O%20Peixotinho%29.htm>.

"From the Archives: Randi's Inside Scoop into ABC News' 'John of God' Investigation". James Randi Educational Foundation, 2005. Disponível em: <web.randi.org/home/from-the-archives-randis-inside-scoop-into-abc-news-john-of-god-investigation-2005>.

"Henri Sausse o principal biógrafo de Allan Kardec (1851-1928)". Biblioteca Virtual Autores Espíritas Clássicos. Disponível em: <www.autoresespiritasclassicos.com/autores%20espiritas%20classicos%20%20diversos/Henri%20Sausse/Henri%20Sausse.htm>.

"João de Deus, o fenômeno que colocou Abadiânia no mapa". Hospital Espiritual do Mundo. 8 mar. 2011. Disponível em: <hospitalespiritualdomundo.blogspot.com.br/2011/03/joao-de-deus-o-fenomeno-que-colocou.html>.

"Julio César Leal". FEB. Disponível em: <www.febnet.org.br/ba/file/Pesquisa/Textos/J%C3%BAlio%20C%C3%A9sar%20Leal.pdf>.

"Kardec teria sido médico?". Disponível em: <docplayer.com.br/8119883-Kardec-teria-sido-medico.html>.

"O magnetismo e o espiritismo". Editora Auta de Souza. Disponível em: <www.ocentroespirita.com/centroespirita/download/corrente-magnetica/CM-4a_Aula-O_Magnetismo_e_o_Espiritismo.pdf>.

"Marquês de Maricá." Ministério da Cultura, FBN, Departamento Nacional do Livro. Disponível em: <redememoria.bn.br/wp-content/uploads/2011/12/maximas-pensamentos-e-reflexoes.pdf>.

"Médiuns fazem 120 cirurgias espirituais por mês". Paraíba Hoje: — As principais notícias do estado. Disponível em: <paraibahoje.wordpress.com/2011/09/25/mediuns-fazem-120-cirurgias-espirituais-por-mes/>.

"Prece de cáritas". Genuína Umbanda. Disponível em: <www.genuinaumbanda.com.br/oracoes/preces/prece_de_caritas.htm>.

"Psychic Surgery Part One: My Introduction to Eleuterio Terte. Peter Hoodle". 12 set. 2012. Disponível em: <www.peterhoddle.com/news/2012/7/19/psychic--surgery-part-one-my-introduction-to-eleuterio-terte.html>.

"Waldo Vieira responde a dúvidas sobre fraudes e Chico Xavier e Otília Diogo". Disponível em: <www.arcanjomiguel.net/waldo_vieira_responde.html>.

RELATÓRIOS

COMISSÃO CAMPONESA DA VERDADE. "Relatório final: violações de direitos no campo de 1946 a 1988". Brasília, dez. 2014, 451 p.

TRABALHO APRESENTADO EM EVENTOS CIENTÍFICOS

MILANI FILHO, Marco Antonio F. "Perfil da produção acadêmica brasileira com temática espírita (1989 a 2006)". In: 4º Encontro Nacional da Liga dos Historiadores e Pesquisadores Espíritas, 2008, São Paulo.

ÁUDIO

RAM Dass in Brazil: A Visit to Healer John of God. 128 min

Disponível para compra em: <www.betterlisten.com/products/visit-to-healer-john-of-god-in-brazil>.

VÍDEOS SOBRE JOÃO DE DEUS

ABC Primetime: Juan of God. Produção: ABC Network. 6min58. Disponível em: <https://vimeo.com/58259832>.

A LA CASA de Don Inâcio a Abadiânia. Direção: Franchon Pradalier e Hubert Roy. 5min25. Disponível em: <www.youtube.com/watch?v=JhZTqFzOhgU>.

BRAZILIAN Miracle Man: John of God. Produção: Discovery Channel. 45min18. Disponível em: <www.youtube.com/watch?v=6sbWpka43hI>.

CAIADO homenageia João de Deus em seu aniversário. 4min01. Disponível em: <www.youtube.com/watch?v=QRH3_kS1fEs>.

CIRURGIA João de Deus. 5min26. Disponível em: <www.youtube.com/watch?v=f_7i-JGEZuo>.

CIRURGIA Luiz Nunes. 14min14. Disponível em: <www.youtube.com/watch?v=VptTzglJUyQ>.

CIRURGIAS mediúnicas de João de Deus: Cenas fortíssimas. Programa Terceira Visão. 23min26. Disponível em: <www.youtube.com/watch?v=8LA4nqmHQPg>.

CURA esclerose múltipla. Produção: Gisele Camargo. 5min17. Disponível em: <www.youtube.com/watch?v=CBoxO1cpsTM>

CURA: Milagres, mistérios e João de Deus. Direção: David Unterberg e Harald Wiesleitner. 1h07min41. Disponível em: <www.youtube.com/watch?v=fAc1X7QIHFg>.

DEPOIMENTO emocionante de João de Deus. 18min55. Disponível em: <www.youtube.com/watch?v=8usTf6JFcYw>.

DEPOIMENTO — Luiz Carlos Nunes — João de Deus. 11min31. Disponível em: <www.youtube.com/watch?v=zsNXP-2FEwI>.

DEPOIMENTOS — Médium João de Deus e dr. Roger — Parte 1. 34min47. Disponível em: <www.youtube.com/watch?v=9QU573-6DkY>.

DEPOIMENTOS — Médium João de Deus e dr. Roger — Parte 2. 7min34. Disponível em: <www.youtube.com/watch?v=4dAJrUBHklA>.

ENTREVISTA em vídeo com o médium João de Deus. 3min14. Disponível em: <www.youtube.com/watch?v=GkBVAmtjYQw>.

ESPIRITUALISMO — Fantástico — curas espirituais — médium João de Deus — Oprah Winfrey em Abadiânia. Produção: Rede Globo. 6min35. Disponível em: <www.youtube.com/watch?v=kAsSzM-vl3g>.

ESPIRITUALISMO — Oprah Winfrey Show — Curas espirituais — Médium João de Deus — Parte 1. Produção: *The Oprah Winfrey Show*. 14min. Disponível em: <www.youtube.com/watch?v=PNIbvItdjws>.

ESPIRITUALISMO — Oprah Winfrey Show — Curas espirituais — Médium João de Deus — Parte 2. Produção: *The Oprah Winfrey Show*. 14min. Disponível em: <www.youtube.com/watch?v=peb5JSbJTts>.

ESPIRITUALISMO — Oprah Winfrey Show — Curas espirituais — Médium João de Deus — Parte 3. Produção: *The Oprah Winfrey Show*. 11min48. Disponível em: <www.youtube.com/watch?v=VgoqfnYQZ4I>.

HEALING. Miracles and Mysteries and John of God. Direção: David Untenberg e Harald Wiesleitner. Produção: David Films. 2008. DVD.

INTERVIEW with John of God with Susie Verde. 3min21. Disponível em: <www.youtube.com/watch?v=o_Qx_eZDJ7U>.

JOÃO de Deus: Contradicting the Western Paradigm. Produção: ASU; CRESMET. 10min36. Disponível em: <www.youtube.com/watch?v=ZfjYzzxU4V8>.

JOÃO dos Milagres. Produção: Discovery Channel. 44min40. Disponível em: <www.youtube.com/watch?v=jSyxV77OsNA>.

JOHN of God. 8min46. Disponível em: <www.youtube.com/watch?v= RJlKTNtNo78>.

JOHN of God. Produção: *The Oprah Winfrey Show*. Disponível em: <www.oprah.com/oprahshow/John-of-God-Video>.

JOHN of God. Visible Surgeries and Testimonials. Direção: Adrienne Grierson. Produção: Halo Films. DVD.

JOHN of God, a Faith healer? Produção: AC 360º e CNN. 7 min. Disponível em: <ac360.blogs.cnn.com/2010/12/23/video-john-of-god-a-faith-healer/>.

JOHN of God Surgery — Nov. 9 2007. Direção: Mike Wimberly. 9min31. Disponível em: <www.youtube.com/watch?v=NmiRgW2Hk4I>.

LUIZ *Antonio Gasparetto entrevista João de Deus "John of God"*. 39min08. Disponível em: <www.youtube.com/watch?v=WBwHdyCEopw>.

MÉDIUM João de Abadiânia (TV Band). Produção: Bandeirantes. 55min11. Disponível em: <www.youtube.com/watch?v=bqVNpozWJBQ>.

MIRACOLE *Inselatoare — John of God, Brazilia*. 1h08minh51. Disponível em: <www.youtube.com/watch?v=ZqZbTfuEgCo>.

OPRAH *Special John of God*. Produção: Fergus Tighe. 8min30. Disponível em: <www.youtube.com/watch?v=BNuVAi6VRNM>.

OPRAH *Winfrey visita o médium João de Deus em Abadiânia*. Produção: Rede Globo. *Fantástico*. 6min35. Disponível em: <www.youtube.com/watch?v= DGKOnit1Gj8>.

ORAÇÃO *dos filhos da Casa de Dom Inácio de Loyola (quintas-feiras 21 horas)*. Direção: Marcelo Filgueiras e Heber Lobato Jr. 19min24. Disponível em: <www.youtube.com/watch?v=36mo_Nid77I>.

RAM *Dasson John of God (João de Deus)*. 3min16. Disponível em: <www.youtube.com/watch?v=jt_wx_JECDA>.

ROBERT *Pellegrino and Amanda Wright — Robert's Personal Experience of Spiritual Operation*. Direção: Amanda Wright. 7min03. Disponível em: <www.youtube.com/watch?v=fc1LM13Q6Vo>.

6 SEPTEMBER *Bad spirit released from a woman MUST SEE!* 1min48. Disponível em: <www.youtube.com/watch?v=nXusuFG8V14>.

Outros vídeos

ALEX L. *Orbito, A Tribute to (part 1 of 2)*. Direção: Petr Vrána. 5min41. Disponível em: <www.youtube.com/watch?v=XoY8eua4QMs>.

ALEX L. *Orbito, A Tribute to (part 2 of 2)*. Direção: Petr Vrána. 5min36 min. Disponível em: <www.youtube.com/watch?v=aQfqP577PZM>.

ALEX L. *Orbito, L'incroyable chirurgien à mains nues*. Produção: Magazine Nexus. 20min20. Disponível em: <www.youtube.com/watch?v=S8CTF5UFTb8>.

ARIGO: *Brazil's Surgeon of the Rusty Knife*. 13min11. Disponível em: <www.youtube.com/watch?v=4BX6WTL88j4>.

ARIGO: *the Brazilian healer — Part 1*. Direção: Andrija Puharich. 7min42. Disponível em: <www.youtube.com/watch?v=EbgJbY4MSek>.

ARIGO: *the Brazilian healer — Part 2*. Direção: Andrija Puharich. 7min59. Disponível em: <www.youtube.com/watch?v=PJ7Mqz0z7Hc>.

CIDADE Eclética. 0min59. Disponível em: <www.youtube.com/watch?v=N0H_lijr8qU>.

CIRURGIA cerebral sem anestesia (dr. Fritz) 1997. 15min06. Disponível em: <www.youtube.com/watch?v=gZFU9gk6JOI>.

CIRURGIA espírita em Izidro Guedes. 5min28. Disponível em: <www.youtube.com/watch?v=-_FzWeg6LOQ>.

A CORRENTE Magnética na Obra de Allan Kardec. Produção: Revista Auta de Souza Escola Web de Espiritismo. 25min36. Disponível em: <www.youtube.com/watch?v=6m61ztN1A9M>.

DR. FRITZ Operando 1. Produção: SBT. 10min19. Disponível em: <www.youtube.com/watch?v=fzbbpXwCj8M>.

DR. FRITZ Operando 2. Produção: SBT. 9min44. Disponível em: <www.youtube.com/watch?v=DnVxPmCVCBg>.

DR. FRITZ Operando 3. Produção: SBT. 10min17. Disponível em: <www.youtube.com/watch?v=mFDPzG1f8q4>.

DR. FRITZ Operando 4. Produção: SBT. 12min04. Disponível em: <www.youtube.com/watch?v=RlArPxaWtJk>.

EL HERMANITO, hijo de Pachita. Direção: Marie Arnaud. 1h30min52. Disponível em: <www.youtube.com/watch?v=Jqmxxe9UB08>.

ESPIRITISMO — National Geographic — Curas Espirituais — João Berbel — Instituto de Medicina do Além. Produção: National Geographic. 14min56. Disponível em: <www.youtube.com/watch?v=zSNDKBt1sbM>.

ESPIRITUALISMO — Dr. Fritz, mentor espiritual de Zé Arigó e Edson Queiroz. Produção: TV Manchete. 13min37. Disponível em: <www.youtube.com/watch?v=_jMr3o4w2vM>.

ESPIRITUALISMO memória Jorge Rizzini — Zé Arigó, o cirurgião da faca enferrujada. Direção: Jorge Rizzini. 14min36. Disponível em: <www.youtube.com/watch?v=AIpAT4LTVPo>.

EURÍPEDES Barsanulfo, educador e médium. Direção: Oceano Vieira de Melo. 1h39min30. Disponível em: <www.youtube.com/watch?v=Y96W13lGxQE>.

GREAT Indian Yogi: Neem Karoli Baba. 12min37. Disponível em: <www.youtube.com/watch?v=UVlf9As9Eag>.

JAMES Randi's Psychic Surgery for Carson. 5min57. Disponível em: <www.youtube.com/watch?v=u14JFjF9jBg>.

JAMES Randi — Secrets of the Psychics Documentary (Full). Direção: Carls Charlson. 54min17. Disponível em: <www.youtube.com/watch?v=2MFAvH8m8aI>.

MATERIALIZAÇÕES *de espíritos Chico Xavier X Refutado*. Direção: Élcio Braga. 3min29. Disponível em: <www.youtube.com/watch?v=K0DSeUPpl48>.

NEEM *Karoli Baba — His Real Video*. 29min35. Disponível em: <www.youtube.com/watch?v=dtRpiIQdXV8>.

OBRAS *assistenciais Dr. Ismael Alonso y Alonso (vídeo institucional)*. Produção: Instituto de Medicina do Além. 7min36. Disponível em: <www.youtube.com/watch?v=TGXdI5U4LKM>.

PIONEIROS*: Yokaanam*. Direção: alunos do 5º ano do curso de jornalismo da UniCEUB. 04min06. Disponível em: <www.youtube.com/watch?v=hVeR1JJeAGc>.

PSYCHIC *Surgery — Edson Queiroz, M.D. & Dr. Fritz*. 11min10. Disponível em: <www.youtube.com/watch?v=oTLK8aBsXBc>.

PYRAMID *of Asia & Pyramid for Light — Philippines 2015 Alex Orbito Seminar*. 3min49. Disponível em: <www.youtube.com/watch?v=nTtCZ0VBcts>.

REV *Alex Orbito — How to Remove Negativity*. 1min09. Disponível em: <www.youtube.com/watch?v=Ee9iqtxLr2Q>.

REVEALED! *Psychic Surgery in the Philippines*. 8min21. Disponível em: <www.youtube.com/watch?v=xDh_38iDg0o>.

SÁBADO *Total: conheça o homem que diz reencarnar Dr. Fritz*. Produção: Rede TV. *Sábado Total*. 14min52. Disponível em: <www.youtube.com/watch?v=lMYm3urDfts>.

A SAGA *de Yokaanam*. Direção: Francisco de Assis. 27min01. Disponível em: <www.youtube.com/watch?v=3ydXpuGnW9E>.

STELLA *Maris Maruso — Parte 1/2 — Jugando con la salud y la desesperación*. 13min54. Disponível em: <www.youtube.com/watch?v=ISHsHvdIIog>.

STELLA *Maris Maruso — Parte 2/2 — Jugando con la salud y la desesperación*. 8min41. Disponível em: <www.youtube.com/watch?v=pvenTfTYGdk>.

O VALE *do Amanhecer — O vale dos espíritos*. Produção: Discovery Channel. 42min30. Disponível em: <www.youtube.com/watch?v=r6wSJBluU1w>.

VEJA *as imagens das curas espirituais de Dr. Fritz em Aracaju*. Produção: Ne Notícias. 7min04. Disponível em: <www.youtube.com/watch?v=DAv9Q8Y3U8g>.

THE WEIRDEST *Cut*. 9min59. Disponível em: <www.youtube.com/watch?v= gdioLBQwWx0>.

THE WEIRDEST *Cut Part Deux*. 10min07. Disponível em: <www.youtube.com/watch?v=La6hBcw9Fkc>.

TIPOGRAFIA Adriane por Marconi Lima
DIAGRAMAÇÃO Osmane Garcia Filho
PAPEL Pólen Soft
IMPRESSÃO Gráfica Bartira, outubro de 2016

FSC
www.fsc.org
MISTO
Papel produzido a partir de fontes responsáveis
FSC® C105484

A marca FSC® é a garantia de que a madeira utilizada na fabricação do papel deste livro provém de florestas que foram gerenciadas de maneira ambientalmente correta, socialmente justa e economicamente viável, além de outras fontes de origem controlada.